"财财象"家庭理财工作室

100位顶尖投资家的理财课

《理财周报》著

FINANCING CLASSES FROM 100 TOP INVESTORS

南方日报出版社
NANFANG DAILY PRESS

图书在版编目（CIP）数据

100 位顶尖投资家的理财课 /《理财周报》著. —广州：南方日报出版社，2008.7

ISBN 978-7-80652-757-3

Ⅰ. 1… Ⅱ. 理… Ⅲ. 投资—研究—中国 Ⅳ. F832.48

中国版本图书馆 CIP 数据核字（2008）第 069726 号

100 位顶尖投资家的理财课 《理财周报》著

出版发行：南方日报出版社
地　　址：广州市广州大道中 289 号
电　　话：（020）87373998-8502
经　　销：全国新华书店
印　　刷：广东信源彩色印务有限公司
开　　本：787mm×1092mm　1/16
印　　张：16.25
字　　数：280 千字
版　　次：2008 年 7 月第 1 版
印　　次：2008 年 7 月第 1 次印刷
定　　价：30.00 元

投稿热线：（020）87373998-8503　**读者热线**：（020）87373998-8502

网址：http://www.nanfangdaily.com.cn/press　http://www.southcn.com/ebook

目 录

第二部分 钱途

第三部分 保险

第四部分　基金

第五部分 投资家

第六部分 资本

第七部分 银行家

第八部分 操盘手

为财务自由而奋斗

夏日　理财周报主编

你为财务自由而奋斗，我们为你而奋斗。我们坚信价值比价值观更重要，我们坚信价值就是价值观。

你为财务自由而奋斗，我们为你而奋斗。我们是新闻的圣徒，我们是纸质媒体的迷恋者。

你为财务自由而奋斗，我们为你而奋斗。我们是资讯时代的风向标，我们是理财新闻的操盘手。

你为财务自由而奋斗，我们为你而奋斗。每天早晨，我们从广州大道中289号出发，我们从北京的金融街出发，我们从上海南京西路出发，为3000万中产家庭发现一切财富增值的机会。

你为财务自由而奋斗，我们为你而奋斗。每个周末的凌晨，我们从广州、北京、上海、成都、武汉的印刷厂出发，把最新鲜的报纸递到您居住的社区、您上班路过的地铁或你办公室的楼下，为3000万中产家庭把握财富增值的机会。

你为财富自由而奋斗。“你可以跑不过刘翔，但你一定要跑过CPI”。你们是自信的一群人。作为家庭成员的你，肯定和我们一样坚信：投资改变生活，财富改变人生。

你为财富自由而奋斗。“让大多数家庭中产起来”。你们是自由独立的一群人。作为家庭一员的你，肯定和我们一样坚信：家庭利益高于一切，家庭利益的总和就是国家利益。

你为财富自由而奋斗。“一个家庭，就是一个企业；一个家庭，就是一间公司；一个家庭，就是一个理财单元。”你们是独立的一群人。作为家庭一员的你，肯定和我们一样坚信：家庭的未来就是我们国家的未来，家庭的崛起就是我们国家的崛起。

我们为你而奋斗。我们同样是自信的一群人。作为家庭一员的我们相信：每一个家庭的开始和延续，都是巨额财富积累和变动的过程。

我们为你而奋斗。我们同样是自由的一群人。作为家庭一员的我们相信：一个家庭，就是一家银行；一个家庭，就是一家保险公司；一个家庭，就是一家基金公司。

我们为你而奋斗。我们同样是独立的一群人。作为家庭一员的我们相信：一个家庭，就是由银行存款账户、股票账户、基金账户、社保账户、养老账户组成的一个机构投资者。

我们为你而奋斗。我们坚信：理财，要专业。

你为财务自由而奋斗，我们为你而奋斗。我们都坚信：理财是改变命运的机会，更是表现责任、表达爱心的钱途。

你为财务自由而奋斗，我们为你而奋斗。我们共同关注这最多的金钱、最多的财富、最多的需求、最多的消费以及这个时代最主流的想法、品位。

第一部分

宏观

农业、旅游和水资源行业空间巨大

吉姆·罗杰斯　量子基金创始人

或许你还在为近期股市的巨大波动而神伤，那么我在开始这封信之前将首先告诉你的是：我相信，中国不会失败也不会衰退。我对投资中国充满了信心。

你可能对我的信心感到疑惑，但它可不是没有根据的空想。除非你一直与世隔绝地生活，否则你肯定能够感受到中国的开放，已经带来了巨大的经济繁荣。

近30年来，中国一直是世界上经济增长速度最快的国家。全中国13亿人口的储蓄与投资率超过了35%，外汇储备已经位居世界第一。中国注定将成为国际社会中最重要的国家。如果说19世纪是英国的世纪，20世纪是美国的世纪，那么21世纪将是中国的世纪。

我在去年的时候写了一本名为《中国牛市》的书，名字就概括了我对于中国未来一个世纪的判断。我在1984、1988和1990年曾进行过三次穿越中国的旅行。当我第一次来到中国的城市时，它们是单调而没有生气的。到了1990年，就可以看到中国到处都在大兴土木。时至今日，全世界都在等待着，期待在中国的土地上还会发生怎样的奇迹。而这样的奇迹也最终会发生在中国的股市上。

我很后悔之前在中国的时候没有更多地去寻找刚起步的企业和股票。我曾告诉所有投资者，可能正是这些看似不值钱的企业和股票会主宰一个日益兴盛的国家20年的经济发展。

我不能说我对中国的所有了解让我成为一名真正的“中国通”，同时我也不是对中国盲目地信任。我曾经警示过中国投资者中国股市的泡沫正在形成。当然，不止中国，所有的投资都不会一帆风顺，但是我相信那些能够完成这个过程的人将会得到不菲的长期收益。跟大家分享我的一个投资心得：作为一名投资者，最需要审视的是可能出现潜在风险的地方，因为通常这也会带来更多创造价值的机会。不论你相不相信，我不喜欢唾手可得的投资机会，在中国买卖股票就是如此。

观察今日的中国，高速发展的经济使许多产业都存在着巨大的成长空间，包括电力、能源、旅游、传媒、农业、基础设施、高科技等等。所有投资者都可以通过金融工具来投资这些领域。

其中我要特别强调，农业、旅游、水资源和一些服务行业将会有巨大的上涨空间。随着2001年中国加入WTO，外国企业更容易进入中国，大多数保护性关税也会下降，在一些较新的领域，如银行、零售业和互联网服务，国内企业最可能面临来自国外的巨大挑战。但是在一些最赚钱的行业，如消费品、电子以及通信行业，来自国外的竞争就要小得多，甚至没有。而这些领域就是投资者需要关注的领域。

这些领域中有已经经历疯狂涨势的，比如能源。因为所有的产业都需要能源。当中国这个世界工厂转变为世界强国之时，最关键的领域，也是最值得考虑投资的领域，一定是能源。中国的经济增长速度非常惊人，但我们同时还要看到这背后有限的能源供给和对环境保护的加大力度。

同时你也需要关注成长中的领域，我很看好成长中的中国旅游产业。试想当初刚建了高速公路、出现汽车旅馆和假日酒店的美国，再想一下刚从二战中恢复的德国、日本的情形。你会发现，一旦人们恢复了自己的资源，在良好的农业与水资源的条件下，国内外的旅游将是最好的“支撑复苏经济”的投资领域之一。一旦股市能经受住大环境不景气的考验，旅游股日后必将有更大上升空间。

其实凑热闹从来都不是我的投资风格，只有远离人群才是我最好的投资策略。中国的股票自2005年触底之后开始上涨，而目前又存在波动，但我预计其总体增长将会持续一个世纪。

你想分享中国新兴公司的成长吗？你想从世界上最庞大的中产阶层购买力中获益吗？你想参与到具有巨大潜力的中国消费品市场中来吗？你想在中国大力发展的城市和房地产中有所斩获吗？你想帮忙制造中国第一代好葡萄酒吗？你想进行外汇买卖吗？对于这个国家来说，一切都有可能，到处都是投资机会。

所以依靠你现有的所有投资经验，去辨别和寻找那些具有竞争优势的中国企业。如果你是一个汽车修理工，对发动机了如指掌，对不同型号汽车的价值与技术突破也非常熟悉，那么，我建议你研究一下中国的汽车行业，寻找一些你觉得有价值的东西。如果你是理发师，你就可能对流行品牌与化妆品很有感觉。但投资者一定要记住：一定要投资自己熟悉的领域。

当我们这一代正在成长之时，父母就对我们说，如果你们一直在沙土中挖洞，寻找机会的话，那么中国就是你们的目的地，而它就在地球的另一端。那么，对于本来就在我生活的另一端中国的投资者们来说，抓住你们国家潜在的投资机会就是你们需要做的事。

想在中国投资致富，首先要有你自己的路线，以你的经验和研究，很可能会挑选到下一只上涨数十年的中国“红筹股”。此外还要学会计算，要怀疑你所知道的东西但却要坚守自己的判断。

相信你也会和我一样在未来把握住中国的牛市。

牛市下半场，资产重估开始倒计时

高善文 安信证券首席经济学家

我们一直试图在流动性的层面，通过“资产重估”视角解释本轮牛市的成因。鉴于目前对于流动性的研究，我们认为牛市应该已经比较确定地进入了“下半场”，正处于“下半场”早期。对悲观主义者来说，“下半场”意味着资产重估进入了倒计时的过程；而对乐观主义者来说，资产重估刚刚进入“下半场”，也许还有一两年或者再稍微长一点的好日子。

2008年，信贷控制以及宏观调控带来的短期波动需要引起足够的重视；同时，非常确定的是，今年市场不可能重复过去两年那么大的涨幅，甚至可以说，涨到10000点的可能性也应该不存在。

从流动性供应角度看，我们把流动性的来源分为三个部分：贸易顺差、国际资本流动和银行的主动信贷投放。通过这三部分，我们可以分析2008年流动性供应增长的基本状况。

从贸易顺差角度看，2008年中国贸易顺差的规模将继续扩大，但贸易顺差的增速很可能大幅度下降。考虑到经济本身的增长和汇率升值的影响，贸易顺差的规模占GDP的比例从2008年开始很可能转入下降过程。这在资产重估和经济周期层面上讲，实体经济正在经历一些非常重要的变化，这样的变化对于资本市场而言意味着中国牛市正在或者很快将转入“下半场”。

从国际资本流动层面看，2007年资本流入的规模大约是1800亿美元，2008年达到2000亿美元应该不会让人意外。美元汇率不断贬值，美国经济周期下降和美联储降息的前景，是我们判断的重要依据。

我们关注国际资本流动的重要原因是其对资产价格的深刻影响。一个重要的现象是，20世纪80年代后期至今的20多年时间里，受美元汇率急剧贬值的影响，大量资本流出美国，流入全球其他发达经济体，导致从日本到我国台湾地区，再到法国、芬兰、德国、瑞典、西班牙、英国等众多国家和地区，几乎都出现过资产价格急速上升的情况。

2007年8月以来，受美国次贷危机影响，美元汇率再次出现急剧贬值。同时，受这一事件影响，美联储在连续降息，并且很难排除在2008年继续降息的结局。这意味着全球资本再次在比较快速和明显地移出美国，流入全球其他经济体，特别是新兴经济体。在这一背景下，资本流动对于中国资产市场在2008年的影响，将变得非常重要。

2003年以来美元汇率在不断贬值，所以资金又源源不断地流入中国。站在这样分析的角度来推断，如果考虑到美元汇率目前继续贬值，美国经济周期下降和美联储降息的前景，那么有理由推断2008年通过这种方式流入国内的资金规模和2007年相比将进一步上升。

我们认为，2008年人民币对美元的双边名义汇率的升值将会加速，全年汇率升值幅度很可能达到8%—10%，而2007年汇率升值的幅度约是6%。汇率升值的逐步加速，也会刺激资本比较大规模地流入。显然，这将对资本市场的资产重估产生更强的支持。

是的，我们仍处于资产重估的进程当中，只不过现在已经是“下半场”了。“上半场”和“下半场”非常关键的区别在于，在“下半场”的资产重估进程之中，资产市场对于资本流动特别是信贷控制比较敏感，并且越来越敏感；信贷控制对于整个资产重估趋势的影响比较明显，并且随时间推移，会越来越明显。

2008年，包括资本市场以及其他类别的资产市场，面临的最大压力和不确定性很可能都来自信贷控制。宏观调控下信贷增长率的下降一定会对资产市场构成压力，这样的压力有多大，持续时间有多长，将基本决定2008年股票市场的表现。

从官方口径看，2008年信贷规模可能要控制在3.5万亿人民币左右，它所折合的信贷增长率大约是13.5%，这样的信贷增长率跟2007年的水平相比大约有4个百分点的下降。而且，受2007年信贷控制失败的影响，2008年的信贷控制将采取逐行逐季控制的方式，对信贷增长将构成非常大的压制和非常大的约束。

我们感兴趣的问题是，13.5%这样一个信贷增长是偏紧的信贷增长，还是偏松的信贷增长？如果仍然是偏松的信贷增长，那市场经过一段时间的调整以后，在信贷层面上仍然会受到正面支持；而如果是偏紧的信贷增长，那市场受到的压制力量在2008年将会比较大。

从我们这么多年对信贷增长率的研究来看，如果信贷增长率2008年超过15%，可以断定是一个比较松的信贷增长；如果下降到12%以下，可以断定这是一个比较紧的信贷增长。13.5%左右的信贷增长，刚好处在紧缩和偏松中间的某个位置，这使得我们对信贷增长的松紧方向难以作出比较确定的结论。

但是，我们比较清楚地知道这样的事实：如果13.5%的信贷增长率是一个偏紧的信贷增长率，那么整体经济的资金链比较紧，股票市场也会在资金层面上感受到很大的压力。

我个人现在的推测是，13.5%的信贷增长率本身可能是一个接近中性的信贷增长率，但具体情况如何需要继续观察信贷市场上的利率变化。

我向投资者推荐三个选股主题

孙明春　雷曼兄弟首席经济学家

随着北京奥运会的临近，各界对中国经济增长可能在奥运会后急剧放缓的担忧不断增加。虽然许多奥运会举办国都经历过这一综合征，但我认为，中国的经济规模巨大，将不会受这种“奥运效应”的重创。

这并不是说中国的经济将在奥运后强劲增长，相反，我认为，中国经济增长可能在奥运会后急剧放缓，但这是由于奥运效应以外的其他原因所致。2008年，由出口带动的经济放缓会揭开中国产能过剩的面纱。

首先，全年的实际GDP增长率将在六年来首次低于10%。由于信贷扩张带动投资增长，上半年的经济增长仍将保持强劲势头；但受出口增长减速影响，经济增长会在下半年明显减缓。

目前，中国出口企业已开始感受到来自多方面的压力：人民币升值，出口退税下调，土地、劳动力、能源及自然资源等价格的上涨，环境保护、劳动保护、生产安全和产品质量等的行政及法律方面的要求提高……

其次，消费物价指数会从第二季度开始明显回落。2007年价格的猛涨主要是供给短缺引起的食品价格的加速上涨所致，2008年随着食品供应逐步恢复正常，通货膨胀会相应回落。

一个不可回避的趋势是：增速虽然会明显下降，但2008年的贸易顺差还将继续扩大。由于中国的出口中有相当部分是加工贸易，出口增速的下降会带来进口增速的相应下降。

一个更为重要的问题是：中国经济中的风险也会在这一过程中逐步积聚。这在今年下半年有可能还会变得更加明显，对国内银行及个人投资者而言都是不可忽略的风险。

这其实并不难理解：中国经过多年过度投资积累的巨大产能，需要靠外需来消化吸收。企业日益增加的存货，将迫使其在下半年大幅降价，从而影响盈利，进而影响其偿还银行贷款的能力。在这种情况下，失业率及银行的坏账率都会受到波及，国内金融市场和金融部门也会因此面临很大压力。

比如，市盈率很高的股票有可能因此被迫进行较长时间的调整。一个很好的例子是：2007年的频繁加息已经增大了许多家庭偿还房地产抵押贷款的负担，银行坏账率会因此上升。

此外，我还认为，美国的房贷危机能透过流动资金、风险承受力和估值，影响中国的股市；在全球放缓的大环境下，中国的紧缩政策还会令中国的经济在新的一年中面临挑战；亚洲股市整体下滑的危机，也能对中国股市产生负面的影响。用一个不太恰当的比喻，2008年中国将面临“内忧外患”的局面。

雷曼兄弟的银行分析员LucyFeng曾看到在已上市的中国的银行中，中国银行持有最多次按产品，估计接近80亿美元。但我相信，美国次按债务问题对中国的银行直接影响并不大，因为中国的银行主营业务局限于本土和封闭的资金账户。而中国多年来把不良贷款转移到资产管理公司和银行IPO，已使中国的银行体系变得资本充足，美国的危机主要是外围事件。

于是，有投资者会问：那么2008年中国的股市是否还有同样的吸引力？

其实，对于投资者的投资决策来说，弄清楚两个关键问题非常重要：一个是中国能否处理经济不平衡的问题，另一个是2008年的公司盈利会否走下坡路。

我认为，由于中国经济需要同时面对出口下降和通胀，2008年的每股盈利增长率会在20%左右。

考虑到美国和中国的经济会是软着陆情景，以及2008年中国公司税率的统一将为盈利增长提供一个利好的背景，H股每股盈利（EPS）增长的上升趋势将可能后退至20%左右，股价在2008年上半年仍会维持较大波动。此外，强大的资金流时期已经过去，市场已进入稳定期；股票的表现由大盘股变为类别转移和题材。

而对于A股来说，我预期政府以反周期措施舒解本地资金流，从而稳定价格。但不可否认的是，中国疲弱的出口需求和增长放缓的阴霾，将使产量和存货过剩成为中国制造业的一个问题。因此，我认为盈利增长率将在2008年的后半年减慢，股票的挑选将成为投资组合表现的关键。因此，我向投资者推荐三个主要的选股票主题。

增长溢价：盈利增长将因全球经济放缓而更难实现，我相信高盈利增长股票将表现理想。

外围需求不稳定：建议减持出口和依赖资本支出的股票，而增持本土消费股票。

资本性支出和利润：我认为自2006年起，上市公司从营运资金及融资市场已积存庞大数量的现金。当制造商横向地去投资扩充其现有的产能时，全球疲弱的需求，可能会令生产制造业面对边际利润的压力。公司投资在产品提升和纵向整合，方可提高边际利润。

股市观：不能太乐观，不能太悲观

袁淑琴　瑞银中国证券部主管

2008年，全中国最重要的一件事是北京奥运会。对于很多过去的主办国来说，主办奥运可谓标志着一个国家经济发展的转折点，我们认为中国也不例外。

从市值而言，A股市场在2007年底已经超过了日本东京交易所的市值总量，成为亚太区最大的市场。而且从交易量来看，单单是A股市场的交易量已经跟东京交易所差不多。但在这样大的规模背后，我们也可以看到中国的资本市场，其实还并不足够强大，这也是中国市场近期波动较大的原因之一。

对于2008年，我们的预期主基调是市场会更加复杂。之前在2006年，当时市场可以说只有上扬没有下挫，基本是一条线上去，表现非常好。而到了2007年，市场则比较困难，有一点上涨时又会再下跌，然后再上涨又下跌。那么相比2007年，2008年市场的波动性又会更加剧烈。

但经济基本面大好并不表示市场不会大起大落，引起剧烈波动的因素有很多。首先从市值来看，A股市场的股值目前虽然不是高位但A股在现阶段遇到了许多挑战。

A股市场现在就好像是一个比较脆弱的平衡，影响这个平衡的因素有内外两个方面。外因大家都有共识，就是美国经济放缓所引起的全球经济放缓的程度究竟会怎么样，内因是国内的通胀、经济过热等因素。当然也包括一些利好，比如之前提到过的奥运带来的一些正面的心理或实质的影响。

综合内外两个因素，我们不预期中国资本市场在2008年有特别大的进展或根本性的变化。现在的市场，因为是一个比较脆弱的平衡，所以任何突发的事情都有可能会引起市场一些过分的反应。因此在这样的情况下，就导致2008年中国A

股会是比较弱的一个市场。

我们投资人对于这个比较弱的市场要保持绝对冷静，从基本面出发，不要太乐观，也不要太悲观。虽然这看起来很废话，但身在这样的市场，就真的不能太乐观，也不能太悲观。

我们对于投资者的建议是，2008年追求的不再是高回报，而应该是比较稳定、比较平衡、比较合理的回报。所以选股方面个股的挑选就很重要，不能再仅单看一个行业就大致上有一个分别了，因为同行业中个股的区别很大。

在对今年市场做了预期后，我们也对今年市场有一些展望。

首先，我们希望中国资本市场的改革继续进行。虽然改革会引起市场波动，比如很多人担心市场扩容太多的话会产生问题，但我们认为对于继续扩容其实是不用担心的。由于现在A股市场的流动量巨大，资金量非常大，所以继续增容、继续让好的公司在A股市场上市，对整个市场的进步是有好处的。此外我也希望2008年真的是可以看到加大QFII的额度，因为之前也一直可以看到，QFII在A股市场里面发挥的作用非常大。总之我们希望A股市场的改革还要继续，力度还要增加。

此外，我们还有一个等了一年还没有出来的期望，就是期货。我们认为现在期货的情况从准备的工作来说已经不错了，那些期货的券商在拿到牌照后，进行了平台的测试等准备工作，使得推出期货市场的很多因素已经较为成熟。我们希望今年可以尽快看到股指期货的推出。

最后，也是一个一直的希望，希望可以看到更多的金融创新产品。因为现在市场的流动量那么大，但是可以投资的工具和产品比较有限。如果我们有更多的金融工具，就可以利用这些工具做一些新的投资产品。

现在的A股市场，主要可以做一些方向性的投资，看好或看不好，而没有一个工具来管理风险。其实对于我们机构投资人来说，对于股指期货、融资融券，期权、权证等种种的工具是非常有兴趣。有兴趣的原因不是卖空获利，而是希望利用这些工具可以管理风险，把我们所谓的个股的风险，跟市场的风险可以分散，这样的话我们的回报才可以比较平稳。在以后波动性比较高的市场里面，管理风险的手段和工具非常重要，并且会起到越来越重要的作用。所以我们希望今年可以看到更多的金融工具和投资产品问世。

我们十分重视中产阶层“现贷源”

曾璟璇　渣打银行中国区总裁

我想从渣打自身出发来聊一聊中国银行业乃至金融业的改革、发展和机会。

渣打银行早在1858年就在上海开设了分行，是在中国历史最悠久的外资银行之一，对此我们感到非常骄傲。但这只是历史的成绩，在接下来的时间里，我们需要考虑的是如何为中国的银行业、银行客户以及整个社会尽到我们的力量。

近些年，随着中国银行业对于外资的开放，许多像渣打一样的外资银行都瞄准了中国的广阔市场，银行业的竞争空前激烈。我们可以把这样的竞争看作很积极的因素，有了竞争才会有更好的进步。

在目前中国经济发展如此迅速的情况下，国家希望在中国经济中占有重要地位的金融业能够不断改革和创新。我认为，外资企业可以扮演一个促进改革的媒介的角色。

中国逐步开放金融市场，将是一个“三赢”的过程：外资银行的经营环境更加宽松，企业业务和个人业务都会取得突飞猛进的发展；将有利于中国整个金融行业的健康发展；中国客户将享受到更加优质的金融产品和服务。

因此，渣打看准这个时机，成为首家向银行监管机构递交改制申请的外资银行。2007年4月，我们成为第一批改制成立本地法人银行的外资银行。随后，渣打第一时间宣布了这个好消息。记得当时我还在新闻发布会上跟记者朋友们开玩笑，说我特意穿了一件红色的衣服庆祝这个大好日子。

渣打银行在改制的过程中进展顺利，正式把我们的“护照”换成了中国“绿卡”。2007年5月份，我们又获批向本地居民提供人民币业务，当时我身穿渣打银行制服在柜台为第一位本地客人开立人民币户口，这个情景至今仍让我记忆深刻。不知道读者朋友们有没有人看过这些照片呢?

改制和获得人民币牌照是渣打中国的一个重要里程碑，我想对于其他外资银行甚至中资行业是重要的转折。外资银行的进入是很具有意义的，每一家进驻中国时都带来自己的先进技术、管理经验和专业人才，这样就会带动整个市场活起来。

2007年，对于外资行的这些开放成效就非常明显。从渣打这一年的发展来说，我们在中国推出了80多个新产品，营业网络从年初的23家增加到38家，已经设置了超过100台自动提款机，员工从年初的2100人增加到了超过4000人。

截至2007年10月，我们的个人银行客户数和存款额比上年同比增长了一倍。我想这些数字不仅对于渣打来说是令人兴奋的，同时对于中国的消费者乃至银行业也是很有意义的。

外资银行的蓬勃发展也能同时促进中资银行对于产品、服务等各方面更加谨慎，做得更好。这样最终受益的是中国的广大消费者和整个银行业市场。期望中国政府在2008年还会给外资银行更多的发展空间。

中国的市场其实是非常大的，我们通过很多研究和探索来寻找中国市场的潜在机会。

2007年6月，渣打银行在北京推出了私人银行业务，这就是针对中国日益增多的高净值人士，目标是高端市场。然后我们在上海首家推出了个人无抵押贷款“现贷派”，这主要面对都市中的白领中产阶级，中产阶级日益成为社会的中坚力量，他们的金融需求无法忽略。而刚刚过去的2007年12月，我与同事们在乌鲁木齐启动了一个小额农贷项目，这是外资银行在中国首次直接参与设立此类项目，针对的是中国广大的农村地区。

那么在新的一年里，渣打银行还将继续在中国市场投入更多资源，建设第一流的基础设施，推出更多更好的创新金融产品，为本地客户提供更优质的服务。2008年对于渣打银行来说真的是意义非凡，今年不仅是渣打银行进入中国150周年，同时公司的总部也将迁往新落成的渣打大厦。我非常希望借这个机会向大家多讲一些我们今年的打算，但碍于篇幅有限，在此我就不赘言了。

我想特别提到的是，一家成功的公司对于社会应该有更多的回馈，这体现了一个企业的社会责任感。这看似是对于公司利润增长毫无帮助，但其实是影响一家公司品牌、形象和长期发展的，也是判断公司整体表现的因素之一。

渣打会继续开展社区工作，做一个优秀的企业公民。我们将在“看得见的希望”和“关心艾滋”两个全球项目上不懈努力，并会推出关注环保等新的企业社会责任项目。希望各位有兴趣有爱心的读者朋友也加入我们的行列，共同为社会作出力所能及的贡献。

我们告知客户：增持股票，减持债券

董绍文　花旗银行全球财富管理中国市场总经理

从2007年9月以来，在美国次按危机的影响下，全球市场的波动非常大。因此中国投资者对次按危机的未来发展趋势和对世界各地，尤其是中国金融市场的影响极度关注。我们的主要观点是，中国内地的市场未来所受到的影响并不会很大，因为对于中国来说，出口的增长并不是最重要的因素，而最为关键的是内部的消费。

近日中国的A股随着美股的波动产生了较大波动，同时伴着国内的通胀情况的压力，利率可能上升的预期对于股市都是不利的消息。但是我们认为，美国经济未来在经过美联储降息的稳定作用，以及其自身内部的恢复，可能会获得一定程度的改善，这对国内股市是一个利好消息。

在世界经济面临种种忧虑的情况下，投资者可能会感到有些无所适从，不知道哪些投资领域和区域会有更大的投资价值。对此，花旗私人银行的专家为协助其高净值客户塑造投资组合，拟出2008年的四大投资主题，在这里愿意和所有中国投资者分享。

花旗私人银行在众多调查中都被认为是亚洲超高净值人士（个人资产净值达2500万美元以上）公选的“最佳环球私人银行”，在亚太区内设有多家办事处，是区内布局最宽广的财富管理者。花旗全球财富管理旗下财富管理专才超过1500人，当中包括300位以上的私人银行家及投资专家，服务6000户高净值人士和家庭，包括亚洲半数的亿万富豪（日本除外）。我们为客户设计投资组合的基础是详尽的分析和基于财富管理准则下所拟定的投资主题。所以即使信贷市场的波动引发争议，而金融市场和投资前景存在诸多不明朗因素时，我们的方向依然明确。

花旗私人银行对于2008年投资的主要观点是：谨慎看好2008年股市，预期央行的舒缓措施能避免全球性经济衰退。我们确立的2008年四大投资主题包括：农产品、新兴市场、基建和能源以及问题资产。

1. 农产品——滞后的资产类别

首先，我们看好农产品的投资潜力。近些年新兴市场工业化和通胀加剧，再加上农产品存货紧张和全球性耕地退化，形成了农产品价格上调的压力。举例而言，在中国，小麦储藏量于1999年至2007年间下跌了63%，玉米储藏量更是下跌了79%。相信在全球人口持续增长、对生物能源等商品的需求上升的情况下，低价格及供应少的状态将不会持久。由于供求的很大不平衡，因此农产品的价格未来有很大的上涨空间。

除了从供需角度，从另一个角度来看，工业用金属比如钢及铜、能源比如石油及天然气以至较小程度上的贵金属等商品价格已经开始上扬，上涨幅度已经很大。而反观农产品，仍倾向落后于其他商品，因此这极可能是2008年的一个投资机遇。

2. 新兴市场——强劲经济和可观利润

其次，我们继续看好新兴市场的增长潜力。相较之下，新兴市场经济体系的表现并未受到欧美信贷市场的混乱所拖累。倘若美国经济顺利地完成软着陆，而新兴市场在通胀持续扩大，加上强劲实质增长的情况下，预计会带来强劲的利润增长。

在新兴市场中，我们尤其看好拉美和中东市场。其极具吸引力的估价，加上环球流动资金过剩，造就了种种投资机遇。举例来说，弱势美元、强势地区货币连同强劲的商品价格，就足以支撑起拉美地区的股票市场。

此外，由于美元还具有很大的下调空间，那么美元投资很可能转移到其他市场，特别是亚洲。

3. 基建及能源需求——满足增长中的需求

并且，我们认为基建和能源领域将会增长迅速。对于基建，由于多个新兴市场所属国家的政治、社会和经济迅速发展，不但刺激了全球需求增加，其自身的基建投资也增速惊人。单以亚洲为例，基建的需求在2010年底预期将达至1800亿美元。此外，已发展市场对于基建更新的需求也持续上升。

在建筑材料出现投资机会的同时，能源价格上扬、各项规定和污染监控也驱使各种环保能源的投资需求加重。

4. 问题资产——困局中见商机

最后，还想提出一点：危难策略在市场大幅度波动、溢价高企并持续扩大的环境下，往往能有理想表现。我们可以看到在历史上，比如在2004—2007年期间，当美国信贷市场新发行次等信贷后，出现过见底回升及摸顶并占一定比例，这往往是信贷比率加剧的先兆，此时某些领域会因为信贷市场的混乱而出现强迫性割价抛售。这就非常有利于投资者入市，然后等到该领域复元时变卖投资项目来获利。

除以上四大投资类别建议，花旗私人银行对于2008年投资策略的提议是：在股市大幅调整之后，逐步增持股票，减持债券。我们的私人银行策略专家已经告知客户，预测股票仍然是2008年度表现最佳的资产类别，并且评估欧洲股票市场以及美国大型公司的表现将会最为优异。

这主要有赖于世界各国的主要央行将会对展现中的风险保持警觉，并致力于加强干预措施，保持低水平的短期利率，从而使环球经济保持稳健的增长步伐，并最终回报耐心的股票投资者。

我们认为，任何全球性的央行缓解措施，对股票的影响应该都会比对债券更为正面。另外，从股市自身来说，环球股市现在的估值较远期平均估值为低。

务必坚定价值投资信心

清议　中国国情发展研究所研究员

2008年1月以来石油股出现大幅下跌是由于市场忽视了近年来发生在国内石油行业日趋严重的国企垄断以及相应的垄断行业估值风险。事实证明，通过控制原油供给、瓜分运力资源以及强行提高成品油批发价等手段，三大石油巨头将原本不属于它们的利润收入囊中，由此形成了有欠公允的盈利能力。而市场曾错误地将其垄断利润视为公允利润，由此形成了严重的估值偏差。这在中国石油A股上市过程中表现得尤为突出。然而，迫于油价持续上涨压力，政府不得不冻结成品油价格。

银行板块的估值偏差问题似乎更加严重。银行业曾是国有企业亏损的重灾区，若不是国家财政出手搭救，根本不可能走出亏损困境。这意味着如今的上市银行大多是所谓人造美女。糟糕的是，到目前为止，拨备后的上市银行盈利能力仍对财政和央行构成严重依赖。然而，市场对银行股的估值，曾严重忽视了这一事实。于是，当有证据表明上市银行2008年业绩增长将趋于钝化的时候，其股价的向下重估便成为市场共识。

到目前为止，国内外权威机构对2008年中国经济的展望依旧是正面的，只是担心出口受美国次贷危机影响而增速放缓，但不是负增长。

将较小及弱小经济体受世界主要经济体影响理解为全球化，其实是对当今世界经济全球化趋势的严重误解。美国历史学家斯塔夫里阿诺斯在《全球分裂》一书中指出：极富掠夺性的殖民主义将少数国家变成世界经济的核心，将绝大多数国家变成这一核心的附庸。但这已是远去的历史。无人可否认，如今的全球化恰恰是要埋葬以往世界经济的单极化格局，从单极走向多极，以至实现真正意义上的平等互惠。

没有证据表明中国经济像当初许多新兴市场经济体那样过度依附于美国。中国内地最大的贸易伙伴，最初是香港，随后是日本，而美国取而代之的时间并不长，两年前则已被欧盟所取代。

不仅如此，那种认为美国次贷危机对中国进出口贸易的影响部分是直接的，部分是间接的，即透过对第三方经济的影响以及中国与第三方贸易的管道加以实现，以至合计影响颇为严重的说法，在事实上也站不住脚。

依据公开数据，虽然按照进出口贸易总值对GDP的比率估算，中国经济的贸易依存度很高，而且越来越高，2006年为67%，最近5年平均为51%；但是，按照出口贸易所实现的经济附加值估算（即支出法GDP），中国经济的贸易依存度很低，2006年为7.3%，最近5年平均仅为4%。

实际上，上述两组数据暗示了一个重要的结论：规模较大的出口总值在对GDP贡献较小的同时，也消耗了过多的资源，包括过多的原材料、过多的能源、过多的活劳动，后者导致生产资料短缺、物价上涨、低工资就业以及以外汇储备为主的流动性过剩，并进一步削弱了国内消费需求。如此说来，就算次贷危机真的妨碍了中国出口贸易增长，最终的结果未必不是好事。依据2007年经济统计数据，国内最终消费占支出法GDP的比重开始回升。

谈到宏观基本面，有数据显示，最近5年国内规模以上工业企业利润增长情况越来越好，累计增长率高达297%，年均复合增长率近31%。其中，2007年增长势头依旧强劲。值得注意的是，虽然2008年规模以上工业企业利润增长速度可能有所放缓，但考虑到随IPO、再融资以及资产重组进入上市公司的利润，A股公司总体利润成长性预期还是颇为良好的。

从以下不同角度得出的判断，似乎有助于大家捕捉2008年的股市机会。其中，着眼于持续业绩增长以及再融资所促进的每股净资产增长，那些扩张意愿强烈的公司，其数量或许不在少数，有可能随年报推出大比例股本送、转增预案，以吸引投资者参与交易。我将其称之为业绩持续增长滞后效应。着眼于股票筹码分布与限售股流通压力，考虑到筹码从分散到集中的过程往往是股价上涨的过程，而筹码从集中到分散的过程往往是股价下跌的过程，那些机构重仓股似乎不是机会所在，而机构尚未介入的小盘绩优成长股的市场机会，应当受到散户的重视。

着眼于业绩成长性，我的建议是，为避免大盘波动性，同时也为了更有效地实现投资收益，应当将目光对准那些具有超常规成长性的公司。这样的机会不容易被发现，但也不是不存在。着眼于题材，在我看来，最好的题材莫过于针对低价绩差股的重组题材，其中往往会出现业绩增长黑马。请注意，我所说的题材，是指业绩增长的题材，而不是单纯的炒作题材。

最后，着眼于行业，简单地说一点，我相信非传统地产股或新地产股的机会很值得关注，毕竟将在2008年实现销售的楼盘，其土地大多是在3年前获得的，而3年前的土地平均价格比如今要低得多。与此同时，应当远离受价格干预下的垄断行业，如石油、电力等。此外，如果除农产品以外的大宗商品价格不能走出调整行情，与此相关的行业似乎也应当加以规避。

投资的关键在于资金多元化配置

丁远　中欧会计学院教授

2007年12月时，我曾说“很高兴看到当时的回调”，因为那说明中国股市正通过自身调控，挤压出一部分不合理因素。可惜这种自我调整的幅度并不大，2008年1月初又开始了一轮上扬。

有人可能要反驳：难道回调超过20%幅度还不够大？以新加坡市场为例，在那里上市的中国企业平均市盈率低于10倍。从2007年11月初至今，受美国次债风波影响，那些股票下跌20%—30%。与此相比，A股在市盈率70多倍的情况下，回调20%左右算幅度很大么？

打个比喻吧：将一只青蛙放在冰水里，然后逐渐给容器加温，使得水温缓慢上升。由于青蛙一直待在水里，对于身边水温的变化变得麻木，甚至无法知晓危险已经来临。如果把中国的股市比喻成这一缸水，那中国的股民就好像这水里的青蛙。从1000点飙升到6000点，这缸水的温度从冰点升到了沸点，但股民对大盘的危险性已失去感知。这才是真正的危险所在。

虽然不能排除未来股市继续上涨的可能性，但与现在面临的风险比起来，这种预期的回报实在微不足道。因此，我认为对于股民而言，现在要考虑的是“落袋为安”。在我看来，对于大多数人（尤其是中产家庭）而言，切不可将理财当成致富的方法、暴富的途径。

理财的目的应该有两个：一是获得个人和家庭财务的独立性，上半辈子积累起来的财富足够自己和家人退休后从容地享受生活；二是要跑赢CPI，不要让自己的财富由于通货膨胀的原因而缩水。

明确了上述目的之后，大家就会对投资回报有较为理性的期待，然后以一种平常心来对待家庭理财。尽量关注一个平均收益，一定要将眼光放得更加长远一些，追求未来30年，甚至40年家庭财富的稳定增长。

那么，接下来肯定又有人要问了：收益率多少算是一种理性的期待呢？我说出来，大家可能会惊讶，平均10%的收益率已经非常可观了。很多人听了会不以为然，但我可以给你算一笔账：

假设某人在65岁退休，他为自己的退休生活规划了1000万的养老金。如果按照平均10%的收益率计算，那么他在40岁时投资本金大约90万元，或是在30岁时投资本金35万元，就可以达到规划水平。这就是复利的力量！这种计算方式下，个人只要在该时间点上投资相应数量资金，然后用心打理，保证其稳定收益，那么即使其他收入消耗殆尽，他的退休生活仍然可以过得非常安逸。

有些读者可能会想：丁老师一边唱空股市，一边让大家投资，我们应该怎么办？到底现在还有哪些可以投资的地方？这里我就要给大家一个“光明的尾巴”。

投资的关键在于资金的多元化配置。过去，中国人的收入只有存银行一条出路，现在投资渠道拓宽了，大家却一股脑地将资金都投入股市或与股市挂钩的产品当中去。这是人的赌性心理作怪，是家庭理财的大忌。

那我就来逐一点评一下现在各个投资渠道吧。

首先是房地产市场。目前来看，这是一个极度不明朗的市场，2008年房市会如何变化还很难说。很多人觉得买房就是投资房地产，这是绝对错误的想法，投资是购买第二、第三套非自住性房产。由于房地产市场不明朗，再考虑到房地产投资的交易成本和维护成本，这种单笔大额投资必须按照自己的经济实力来考虑，普通家庭不要轻易进入。

其次是股市。美国的次债风波、中国的通货膨胀、全球的原材料价格上涨，这些都会造成企业的利润下降，这就是中国股市2008年基本面上的负面因素。对此，我已经谈了很多，不再赘述。只是劝诫各位要调整心态，调低收益预期，尽量做到“落袋为安”。

第三是商品市场。从金融市场的发展历史来看，市场上有许多与股市走势不相关或是负相关的产品，这种产品对于现在的中国投资者意义最大。

能源危机导致油价不断上涨，并导致新型能源原材料涨价。由玉米制成的酒精燃料，成本约为目前石油价格的1/3，一旦投入市场，必然造成玉米价格上涨。为获取更多利益，农民肯定会增加玉米种植面积，降低其他农作物的产量。食用农作物的减产必然导致粮食、奶制品和肉类等一系列农产品涨价。

中国、印度这样的大国崛起也使国际矿产品市场长期看好。

很多人认为这些东西与普通百姓的关系不大，实则不然。因为现在很多银行或是基金都推出了与这些产品挂钩的投资工具。我自己就购买了一些此类产品。

第四是外汇市场。我这里所说的不是指外汇交易，而是指一些以外币计价的理财产品。虽然现在人民币对美元在升值，大家觉得拿着人民币更加划算，但谁知道这种升值的空间有多大，会持续多久呢?

如果你手中握有一定数量的外币，不要急着将其兑换成人民币，可以考虑买进一些以该币种结算的理财产品。家庭理财必须通过多元化配置保证未来几十年的收益，通过配置不同币种，大家就可以避免货币贬值风险对财产的不利影响，对于家庭而言，意义并不寻常。

我相信，如果以平稳心态对待，并且能够多元化、多币种地配置资产，跑赢CPI并不是一件难事。

次债危机不可能成全球金融危机 中国最坏局面是通胀滞胀同时发生

曹远征　中银国际首席经济学家

美国次债危机爆发以后，著名投资家乔治•索罗斯表示，“我们正面临二战以来最严重的金融危机”。我个人认为，现在就下“次级债危机会演变成全球金融危机”的论断，还为时尚早。

不可能演变成为全球性金融危机

次级债的周期一般为120个月左右，在30—50个月期间是违约高发期，之后会逐渐缓解。美国出问题的次级债大部分是2005年发行的产品，因此次债危机在2008年还将持续，但不可能演变成全球性金融危机。

只要平稳度过2008年和2009年，情况就会好转。支撑这种判断的原因有三：

第一，世界各国应对这种危机已经有了经验。经历过亚洲金融风暴，金融风险意识已深入人心。各国都在努力增强本国金融机构的风险抵御能力，现在包括亚洲各国央行在内，都以各种形式补充资金，不利因素正在积极消除当中。

第二，面对美国的次债危机，全球在不断加强跨国协作。次债危机让人们看到经济全球化的新图景：一个始于美国次级抵押贷款市场的产品问题，却很快扩散开来。这说明，随着全球经济一体化进程的不断深入，各国金融市场互相渗透，局部市场问题可能会引起其他市场的连锁反应，产品危机会引发金融危机。

正是在这一新图景下，各国央行和监管当局充分认识到国际金融合作的重要性，联手向市场注入流动性，并快速启用诸如降息等货币政策工具干预市场，缓解了金融结构的流动性风险，避免了次级债危机的扩散，从而进一步避免了金融危机的爆发。

第三，美国次债危机爆发以来，目前受影响较大的仍局限于花旗、美林等金融机构，没有爆发全面金融危机的迹象。

或促成深刻的全球结构性变动

除金融方面，次债危机引发的另一个核心问题是美国经济的走向。

20世纪80年代，住宅、汽车、钢铁曾是美国的三大支柱产业；随后的新经济下，高科技泡沫破灭，美国一直未能找到新的支柱。尽管我们看到它的经济增长很强劲，但这种繁荣主要是靠消费拉动的。美国高负债、低储蓄，寅吃卯粮的模式支持了经济高速增长。问题是，这种模式能支持多久？

次债危机的扩大化，会加深人们对于美国经济陷入衰退的预期。我可以确定，美国经济的确放缓了，但有没有进入衰退还需要一段时间的观察。在经济学上，判定一个区域的经济是否陷入了衰退最重要的指标是：经济发展连续六个月以上持续负增长。而美国的情况是，经济增长不断减速，但还没进入负增长。

从更深层次上讲，次债危机对美国乃至欧洲金融和经济发展的冲击，可能促成全球结构性变动：南北力量对比可能因此倒转。

二战后《雅尔塔协议》确立的美国的全球政治霸主地位，以及布雷顿森林体系建立起来的美元的全球经济霸主地位，正受到冲击。过去，一直是南方（发展中国家）经济、金融问题较多，而北方（欧美国家）问题很少；这一次，情况颠倒过来了。鉴于次债危机还会持续，而欧美国家肯定受影响更大，发展中国家不断上升的力量可能因此占到上风。

从这个意义上说，索罗斯关于“二战以来最严重的金融危机”的说法，也有一定道理。

最严重是中国通胀滞胀同时发生

关于次债危机对中国的影响，我认为很有限。美国的次债危机，以及由此引发的经济放缓，会在金融和经济层面影响中国，但中国的应对政策足以在很大程度上消化负面影响。

目前已经放缓的美国经济，对中国商品的进口会在一定程度上减少；更可怕的是，次债危机引发美国消费者意愿性不还款，进而导致美国消费需求下降，由此引发的进口减少将更严重。若这种情况出现，对中国经济的影响就比较大。

中国的出口对GDP的贡献超过1/3，美国作为中国最大的贸易出口国，其进口减少自然会冲击中国经济发展。现在几乎全球都流动性紧缩，但中国却面临流动性过剩、通胀严重的问题。在这种情况下，美国减少对中国进口可能导致的最严重后果是，中国通货膨胀和经济滞胀同时发生。

但即便如此，中国经济高速发展的势头也不会因此逆转。我下此判断最有力的依据是，今年中央金融会议采取的“从紧的货币政策和稳健的财政政策”。

从经济学上讲，货币政策和财政政策在正常情况下应该保持一致，而非相反。很明显，这说明中央已提前预见到美国经济放缓的最严重后果，并采取从紧的货币政策反通胀，采取稳健的财政政策为反滞胀留下空间。

从过去的经验来看，动用财政政策，的确可以起到拉动经济发展的效果。2007年中央财政收入超过5万亿元，底气还是很足的。但中国过分依赖出口的经济发展模式需要转型，调节收入结构、提高居民收入，让经济发展更多地依赖内需，是一个长期的发展方向。

衍生品杠杆或放大实体经济问题

纵观并反思这次美国次债危机，可以得到以下启示：

21世纪初，在高科技泡沫破裂之后，美联储为刺激经济，在多次降息的同时放松金融管制：一方面，降低信用标准，鼓励商业银行向信用等级低的借款者放款；另一方面，允许金融机构以低成本的借贷投资于高风险资产，允许投资银行为扩大利润来源不断设计结构复杂、高杠杆的衍生品提供给客户，对冲基金大量涌现。

复杂的数学模型和产品结构使投资者与初始贷款人之间信息不对称，难以准确估计违约情况；而金融衍生品的高杠杆使实体经济的问题被加倍放大成为可能。加上很多金融衍生品缺乏公开、透明的交易市场，投资者需要依赖各种评级机构，不同估价方法得出的结果差异很大。金融衍生品交易逐渐与实体经济脱节，房价开始脱离居民的现实收入。

衍生品市场在提供流动性和分散风险的同时，也使得各类金融机构以流动性为链条，捆绑在一起；一旦链条某个环节出现问题，便会引起连锁反应。

尽管金融市场的运行规律日趋复杂，金融危机发生的机理也在变化，但它与实体经济的联系依然是最本质的关系。因此，除金融机构本身要提高风险管理水平外，货币和监管当局也应加强对金融衍生品市场的管理。

（理财周报记者　施维整理）

家庭是最大财富，理财要着眼长远

卫哲　阿里巴巴CEO

中国经济发展已经成为世界经济的重要支撑和拉动力量。这是建立在经济全球化和贸易一体化的进程不断加快及相互渗透基础上的。

面对经济全球化和贸易一体化，阿里巴巴的核心竞争力是“比跨国公司本土化，比本土公司国际化”。也就是说，阿里巴巴比任何别的跨国公司更了解中国的中小企业，即比跨国公司要本土化；同时阿里巴巴比本土公司更要国际化。

阿里巴巴在国际化方面具有先天优势：一方面，在信息技术的应用方面，阿里巴巴可以不断地从国际战略合作伙伴——雅虎和软银——那里获得最新的技术，从而可以解决中小企业所需要的技术上的问题；另一方面，阿里巴巴的国际化可以帮助中小企业打开国际市场。阿里巴巴这个诞生在中国的平台，已经逐渐成为一个国际化贸易平台。

经济全球化给阿里巴巴带来的也是前所未有的挑战。阿里巴巴一直很风光，一直也很艰难，我们要面对高增长，要面对孤独。我们挑战的对手都是世界上的巨无霸。你觉得挑战eBay不可怕？我们当时说拿出一个亿人民币做淘宝，自己都觉得喘不过气来。很可能你挑战不成功，但是挑战成功你觉得很风光，挑战不成功是不是面临危机？现在我们看的是微软，是沃尔玛。这就是挑战。

海外上市会对进一步提升我们的国际影响力有巨大的帮助，今天的客户比前两年更需要阿里巴巴的国际化。

在中国经济发展过程中，一个同样令人瞩目的事实是：中国本土成长出的中产阶层取得了日益广阔的发展空间，无论从群体规模还是潜在效应上，都达到了前所未有的高度。

中产阶层的聚量增长，对现有社会结构和主流价值观的影响日益显现，尤其是当该阶层以家庭面貌出现时。家庭是社会细胞，而中产家庭可称为中坚，其对社会消费观、财富观生成和积累的冲击，是在相当程度上促使此两者走向多元化。当理财成为一个社会公众命题，中产家庭的财富观和理财观无疑又将引领潮流。

在旧有说法中，被归纳出的当今中国聚富最集中的十类人，除私营企业主外，外资企业中的高级管理者亦成为中产阶层的重要生成人群。从这个角度理解，本土成长并非意味着完全的本土孕育。由于财富积累途径不同，中国中产阶层在生活方式、消费理念和理财观念上天然地呈现出不同趋势。

马克思曾总结出关于财富的恰当说法，将其分为生活资料和生产资料两部分，这也是人们经常涉及的两个命题。人一生对生活资料的需求极其有限，你一年一般也就花200万、300万，财富对在生活资料这方面最大的贡献是解除你的担心，使你没有顾虑，仅此而已。

我们把超出正常生活所需的部分统称为生产资料，这部分的用途是事业扩张的基础。我们看到财富榜上的数百亿，最终也都化成了某个人在一家公司的投票权，很多首富永远没有办法去套现，因为这是他的生产资料，他要借此去满足事业的扩张，而不是用来解决生活的享受。

所以，对生产资料不求占有，只要能够管理就可以了。百安居我们没有股份，但是我们依然可以管理数亿、数十亿的资产；尽管我不是阿里巴巴集团的创始人，但也可以去管理它的生产资料，这也就满足了。而摆在中产阶层面前的问题，就在于如何调配生活资料和生产资料间的比例。

中国中产阶层在财富方面面临两个挑战：一是合理消费度的把握，一是多样化投资方式的有效把握。

在中国私企业主和外企管理层这两个中产阶层生成群体中，前者在合理消费度层面遭遇的挑战似乎更甚。因为他们普遍起自一个低点，同时处于中产阶层的高端，自身的财富规划和消费行为相对缺乏明确计划性，在理财方式的选择上也较为盲目。相比之下，由其他群体产生出的中产阶层由于资产规模所限，对生活消费方式的选择趋于保守，在理财计划的选择上也更为严谨。

中产家庭应该树立着眼长远的理财观。在满足有限生活需求的基础上，通过各种有效的理财手段和投资途径，促使剩余生活资料向生产资料转化并不断增值。而在诸如房产投资、股票外汇、基金国债、银行理财及保险等各种主流理财手段中，需要在明了和细分各项资产现状后，依据实际条件做出客观理性的选择。

在关注财富，理性理财的同时，中产阶层也要关注家庭在自己生活中的平衡。每个人都应该有自己对成功的定义。成功一定是平衡的，而不仅仅是某一个领域的成功。很多人觉得成功就是拥有大量的财富，而我觉得家庭才是我最大的财富。离开家庭，什么财富、成功，都不能带给我快乐。职业生涯在一个人的生命当中永远是暂时的。职业以外的成功同样重要，家庭、朋友都是需要用心经营的。

我常常说，等到自己退休的时候有这样的境界就足矣：有些老本，有个老窝，有位老婆，有群老友。如此看来，只有第一点是事业成功直接带来的。

关注"南北互动"这个最大基本面

陈君明 《财富中国》总策划

法国一位外交部长说过……不，他什么也没说，我不知道怎么会不经意想起这个句式——我还是篡改一下一位俄国伯爵的话："幸福的家庭都是类似的，不幸的投资者也是类似的。"

从2007年10月以来，全世界的投资者大都经历了股灾，源自美国的金融危机席卷了全球的投资市场，成熟市场、新兴市场无一幸免。股灾发生的时间是西历新年之后，而对于中华文化圈的人们来说，却是在中国农历春节之前，真的影响了许多人过年的心情。

美国前国务卿基辛格说过："国家的数量在增加，他们互动的能力也在增加。"14年前的这番话，是他对冷战后新的国际政治经济格局所下的论断，不但一语中的，而且"南北互动"的景象越来越清晰，逐渐成为当今世界变化发展的主要脉络。2007年全球股市，就是跟着这条脉络律动的；2008年，仍然要跟着这条脉络律动。我本人理解，这是当今全球资本市场最大的基本面。

2007年资本市场的状况，是发达国家（即"北方"），拖累了发展中国家（即"南方"）。

2007年美国次贷危机爆发之前，全球股市都在上升通道里按照自己的速率行走，危机一爆发，全球股市也纷纷进入调整。当亚太股市技术调整基本到位，露出企稳迹象时，美国次级按揭贷款进入密集的利率重设期，导致违约率上升，次按衍生品中风险最高、市场保有量很高的信用违约掉期产品损失集中爆发，深化了次贷危机。各国财长们估计，美国次贷危机给全球金融机构带来的拨备损失可能高达4000亿美元，而不是美联储之前预估的1000亿—1500亿美元。因此，七国集团财长一致认为，世界经济仍然容易受到下降趋势风险的打击，各国政府将

“单独或集体采取适当的行动，以确保稳定和增长”。

在美国这个世界经济发动机输出功率减小的时候，众多经济学家寄望于另一个发动机即中国、印度等新兴市场能够为全球提供更大的动力。著名基金管理人乔治•索罗斯在1月23日为英国《金融时报》撰写的文章中说：“发达国家出现经济衰退或多或少是在所难免的，但中国、印度和一些产油国仍在强劲增长。因此，当前的金融危机不太可能导致一场全球性的衰退，而是一次对全球经济的根本性调整。在这一调整过程中，美国将相对衰落，而中国和其他发展中国家将崛起。”七国财长也预测新兴市场2008年的增长仍将是强劲的。

但人们仍然存在很大的疑虑，主要担心次贷危机还会在金融系统进一步蔓延，并侵入实体经济领域。1月份的情况很不妙，美国高收益债券市场的发行量创下1990年以来的最低点，美国和欧洲分别有740亿和640亿美元的信贷需求无法被市场提供，而且信用卡违约率也在上升。这印证了索罗斯“危言耸听”的“金融危机论”，以及斯蒂芬•罗奇异曲同工的“信用危机论”：次贷危机引发严重的信用危机，从而造成严重的信贷收缩，使得消费缩减和企业开工不足。

危机必然向为北方提供消费品的新兴市场传导。因此人们关注的焦点又转向南方：新兴市场的内需增长将在多大程度上抵消出口大幅下滑的影响。

2008年将带给中国更多的挑战。在周边环境恶化的情况下，中国政府怎样调整货币政策？人民币升值的幅度和速度怎样把握？怎样平衡增长和质量之间的关系？在减税的同时，怎样加大公共产品的供给？在美元进一步走软、全球资产价值重估的时期，中国资本怎样走出去，怎么走？怎样应对全球资本流动对中国的冲击？这都是影响2008年资本市场的重要因素。

2007年，很多的中国投资者经历了不成功的投资，我本人也是如此。2008年我下定决心，好好学习，天天向上：一是要密切关注“南北互动”这个全球资本市场最大的基本面，关心第三世界劳动人民的成果，盯紧国际资本流向，警惕国际资本家的花活；二是密切关注国内政策的动向，同中央保持一致；三是把握主流，把机构投资者当作大海航行的舵手，指路的灯塔，不能把自个儿边缘化。

爱学习的好同志一定有好回报的，我坚信。

第一部分 钱途

财富管理将成商业银行必争业务
商业银行可做投行，也可收购基金

马蔚华　招商银行行长

2007年是繁荣的一年，对于金融业更是如此。这一年里，我经常被繁荣的氛围所笼罩，不论是在国内，还是在国外。

在美国那个全球监管最严的地方，我们在纽约设分行的申请获得了批准。《现代金融法案》颁布后的将近20年内，美国不但没有给中国，也没有给其他发展中国家开设机构。某种意义上，我们这次在纽约设分行，是新中国成立后获得的第一个真正意义上的市场准入。

究其原因，不光是招商银行达到了美国的监管标准，更重要的是中国经济的繁荣。国外的商业银行开始到中国来寻找机会，就连过去对中国的风险怀疑比较大的私人投资大佬，也纷纷来中国争夺市场。

在繁荣的时候，一家商业银行要有危机感、预见性和主动性

在繁荣背后，是中国经济的发展。改革开放以来特别是最近四年，我们的经济增长超过了10%。到2007年10月，中国的银行业本外币总额达51万亿，我们股票的市值（包括A、B、H股）也超过了28万亿。两三年前，我们的市值只有两三万亿元。有一天，某个媒体刊登了一个消息，说招商银行的市值超过了德意志银行。这当然是一件好事，但我并没有为此而激动，因为衡量一个银行的水平，不仅仅是市值。特别是在中国目前这样一个阶段，市值不能体现你的竞争力。

在繁荣的时候，作为一家商业银行，第一要有危机感，对繁荣进行审视和判断的危机感；第二要有预见性，要看到银行的重大历史转折，进而实施转型；第

三，要有主动性，为应对中国开放以后在国际上的竞争，主动提升管理能力。

最近，投资银行接踵而来，叫你并购这家银行那家银行。这都是好事，美国花旗百年的历史就是并购的历史，现在我们的市盈率高，换股也合算。但这些诱人的故事能不能讲好，关键看你的管理能力。你并购一家银行，结果你可能没并购得了它，而是它把你接管了。你的管理能力，决定你并购对象的掌控力。因此，在繁荣的时候，我们要认真反思自己，提升自己的管理基础。

金融危机内因是经济失衡加剧，外因是外资突然转向

那我们怎么看待危机，繁荣离危机有多远？过去30年，世界上大的金融危机发生过5次，小的不计其数。从拉美的危机，到欧美的衰退，到东南亚的金融危机，再到墨西哥的金融危机，都出现过一些共同的现象：货币增长过快，投资过多，本国货币被高估，外资迅速增长。

当然，每一次危机发生的原因都有所不同，但也有共同之处：内因就是经济失衡加剧，外因就是外资的突然转向。这种时候，往往是矛盾积聚到一定程度，一根稻草可以压死一匹骆驼。从历史教训中我们可以感悟到：繁荣背后都积累着危机因素。

最近的中央经济工作会议发出了一个信号：2008年要使用从紧的货币政策。过去10年都是稳健的货币政策，这次不仅提到要控制总量，还要控制货币投放的节奏。对于企业来说，这意味着可能要面临很多的危机和困难；对于银行来说，危机跟企业差不多。银行给企业贷了款，后面的贷款跟不上，企业出了问题，银行同样出问题。

国家要调控，要防止经济向过快转向，防止通货膨胀向整体扩张，银行业首当其冲。我们几年前已经看到了这一点，所以一直坚持效益质量规模协调发展，每年把总资产规模的增长控制在20%以内。2007年招商银行20年庆，我们没有为过去的业绩所陶醉，而是在寻找自身存在的问题。

“财富管理中心”成为商业银行必须做的一项业务

商业银行现在面临巨大的转型挑战：两个脱媒（资本性脱媒和技术性脱媒）一个转移。银行有两大职能，一个是融资中介，一个是支付平台。资本性脱媒，即股票、债券市场等直接融资的发展，使得银行的融资份额减少。银行过去“一

统天下”的格局被打破，再“傍大款”，危险性很大了。另一个技术性脱媒，银行的支付平台，是借助IT的，从比尔•盖茨到马云，都在成为银行的挑战者。

“一个转移”跟消费革命有关。我们招商银行的信用卡业务，原计划8年盈利，结果4年盈利，而且盈利中40%来自透支的利息，这使我意识到，中国人的消费观发生了重大转变，中国人也透支了。

那谁在透支呢？年轻人和有钱人。现在的年轻人和有钱人，绝不会像他们上一代，一分钱一分钱地储蓄，他们是“有钱就投资，没钱就透支”。这种情况下，再天天拉存款、搞储蓄、放贷款已经不适应了，商业银行在“融资中介”和“支付平台”之外的第三种功能——“财富管理中心”功能就逐渐产生了。

中国的中产阶层越来越多，银行需要管理私人的财产，另外是管理企业的财富，因此，这个“财富管理中心”成为商业银行必须做的一项业务。在银行间的竞争中，我的体会是，谁能够看到三五年后的趋势，谁能先去做，谁能做好，谁就拥有未来的主动权。

商业银行可以做投行，也可以收购基金管理公司

到今天为止，中国所有商业银行似乎都和PE（Private Equity，私募股权投资）没什么往来，但我觉得这种情况不应该也不会再继续下去。

2007年下半年，我在美国跟联储打交道的时候，也拜访了美国几家大私募基金的创始人。我想了解，他们的成功和美国商业银行有什么关系。那一天，KKR的创始人告诉我：“马行长，我让你见证一个伟大的收购事件：我今天拿500亿美金收购德州电力，其中我没有多少钱，美国的几家银行帮了我很多忙。”我一看，美国商业银行和PE之间，的确有着很密切的合作。

在这方面，中国有一个很重要的法律限制，《商业银行法》规定“银行的信贷资金不能成为资本金的来源”。这一条就把银行所有的投资锁定了，包括个人买股票也不能从银行贷款。但我觉得《商业银行法》到今天应该有所完善，作为全国人大代表，我看到了中国银行业综合化经营的盛况，也提出了很多提案和修改意见。

现在的商业银行发展趋势，决不是单纯的商业银行，商业银行可以做投行，也可以收购基金管理公司。招商银行已经收购了一家基金管理公司，也被获批组建金融租赁公司，但各种金融业务之间要打好防火墙。

（理财周报记者　李清宇整理）

金融创新是商业银行“兵家必争地”
光大的改革特别注重方法和节奏

唐双宁 中国光大集团董事长

光大内部会上，就我们的战略目标我讲了四句话：一年奋力起步，三年改变面貌，五年形成自身特色，十年勇争同业前列。其中五年形成自身特色，就是依靠金融控股集团公司这个其他银行不具备的优势，综合经营这个品牌，搞好特色服务，形成光大特色。

2007年国务院批准了光大集团的改革重组方案，希望光大“办好第一家有名有实的金融控股集团公司”。成立这个公司，是要将中国光大集团由现在的行政管理型机构转变为以股权管理为手段，以资本运营为载体，以提升企业竞争力为核心的现代金融控股企业。

新的光大金融控股集团，要以子公司制模式为基础，同时借鉴全能银行事业部制模式的长处，构建子公司制与事业部制相结合的“混合型组织架构”，形成分级管理与垂直管理相统一的矩阵式管理模式。

2008年银行业面临三大“不确定性”

2007年光大集团的总资产超过了8000亿元。其中光大银行总资产达到7257亿元，全年实现净利润45.7亿元，不良贷款率降至4.46%，拨备覆盖率达到97%。光大证券公司综合业务收入和市场交易量进入了全国前十名。光大永明保险公司进入上海，进一步拓展了在长三角地区的战略布局。光大实业公司正式挂牌成立；在港企业股票价格大幅攀升，市值增加到500多亿港元。

2008年是光大集团重组的关键一年，但国内外的经济环境也在剧烈变化，光大的发展还将面临一些新的困难因素，主要是“三个不确定性”。

一是国内经济的不确定性，主要是国家加大宏观调控力度对金融企业流动性和资本市场将产生重大影响。国内经济形势，我概括为一组数字，就是一个“三”、四个“二”。

一个“三”是“三过”，贸易顺差过大、投资增长过快、流动性过剩，这个问题虽然已引起重视，但还没有根本解决。四个“二”中第一个是“两防”，就是我们经济工作的目标要防止经济增长由偏快转为过热，防止价格由结构性上涨演变为明显通货膨胀；第二个是“两策”，就是稳健的财政政策和从紧的货币政策；第三个是“两个预测”，2008年会出现银行流动性的不确定性（特别是像我们这样的中等银行更要注意）和资本市场的不确定性（特别是奥运以后）；第四个是“两个愿望”，希望在经济工作中，在宏观调控中，能够把握好“度”，能够把重点从总量转向结构，即“贵在有度，重在结构”。

二是国际经济的不确定性，主要是随着美国次级房贷危机的扩散，对我国金融业将产生波及效应。总体上可以概括为两个特点：一是“逆向发展”，传统经济体即发达国家的经济发展开始放缓，以“金砖四国”为代表的新兴经济体经济发展不断加速；二是美国次贷危机和石油价格飙升，给新的一年世界经济带来很大的不确定性。

三是光大自身的不确定性，围绕宏观调控“两个防止”和实施稳健的财政政策与从紧的货币政策，金融市场会产生连锁反应，像光大银行这样的中型金融机构必须未雨绸缪。

不改革“等死”，但改革未必“找死”

光大银行发展15年来，阳光理财、短期融资券、企业年金等产品取得了一定的竞争优势。但横向与同业相比，我们的差距还相当大。

2007年招商、中信、浦发、民生、兴业等银行存款都有较大增长，增长幅度最高的达到28.4%，而我行存款比2006年增加312亿元，增长幅度只有6%。特别是我们缺少基本客户群体，对私存款2006年竟下降7.9%，而全国是上升的。贷款上招商和中信都增加了1000亿元以上，民生和浦发增加了900多亿元，我们只增加了600多亿元，一年差距就是三四百亿元。

从资产质量来看，2007年末，光大银行的不良贷款余额比同行都多100亿元以上，仍然占股份制商业银行的21.6%；不良贷款率除深圳发展银行外，光大最高。

我来光大后，经常有人和我说，光大不改革等死，改革找死。第一句话有道理，确实光大已经到了不改革等死的地步：连续多年资本充足率不能满足监管要求，年报出不了，造成新业务、新机构批不了，业务日益萎缩，骨干员工流失等等，再这样下去，我们就会陷入恶性循环，确实无法生存下去。

第二句话，改革找死，这话要看怎么讲。我认为只要把握好改革艺术，非但不会找死，还会做得更好。客观地说，改革确实会触动既有利益格局，打破原有权力分配，引发新的问题、新的矛盾。但改革是否找死，关键是谋事在人。

就像“冬天往玻璃杯里倒开水”一样，冬天如果直接将开水倒入杯中，就会使杯子炸裂。因此，只能先用温水涮一涮，预热一下，才可以既喝上开水又不会使杯子炸裂。光大的改革亦如此，要特别注意改革的方法和节奏。

加大中间业务，但要解决吃饭问题

当前，商业银行经营中一个新的课题就是：如何通过金融创新摆脱对传统信贷业务的过度依赖，加大中间业务占比，从而实现资产和盈利结构的优化？中间业务占比是衡量金融创新的重要指标，国外商业银行一般都达到40%—50%的水平，而我国商业银行的盈利结构中，贷款利息收入仍占全部营业收入的90%以上。

近年来，受资本约束和金融脱媒影响，国内金融创新发展步伐明显加快，创新产品不断推出。从某种程度上说，金融创新已是商业银行兵家必争之地，已是未来衡量金融机构核心竞争力的重要因素，不创新就意味着被淘汰。

在传统业务与创新的关系问题上，有的人认为创新具有很大的不确定性，投入成本高，投入产出比低，因此应该继续保持以存贷款为主、以对公业务为主的发展模式。也有的人在推进业务创新时，忽视传统业务和对公业务。我觉得，当前这两个方面不可偏废，要正确处理好传统业务和创新的关系。

就光大银行来说，虽然2007年中间业务、零售业务有了长足进步，但中间业务占比也才仅仅达到8.16%，对私存款、个贷仅占全部存、贷款余额的17%左右。因此，我们要大力发展对私业务，大力进行金融创新。

但是，在推进对私业务、推进金融创新时，也不能忽视传统业务、对公业务。大家想一想，如果放弃传统业务、对公业务，我们就放弃了90%以上的收入，放弃了83%的业务，我们靠什么吃饭？所以，要把两者兼顾起来。

（理财周报记者　李清宇整理）

联想控股怎样选择投资对象？民企采取风险投资，国企使用并购方式

柳传志　联想集团董事局主席

联想投资和弘毅投资——联想控股旗下的两家私募所投资的卓越网、中讯软件、中国玻璃、中联重科等企业，让联想控股获益颇丰，企业本身也获得了长足发展。

联想控股遵循看行业、看项目、看人的步骤选择要投资的企业，并在价值评估、机制调整、战略制定和执行、提升管理四方面助力企业。

在这其中，选人也是一件要紧的事情，联想控股选择的管理者不仅在业务上过硬，同时须具备极强的战略眼光。

在4个环节提供增值服务

“融资、选项、帮助、退出”，私募股权投资分这四步走。做企业出身的联想控股有限公司，特长在第二、三项上。

在选项方面，联想控股遵循看行业、看项目、看人的步骤，也就是“事为先，人为重”。对企业的尽职调查相当谨慎，往往是100个项目，达成交易的仅为3个，成功率在3%。

联想控股主要在4个环节上提供增值服务：价值评估；机制调整，也就是占大股，甚至控股，以便改革法人治理结构；战略制定和执行；提升管理，在金融服务、贷款上为企业提供便利。

联想控股投资的经典案例，为旗下弘毅投资控股中国玻璃。中国玻璃的前身

为江苏省宿迁市的一家名叫江苏玻璃的工厂，弘毅投资将江苏玻璃100%的股权买下，然后帮助企业做了两件事情：配置高档玻璃生产线，改变股权结构。

弘毅投资将拥有的中国玻璃一部分股权，出售给英国的战略投资者——皮尔金顿公司。出售的条件是，皮尔金顿须将其在澳大利亚的一条高档玻璃生产线搬到中国。这一生产线对中国玻璃的盈利和出口都带来了极大帮助。现在，中国玻璃新建和并购的生产线已经达到16条。

在股权结构改革上，联想控股希望将管理层的利益与企业的长远利益结合起来。这缘自部分国企老板对企业利润没有兴趣，对其他方面却表现出极大兴趣。联想控股让管理层也持股，将国企老板改造成真正的老板。

在选择投资对象时联想控股就要弄清楚，企业的负责人是不是“老虎”，是病“老虎”还是活蹦乱跳的“老虎”。中国玻璃的负责人不仅在业务上很强，而且能站在很高的高度看问题，这是弘毅投资当初选择它时很看重的一点。

“人的作用”，还存在于中国玻璃并购其他企业的过程之中。为使中国玻璃顺利并购蓝星公司，弘毅投资想方设法让中国玻璃的高层领导与蓝星的负责人认识，让他们在沟通中思考能否一起工作，如何工作。现在，两个企业的负责人已经成为好朋友，谁做董事长，谁做CEO分工非常明确。而且，他们的部下如何协作，也已经很明确。

以子公司介入专注于投资

值得注意的是，联想控股在做不同行业的多元化时，是以子公司而不是事业部的形式来介入。不是又在忙活着投资又忙活着卖电脑，而是专注于做投资。

在联想投资和弘毅投资中，联想控股自有资金的比重不小。这是出于风险的考虑，也是基于对这个领域前景的看好。两只私募能像滴灌一样，将水滴到植物最需要的地方，将人、资金等各种资源有机结合起来。

2001年至今，联想投资已有三期基金，一期基金3000多万美元，三期则达至1.7亿美元。因为一期做得很成功，二、三期的时候吸引了大量外围资金进入。

这个过程中，联想投资很注重自己的声誉：在一期的时候，全部资金都来自母公司联想控股，坚持先做好了再去募集别人的资金。联想投资第一期回报预计在2.5倍以上，第二、三期基金的回报将明显高于第一期。

目前为止，联想投资已经完成了57个项目，其中9个项目已经成功退出。其中典型的4个项目分别是：2003年退出卓越网，以7500万美元的价格卖给了亚马逊，获得13倍的回报；中讯软件在2004年作为内地登陆香港联交所第一家纯“外包”

概念的股票，IPO募集资金超过1亿港元；文思软件专注于欧美软件外包，即将上市；展讯通信则是一家自主3G芯片设计公司，上市很成功，给联想投资带来了很高的回报。

弘毅投资主要投资于建筑材料、机械设备、医药、能源等领域，现有项目包括6个国企、4个民企。其中中国玻璃、先声药业、中联重科等投资回报突出。

传统行业更适合本土PE

近年来，私募股权投资（Private Equity，简称PE）在国内越来越热闹。它是一种不能在股票市场自由交易的股权投资，被动的机构投资者投资私人股权投资基金，然后交由私募股权投资公司管理并投向目标公司。PE通过帮助企业IPO，通过股价上涨获取回报。

早在2001年，联想控股介入私募投资领域，首要工作是厘清私募股权基金的范围。按不同角度，可将PE分为三种：股权投资而非债权投资，金融资本而非产业资本，私有资本而非公有资本。

同时，需要将私募股权基金和私募证券基金做一个区分。前者以直接投资为主，后者主要投资二级市场。按被投企业的阶段，可将私募股权投资分为风险投资、成长性投资、并购投资，分别对应着初创期、高速扩张期、成熟期。前两者投资占比例较少，在董事会中起帮助作用，也就是"敲边鼓"，怎么做还是原来企业中的管理层来决定。并购投资则要拿大股，甚至控股，这涉及产权机制改革，组织形式改革等。

联想控股如果投资于民营企业、高科技企业，一般采取风险投资或者成长性投资的方式；如果投资于国企，则采取并购投资的方式。

在美国20世纪初期，大企业的股权非常分散，大股东仅占3%—5%的股份，往往出现管理层说了算的现象。管理层一度将公司引向了适合管理层需要的发展方向：公司规模大、利润低，管理层工资却很高，这对企业发展有负面影响。针对此类企业，美国当初私募的做法是：占大股，然后强行整顿，将法人治理结构打乱重来，公司得以上正轨。

当然，面对国外私募的发展经验，本土私募也需要加以甄别。比如，美国风险投资一般投资于高新技术产业这样高风险、高回报的产业，因为钢铁、纺织、食品等产业在美国没有多少发展空间，属于传统产业。但在中国，这些传统产业的发展空间很大，很适合私募股权投资。

（理财周报记者 徐蕲整理）

我们应该怎样赚钱？我们应该从哪些地方赚钱？

李友　北大方正集团董事、CEO

改革开放迄今已经30年，虽历经风雨，但中国经济始终以年均8%以上的速度持续增长，创造了世界经济发展奇迹。中国经济的增长成为支持世界经济增长的发动机之一，无论是全球产业巨头还是投资基金都把来中国寻找投资机会作为战略选择。在过去的二三十年中，中国的发展已经带来了众多的赚钱机会，如民营企业、资本市场、房地产、企业改制等等，造就了一大批百万、千万富翁。在可预见的未来，中国仍将保持高速增长，也会产生更多的发展机遇和投资机会。以下几个方面，是中国中产家庭投资者值得关注的领域：

垄断性资源依旧是巨大价值来源

垄断性资源，包括自然垄断、行政垄断和技术垄断，涉及矿产、能源、经营许可、专有技术等多个方面。垄断意味着较少的竞争压力、高额利润和稳定的增长。很多行业未来会进一步整合，市场集中度会增大，尤其是基础设施领域。

中国经济高速发展最直接收益者是垄断资源的行业或企业，因为它们不可替代。需求带动的垄断资源增值往往高过自身经营成本的上升，并且这种收益一般很稳定。中国移动就是很好的例子，最近年度的利润高达660亿，年增速超过20%，明显快过国民经济增长。在资本市场中，投资者也往往认为企业所具备的垄断性资源就代表着企业的价值，而这种价值难以替代，会享受到额外的溢价。

在此建议有实力的国内企业和具有一定投资能力的中产家庭抓住国内资源重

新分配的制度变革机会，获得具有相对竞争优势垄断性产业资源，在未来获得长期稳定的收益。

消费、服务业是未来的发展热点

社会财富急剧增加、80后的新生代人群进入社会主流，以及中国农村的城市化进程提速都将促使中国消费行业飞速发展。

企业利润、财政收入和城乡居民收入均保持快速增长，百姓生活水平随着经济繁荣而真实提高，带来了消费升级换代的新一轮消费经济。消费需求的持续增长又拉动了服务模式的变革，人民的消费需求已经不满足于早期依赖于有形商品的消费。人们开始更多地追求社会所提供服务的质量和数量，例如要求医疗保健服务环境和条件不断提升，要求所接受教育的种类和选择范围更广泛和多样。甚至包括外国投资者也将眼光转向中国服务业的投资，例如：投资设立新型医疗保健机构，以谋求通过软性生产资料（服务意识及服务技能）的投资带来良好回报。

创新型商业模式提供创造和积累财富的契机

有一个关于商业模式的观点：在21世纪，企业应该把注意力由“创造”转移到“创新”上。创新并不仅仅是产品的商业化，更是建立新的实践、流程、关系和商业模式。突破性的创新可以带来显著的经济价值，而维持这种价值需要持续不断的创新。这种创新和整合的能力将成为21世纪成功的关键。

在中国，2000年后不断涌现许多通过商业模式创新获得成功的例子：携程、E龙网通过整合全国各地酒店信息，为商务及家庭旅行者提供异地旅行便利，同时在纳斯达克成功上市；分众传媒，中国最大的楼宇广告、电梯广告投放商，通过创立创新的广告投放渠道为其创建者——江南春带来了巨大的个人财富积累；如家、锦江之星等经济型连锁酒店的出现，为普通旅行者提供便捷、经济的住宿服务；红孩子、丽家宝贝等婴儿用品销售商，成功地推广了目录邮购、电话订购的创新商业模式。

这些创新商业模式的设计和应用，不仅为普通百姓带来便利的生活享受，同时也为创业者和投资者带来了巨大的回报。

制度进步、体制创新帮企业实现自身价值最大化

解决股权分置问题，是中国证券市场自成立以来影响最为深远的制度改革，会促进证券市场制度和上市公司治理结构的改善，有助于实现证券市场真实的供求关系和定价机制。最重要的是，企业上市的好处不仅仅是从资本市场“圈钱”，上市公司全体股东的利益趋同和损益与共，大股东也不必通过掏空上市公司来获利，企业完全可以通过改善经营在资本市场上实现自身的价值最大化。这就使得股市更像是投资场所，而不是“赌场”。2006年中国股市的大行情，反映了投资者的认同。

我认为股权分置改革只是资本市场制度进步、体制创新的一个开端。随着股权激励机制、中小板市场、指数期货等一系列相关制度和创新产品的推出，未来十年，中国资本市场将会愈加规范，各种企业产权的改革将和资本市场联动，也就是用资本市场的企业价值导向来配置资源和重组产业。资本市场将在社会资源配置方面起主导作用，投资者也能通过投资股市分享中国经济增长的成果。

企业并购和私人股权投资将产生大量投资机会

可以预见的是，并购将成为中国未来经济发展中的一个主旋律。国内大部分行业呈现相对分散的竞争格局，行业整合远远没有完成，因而并购成长的机会很多。企业的并购能够快速获得竞争优势，并且通过实现与被收购公司之间在经营、财务、技术、品牌等各方面的协同效应，挖掘被低估的资产，创造出额外的价值。此种背景之下，那些拥有自然资源、品牌、特许经营权、专利及市场份额优势的中国公司，必然受到国内外战略投资者的青睐。毫无疑问，在未来相当长的时间里，并购创造的资源整合价值和并购溢价将产生大量的投资机会。

与并购和资本市场发展相关的另外一个值得关注的机会，就是中国本土和私人股权投资（PE）。这个在发达国家已经风靡几十年，能带来巨额回报的投资方式，在中国才刚刚起步。阻碍私人资本直接投入实业的主要原因，是信用缺失和退出机制匮乏。但现在已经可以看到，这些问题都正被逐步解决。未来中小板市场和大量的产业并购机会将鼓励创业，刺激中小企业蓬勃发展，为中国本土PE提供机会。

新兴市场对欧美依赖度渐进减弱
奥运之于中国经济影响可忽略不计

高潮生　施罗德集团中国区总裁

施罗德集团（Schrodersgroup）拥有逾200年历史，在全球管理资产达2800亿美元，管理基金340多只，是全球最大的上市资产管理公司之一。在香港，施罗德集团是最早一批进入的海外资产管理公司；在中国内地，目前施罗德通过花旗银行代销15只海外共同基金，德意志银行代销7只。

由于美国次级债风波，许多投资者会避开美国，转道新兴市场

2007年，新兴市场仍然是投资回报率最佳的区域。过去五年，新兴市场的平均投资回报率约为35%，欧美发达市场约为25%，而美国约为15%。未来新兴市场的经济是否继续快速增长，能否保持近几年来的高投资回报率？

业内目前争论新兴市场经济是否高速增长的焦点，是其经济能否与发达市场尤其是美国市场脱钩。事实上，新兴市场和发达市场的经济，是一个链条状的传递形式。在此，我就以新兴市场中最受关注的金砖四国为例来分析。

金砖四国主题基金，是施罗德2007年表现最好的基金之一。金砖四国的经济可以简单划分成两种类型：资源供给型的俄罗斯和巴西，资源需求型的中国和印度。俄罗斯和巴西依靠本身的丰富资源，将原材料出口到中国和印度这样的以制造业为经济主体的国家，再经过加工后卖到美国等发达国家。因此，一旦美国等市场需求下滑，就会使整个链条断裂，抑制新兴市场的经济发展，首先是中印，而后是俄巴。

美国经济的增长放缓已经非常明显，新兴市场要避免连带效应，除非是能找到新的消化供给的方式。我认为，新兴市场对欧美市场的依赖性正逐渐减弱，但

这是一个渐进的过程，不可能一蹴而就。

那投资者是否应该继续把钱投在新兴市场呢？以目前的情况看来，2008年的全球市场形势还十分不明朗。根据过去的经验，全球市场不确定因素多的时候，投资者一般会将钱放在最安全的地方——美国国债。但由于美国次级债风波，许多投资者会避开美国，转道新兴市场。

石油等不可再生资源用一点少一点，是非常具有投资价值的

在具体投资领域方面，能源一直都非常受关注，国际原油期货价近期更是突破了100美元/桶。要判断能源未来的走势，首先要根据过去的历史情况来分析能源上涨的原因。

2002年石油约20美元/桶，5年后达到100美元/桶，涨幅惊人。这样情况历史上只有过一次，就是在20世纪70年代初的石油危机时期。当时的油价约32美元/桶，除去通货膨胀因素，约相当于95美元/桶。

当年爆发石油危机，主要是政治原因；近期油价飙升背后则主要有两大要素：一是中印的崛起，一是美元的贬值。

中国和印度过去并不是能源消耗大国，但由于近年来制造业飞速发展，使得能源使用大幅增加，成为能源进口大国。在经济学上，物价由供需两方决定。历史上的石油危机是由于供给方突然提价造成，而现在需求大幅增加也同样会造成物价上涨。另一个常被忽视的是，由于国际大宗商品多以美元计价，美元贬值也就成为石油涨价的要因。

这两个因素未来是否会推动油价继续上涨？一方面，取决于中印的能源消耗是否维持或增长，而这又跟欧美市场的需求是否下滑很有关系；另一方面，美元是否会继续贬值除跟美国经济相关外，也跟美国政府的经济政策有关。2008年是美国的大选之年，新上台的总统采取的新政策会影响美元的走势。

无论如何，从长期投资的角度来说，石油等不可再生资源用一点少一点，是非常具有投资价值的。

经济和股市的关系就好比是遛狗，人狗并肩平行的时间非常少

2008年是中国的奥运之年，有人问我“奥运对中国股市是否会产生很大影

响？”从宏观面来看，奥运对中国经济的影响是小到可以忽略不计的。中国不像日韩那么小，北京一个城市所占全国GDP的比例非常小。

但从投资角度来说，市场是非常神奇的，它有时与宏观经济关系不大，反而跟人们的投资预期休戚相关。中国股市有三个大的预期：十七大之后会跌，奥运之后会跌，股指期货出台后会跌。

日本股市在1989年12月31日大跌，美国股市在新千年的第一天大跌。前者是因日本投资者认为每10年经济都会有一个新的开始，后者则因美国投资者担心“千年虫”会影响电脑运作。

对于中国市场来说，第一个预期已被证实。因此，尽管奥运对经济的作用微乎其微，股指期货对现货市场也不会有大的影响，但投资者的心理预期会造成股市朝着既定方向发展。

经济和股市的关系，就好比是一个人遛狗，人狗并肩平行的时间非常少。市场有时候会走在经济前面，有时候会在后面，但由于绳子的牵系，相互间的距离又会保持在一定范围内。因此，有人说股市是经济的晴雨表，从长期来看的确是这样，但短期来看，两者之间关系不大。

对投资者而言，最重要的一点是要理性，而不要有赌性

很多投资者都问我“未来到底哪个个股好？”其实，市场变化多端，没有一个人能讲清楚。

比如去年市场表现最差的是日本小盘股，施罗德的日本小盘股基金一年下跌约12%。作为全球资产管理商，我们会为投资人提供尽可能多的产品选择，而不会因为日本小盘股去年业绩不良或翻盘无望就解散它。我们的目标是相对表现得优异，在同类基金中跑赢指数或是同业的竞争者。

另一个方面，没人知道究竟哪个市场会表现好，日本小盘股也不例外。去年这个时候，《商业周刊》上就有一篇文章预测2007年日本股市将卷土重来，但结果当然是错误的。华尔街每年年初总会有很多人发表预测，到年末的时候总会发现有人都说对了，但我可以肯定，每一年的这个人都不一样。

对投资者而言，最重要的一点是要理性，而不要有赌性。理性的表现，一是投资自己熟悉的领域，通过各种渠道学习分析市场变化背后的原因，只有这样才能踩准不断变换节奏的市场；二是分散投资，要把握分散区域投资的机会，只有稳妥的投资才不会演变成投机。

（理财周报记者　徐艳整理）

我们不敢轻视任何项目且迅速决定
大批Web2.0和80后创业者诞生

熊晓鸽 IDG全球高级副总裁

IDG（美国国际数据集团，International Data Group）是全世界最大的信息技术出版、研究、会展与风险投资公司。从1993年在中国做风险投资以来，IDG投资的150多家公司中，已有11家在美国和香港上市，总回报率超过40%。目前，还有一大批IDG参与投资的公司计划于美国纳斯达克和中国的创业板上市。

传统行业只关注连锁概念

2006年如家在美国上市，在业界影响很大，IDG也因此收益颇丰。如家的一些增值服务就在使用IT概念，比如它的任何一个连锁酒店都可以免费上网，管理上也统一采用电脑联网的方式，这些是IDG看重的。

当然，如家这个商业酒店的模型本身非常好。它不买房不买地，只是在不同城市接管现有招待所，对其进行改造装修后营业。这种模式，使得如家酒店的发展速度非常快。

在如家之后，IDG还投资了一茶一坐，也是一家连锁餐馆。我想说的是，IDG还会继续关注这样的连锁概念。传统行业如果不连锁，比如一家酒店，它的房间数量固定，房间价格固定，收益基本也是固定的。酒店要想提高收益，就只能提高房价。很显然，这样业绩无法成倍增长，难以达到上市水平。

但传统行业一旦采用连锁概念，有统一的品牌、统一的经营模式，进行统一采购，在物流管理、品牌管理、市场开拓上都可能有比较高的效率。榜样的力量是无穷的。因为有了如家，这两年连锁概念比较引人关注，如今的汉庭商务酒店采取的也是这种模式。

如家上市后很多人问我，IDG今后的投资重点会不会完全转向传统行业？我在此可以很肯定地回答："不会。"

仍然以高新技术产业为主

未来IDG在中国的投资方向，仍然以高新技术产业为主。IDG在中国成立的新媒体基金及中国成长基金，将会在未来5年内集中投资于互联网、信息服务、信息技术及软件等领域。考虑到消费电子产业的迅速发展，IDG正考虑一些上游核心技术层面的公司。

而TMT（数字新媒体，Technology Media Telecom）仍是IDG的本业，因为中国这个领域的市场空间还非常之大。之前我做过统计，中国和美国相比，GDP是美国的1/8，而广告业的规模只有美国的1/63，即中国只有42亿美元，美国是2670亿美元。

就以IDG投资的百度为例吧。一谈到中国的互联网，一定会谈到百度，百度是中国的"谷歌"。但百度的销售额，只相当于谷歌的1%。因此，百度的成长空间非常之大，在中国找到下一个百度的机会也很多。

投资对象要具备什么条件

中国的投资环境正变得越来越好，市场上的钱也多起来了，竞争越来越激烈了。IDG最直接的感受就是，选择投资项目的时间比原来短了很多。以前市场上没有几家风险投资，项目跑也跑不到哪儿去。但现在不同了，我们不敢轻视任何一个项目，且须迅速做决定。

IDG做风险投资有两点教训同时也是经验：一是准确判断一种技术可以市场化的速度，以及其可能被取代的风险。二是团队的应变能力。TMT产业变化速度最快，但台阶并不高，竞争对手常常挖走一两个关键的人就能复制原有模式。

那IDG会选择什么样的互联网公司？首先看创业者，它要能创造一些服务和技术，而且这些服务和技术要能取代现有常规产业，或促进其达到巅峰；其次，不管提供产品还是服务，有终端消费者都是最重要的。只要是用户或广告客户而不是投资商在为公司埋单，那它就离大家担心的互联网泡沫很远。

一般来说，这家互联网公司的产品还必须简单。成功互联网公司的产品都非常简单，每个公司都有自己的特点。经常碰到一些创业者拿着厚厚的项目书来找我，说这个东西什么都能做。一听到这个我就头大。我所希望的是，这个公司能为消费者某一方面的需求提供一个非常简单的解决方案。

不要把融钱当成最重要的事

MySpace和Youtube，这两个公司作为美国Web2.0的代表，创造了对资本市场、业务的成功。2005年开始，很多外资到中国找项目，因为中国也出现了一大批Web2.0公司和80后创业者。

风险投资商在投资Web2.0中得到的最重要的教训，就是千万不要把融钱当成最重要的事情。公司还没起来，没盈利，创业者居然身价上亿，这跟第一代IT创业者很不同。他会觉得有钱可以花，不把客户的需求想得很重要。

中国第一代IT公司经历了很重要的成长过程，他们拿到钱比较幸运地度过了“冬天”。对他们来说，在那个“冬天”找到盈利模式、商业模式是最大的挑战。风险投资给钱只能帮助它们走好第一步，一个企业要成功必须在后面的万里长征中找到持续的生存之道，否则随时有全军覆没的危险。

近年来，很多国外风险投资商觉得中国有很多赚钱机会，资金蜂拥而入。在这种情况下，不要觉得钱好拿了，是很好的事。1999年以前，美国股市共有25家中国公司进行了IPO；但1999年以后融的风险基金投下去的效果都不好，没几个能上市退出。这个时候更容易失败，创业者一定要冷静，要把自己的商业模式看得更加清楚。

创业板将推出让风险投资期待

最近市场上出现了一些关于创业板要推出的消息，让大家又多了些期待。前段时间我做的一个研究发现，美国风险投资的出现与纳斯达克的出现相隔了二十几年。国内的风险投资最早出现在1985年，到今年也有22年了，按这个时间算，国内的创业板也应该出来了。

目前对于风险投资商来说，通过上市在资本市场退出是最干净的渠道。企业上市后我们卖掉股票变现，万里长征就走完了最后一步，以后这家公司的好坏就由市场去决定。

现在，国内上市的门槛仍然很高，要求连续三年盈利，而且每年的利润须达到1000万元以上。按这些条件，国内互联网公司在起步时没有一家公司能达到国内的上市标准。当年新浪和搜狐在纳斯达克上市时几乎没有多少利润。创业板的推出，将使互联网公司在国内上市成为可能。

另外一个就是禁销期时间太长的问题。风险投资投资一家公司本来就需投入3—5年，上市后还要等3年才能退出，这会给风险投资带来很大的潜在风险。创业板推出后，这种情况可能改善。

价格不是PE退出最主要指标
国企重组将产生更多并购投资机会

吴尚志　鼎晖中国基金管理公司董事长

过去几年里，鼎晖取得了不错的成绩：我们先后投资了30多家企业，其中包括蒙牛、李宁、分众、双汇等十几家已经上市的知名企业。

从2002年第一只基金的1亿美元，到现在第三只基金16亿美元，包括我们后来分拆出来的鼎晖风险投资，鼎晖现在一共管理着30多亿美元的资产。

价格不是退出最主要的指标，要有和企业一起做事的心态

鼎晖能有今天的规模和品牌，得益于我们曾投资的优秀企业的成功。在过去的12—18个月，我们先后退出了一些公司，但现在想来很后悔。反思之后，我觉得价格不是退出最主要的指标。

我们原来投资的一些企业价值大概1亿—2亿美元，预期能达到10亿美元就很不错了，但现在其中不少已经市值都上百亿。这跟中国经济的迅猛增长紧密相连。它们的竞争优势、增长潜力都非常大，比如招商银行。这让我想起巴菲特曾说过的“相对永久性持有”，可能我们也应该考虑。

投资企业的时候，我们不能简单地把自己当成一个给钱的人。找到一家优秀的企业，需要对企业管理层有深入的了解，是很不容易也很幸运的事情。因此，大家要有一起做事情的心态。一个优秀的企业，在中国经济快速成长中还有很大空间，如果因目前资本市场价格较高就选择退出，是很可惜的。

我确实注意到中国最近资产价格上涨比较快，从宏观经济的角度，是高了低了我说不好；但具体到鼎晖投资的这些优秀企业，我们更需要有长远发展的计划。如果真的套了现，再去寻找下一个蒙牛、下一个分众，并不容易。

国有企业重组产生很多并购投资机会，增长型企业的机会更多

私募市场发展的最终结果，肯定是20%的人赚80%的钱。但是，在今天的美国，前十大私募基金拿走了市场上2/3的钱。因此，我相信不同风格、不同背景的公司应该还有不同的机会，其中一些可能存在于没有被大家关注的领域。

鼎晖寻找投资对象，常常基于两方面的判断。首先，企业要有持续的竞争力。当然，持续竞争力很难判断。它究竟是一种创新，还是惨烈竞争中的幸存者，有时候很难分辨。其次，企业的管理者要有雄心、有能力把这个企业变成一个非常强大的企业。

中国经济在快速发展，很多行业在以更高的速度增长。比如，这几年中国GDP在10%左右，但乳品等在发达国家已经零增长的行业，在中国连续几年保持30%—40%的增长。在这些行业中的优秀企业，必然会以更快的速度成长。

一个行业里面最优秀的企业，不但能在市场份额上迅速增长，还会拥有许多收购兼并的机会。尤其是一旦这个企业被推向资本市场，资金成本会变得比较低的时候，企业收购兼并的成本就更低，行业进一步整合的机会也就更大。

在鼎晖过往的投资中，收购性案例很少，但在发达国家就比较多。在成熟市场上，被收购的对象往往也是成熟企业，被收购的原因多半是管理层与股东之间利益协调机制失效，不能实现企业股东利益最大化。在中国，私营企业目前大多控制在第一代创业人手中，他们不太愿意放弃控股权；那些优秀的国企，也不愿意把控制权让给别人。因此，国有企业的重组会产生很多并购投资机会，但私募进入的难度会比较大，而增长型企业的机会可能更多些。

政策放宽后的商业银行杠杆投资，将是PE生存转型的重要机会

私募现在的资金来源主要还是国外，中国还没有这样的环境。如果商业银行被允许直接做投资，那从其庞大的资源中拿出一小部分来做私募，将有助于增强他们的综合竞争力。另外，商业银行也可以间接参与投资，就是说商业银行做资产分布，把一部分资源分布给私募基金，商业银行作为投资人，这在美国也很普遍。

融资方面，如果将来允许商业银行做杠杆，市场将会大不一样。当企业增长平稳、需要挖掘潜力做重组的时候，杠杆就会变得非常重要。因此，我相信未来与银行系统合作的机会非常多。从某种意义上说，这个也是PE生存转型的重要机会。

当然，这跟放宽管制有关。我的直觉是，这一天的到来会比我们想象的快。国家对PE已经很重视，发改委除推动国产基金的试点，还在推动相关法律法规的制定。在不远的将来，人民币储蓄、养老金以及一些高端银行客户的钱，或许都能参与到私募投资中来。

我们需要不同的风险承担和迅速决策机制，VC和PE分拆是趋势

对于大家都非常关心的“为什么鼎晖要把VC分离出来”的问题，我想在此也谈一下。

实际上，我们的PE从2002年做到今天，成功率基本上是100%：第一只基金投资的9个企业，其中8个已经上市，剩下1个在路演。2006年将VC业务分拆出去，主要是基于风险控制的考虑。

创投企业早期和后期，在一个项目投不投的判断标准、管理者的思维方式上，都有很大不同。原来在中金的时候，只要觉得投入回报合适就做，但后来的鼎晖拿着养老基金、金融机构的钱，我们一定要保守。为了保持自律，尽管我们认为能够赚钱，还是放弃了一些不符合市盈率等内部标准的企业，比如如家。

当一个基金形成一定的风格的话，必然有放弃的损失。随着中国经济高速发展，很多爆炸性成长机会不断涌现，若按照严格自律的标准，好多创投都没法做。比如，分众这样的企业，突然成了几十亿市值的公司，但这样的企业和PE如果用一个标准去做，那就会出现很多问题。

国际机构投资人教给我们什么叫资产分布，我们需要不同的风险承担和迅速决策的机制，所以我们把创投分拆出去。我觉得，将VC和PE分拆是一种趋势。

此外，对资产投资类型适当加以分组，也将是一种有效的协调方法。现在，鼎晖旗下有创投、PE、上市股票，今年可能还将推出地产。这些都是不同的团队来运作，互不干扰。在法规等各个方面逐渐宽松的时候，把各种业务放到一起运作，也是一种办法，但现在看来还不太可能实现。因为这不光是一个可转换的问题，还涉及内外资有别的投资环境问题。因此，最可能的办法，就是从团队上有所区分。

（理财周报记者　李清宇整理）

下跌是巩固的开始，绝佳交易机会在价格处于上升趋势时

戴若·顾比　国际分析大师、澳大利亚顾比投资公司CEO

在金融市场中赚到钱相对容易，把钱保存下来则比较困难，因为市场会波动。有的波动小且无关紧要，但有一些则大到足以改变趋势，顷刻间让利润荡然无存。

我下面要提到的“趋势分析”就是一种用来赚钱和保护既得收益的方法，而“无风险均衡法”分析是一种用来保持资金安全的方法。我们一方面要运用趋势分析法交易来获取股市投资收益，另一方面还要用无风险均衡法来保护我们的现有财富。

在成熟市场中生存必须反应更快，更深刻理解走势和风险控制

几年前，由于市场尚未发展成熟，市场中的交易也就没有这么复杂。一旦市场趋势发生变化，所有股票走势也随之改变，市场和每只股票间的关联度相当高。交易者对沪指走势进行分析，一旦大盘发生变化，他们就斩仓走人，因为多数股票也将改变走势。

2007年以来，沪指强势上升时，仍有很多股票下跌；沪指下跌时，也有不少股票继续向上。这些不同的表现，往往体现在成熟的金融市场中。

要在一个成熟的市场中生存，交易者必须反应得更快，更深刻地理解走势和风险控制。市场波动不可避免，我们用顾比复合移动平均线分析法来理解走势的本质和特点。这种分析法能帮助识别那些正常范围内的波动，以及那些有较大可能导致市场走势改变的波动。如果一种变动发生了，这个提前的预警就让我们有时间去寻求保护收益的最佳策略。

但仅仅理解市场的走势还不够，因为单只股票也可能走势迥异。每次交易必须进行谨慎的操作和分析。

好的交易时机在价格处于上升趋势时，盈利机会则在下降趋势中

我们认为走势在每一个市场条件下都是最重要的特征，甚至比判断一个公司的基本面更为重要。许多人以为只要找到基本面很好的公司，他们在市场中就安全了，这并不正确。好公司和差公司的股价都会有起伏。

我们的目标是找出它们的上升时机并参与其中，并且还要认准它们在什么时候下跌，进而将其出售获利。这是我们用于市场交易的方法中最为重要的不同之处。好的交易时机就在价格处于上升趋势时，好的盈利机会则在价格呈下降趋势时。

价格走势活跃度取决于市场中多空双方的观点。投机者想在短期内盈利，用迅速操作的手法来获利和减损。我们可以用一系列的短期平均线来弄清他们的操作手法。

对于投资者来说，包括基金经理。他们操作较慢，掌握的钱较多，对走势的支持非常重要。我们用一系列较长期的移动平均线来弄清楚投资者的动作。这组移动平均线如果间隔较大，则表示走势突然变化的可能性较小。

理解银行账户与股市中的钱的不同，是在市场中生存的第一步

“如何保护收益并控制风险”是每个市场的基本问题。这个问题的答案取决于我们如何理解“利润”这个概念。很多人搞不清楚理论或账面利润与真实利润间的差别。一旦市场走势发生变化，他们就会损失很多钱。

理解银行账户中的钱与股市中的钱的不同，是在金融市场中生存的第一步。金融市场的成功取决于对这两者之间关系的正确判断。

以下是两者的差别的体现。2005年10月，我花10万元以5元/股的价格买下2万股招商银行（600036.SH）。2006年11月在其股价涨至13.5元/股时，我在招商银行的仓位价值为27万元，看起来我好像获利17万元。但这种算法是错误的。要把这个利润变成现金，我需要卖掉所持有的招商银行股票，然后把钱转入银行账户。

股市能迅速带来一个账面利润，也能很快把账面利润带走。关键不在于到股

市中赚一个账面利润，而在于把账面利润变成现金或存进银行账户。

无风险均衡法可以保护交易本金，并让利润继续成长

但这里有一个悖论：为赚钱我们必须把钱投到金融市场，为留住利润我们必须将其从金融市场中转入银行账户。

第一个解决之道就是上面谈到的，交易并认清走势。第二个办法是无风险均衡法，即在接近升势顶端时卖掉足够多股票补给原始资金，只把利润留在股市中面对风险。等股价回升时，再将这些资金重新注入。这样做有三个优势：交易资金完全受保护；若价格持续上涨，利润也随之增长；若价格下跌，也能在总损失中保证利润。

在买入招商银行的例子中，我们在13.5元/股时卖掉7410股，套现的100035元作为本金存进银行账户。若市场下跌，我们只损失17万元利润中的一部分。如今，我手上仍有12590股，按招商银行43元/股的现价，账面价值541270元。而10万元本金可投资其他股票，比如新疆天业（600075.SH），3元/股时买进，然后在7元/股时卖出。

持续上升的趋势中，无风险均衡法可保护交易本金并让利润继续成长；在多变的市场中是有效的防卫策略，限制由于我们的优柔寡断所导致的损失。这也是一个帮你安全度过市场下跌时期的有效方法，并且仍有资金在新一轮长期上涨中获利。

全世界PE涌入，中小企业快速成长
中国企业正在创造新的商业模式

阎炎　赛富投资基金首席合伙人

如今，中国人对PE（Private Equity，私募股权投资）已经非常熟悉和关注了。现在的情形让人很难想象三年前PE在中国是何等处境。在中国搞投资的14年间，前10年就像漫长的隧道，一直都看不到亮光，但后3年却发生了翻天覆地的变化。

中国近年来不断增长的机会，使投资界创造了很多历史性纪录，赛富基金也成为纪录创造者之一。最近，我们和弘毅、IDG联手投资的神州数码，在股市大跌的情况下仍然涨了近一倍。2007年9月，我们花800万美金投资完美世界，2007年7月它在纳斯达克上市后，最高市值接近6亿美元，10个月的投资回报超过70倍。2003年初投资盛大网络时收益率更高：出资4000万美元，到2005年退出时拿回了约5.6亿美元。

现在，赛富投资基金的分支机构遍布香港、北京、硅谷、班加罗尔、首尔等地。我们基金中80%投资于中国内地，另外近20%投资于印度。目前，我们在中国内地一共投了60多家公司。

全世界的PE都涌入中国并取得了不错的成绩，原因何在？

这些年PE在中国非常火爆，全世界的PE都涌入中国，并且取得了不错的成绩。我认为，这其中有许多原因。

首先，中国拥有巨大的劳动力市场。虽然中国已不是世界上劳动力最便宜的国家，但确是技术工最便宜的国家。中国有大量高素质的技术人员，每年有将近30万理工科学生从大学毕业。过去我们总说“学好数理化，走遍世界都不怕”，所以多数中国大学生选择了学理工科。而在美国，2007年90%的理工科学位都给了外国学生，本土大部分优秀学生都选择学医学或法律。

其次，中国正在经历商业模式的创新。从历史上看，美国一直是VC（venturecapital，风险投资）、PE回报最高的地方，因为美国市场非常大，有好的法律法规等优势。但我觉得，最关键的优势还在于创新：技术创新和商业模式创新。

美国VC和新技术的出现关系最为紧密。过去50年中，世界上80%的原创技术来自美国，而且美国VC又与商业模式的创新最近。比如雅虎，它为其最早的投资人软银带来了上千倍的回报；谷歌也为其投资人带来了几千倍的回报。

过去，中国的许多商业模式都是在复制美国经验：比如美国有了雅虎，中国有了新浪；美国有了谷歌，中国有了百度。但我们也同时发现，中国企业正在创造一些新的商业模式：比如盛大，它在美国上市时是第一个上市的在线游戏公司。类似盛大这样的商业模式创新，正是PE行业在中国的机会源泉。

第三，中国一直是世界上金融市场效率最低的国家之一。今天，中国商业银行的存款超过38万亿，占国内资本市场资金总量的90%以上。在欧美、日本等发达国家，商业存款在资本市场资金总量中的比例会低于50%。那些国家相当大一部分钱在基金里，其回报率远远高于中国3%—4%的银行存款利息。

此外，中国的小企业现在如雨后春笋般地成长起来，但这些企业家，尤其是民营企业家，要想从银行得到贷款非常不易。这种情况下，除向亲朋好友借钱，找PE、VC就是这些小企业唯一的选择。这也为VC、PE创造了很多投资机会。

PE带来的不仅仅是钱，更多的是战略价值、发展框架

很多企业都希望得到风险投资，都希望找到合适的PE，但选哪个PE绝不是由它的出价来决定的。其实，PE投的钱对于公司未来的影响几乎为零，关键要找到一个与你志同道合的、理念上接近的投资者。因为PE带来的不仅仅是钱，更多的是战略价值、发展框架。

在中国做企业，如果想要做好，首先就是要对企业进行改组。当企业达到一定规模后，它可能会考虑上市。也许企业在发展初期存在一定的问题，但如果想在资本市场上赚更多钱，就必须把企业做得正规化。而PE就可以帮助它完成对企业正规化的改造。

很多企业真正需要的是改善公司治理结构、发展战略等等，它们可能并不缺钱。比如当年的陈天桥，他不需要钱，但他非常需要人来帮他把企业做得更正

规。因此，PE的工作包括帮企业雇CFO（Chief Finance Officer，首席财务官），为上市寻找律师、投资银行等等。

PE进入后，会与企业一起进行大量工作。即使上市以后，也有一个锁定期，海外是6个月，而中国是3年。如果是好公司，PE决不会在锁定期一结束就退市，完全有可能持有10年、20年。

所以，这是一项长期的合作关系，企业主必须找看得顺眼的、谈得来的PE。找一个什么样的伙伴，这对于企业未来的成功与否关系密切。

要进入风险投资行业，必须具备至少四方面背景

正因为现在PE、VC在中国非常火，很多人希望进入这一行。要想知道如何成为一名风险投资者，首先要知道风险投资者是干什么的。

有人说PE、VC做的就是投机，买低卖高。从投资过程看，这种说法似乎正确。但这个观点忽略了更深层次的东西——PE和VC最重要的职能是改变企业机制。另外，PE和VC是流动最活跃、对回报最敏感的基金，它们的出现推进了整个资本市场的效率。

我觉得，这个职业是对人的背景要求最高的职业。根据美国的统计，一个专业的风投人员从入门开始，到成为一个能够进行独立判断的从业者，大概需要10—15年的时间。在中国，由于工作密度比较高，所以从业人员的成长速度比较快，但8—10年是必需的。

如果你希望进入该行业，必须具备至少四个方面的背景：一是财务背景，当你读到公司财务报表时，要能立刻找出这个公司的毛病；二是专业知识，比如你做无线通信，你必须知道CDMA是什么；三是快速获取信息的能力，如果只给你20分钟和一个公司的负责人谈公司的情况，你要能迅速发现公司的问题和弱点；四是与人交流的能力，在投资的时候，要赢得被投资公司的尊重，赢得创业人士的信任，这种交流能力非常重要。

因此，要成为一个好的风险投资者，对你的人格、性格，甚至是人性都是非常大的挑战。

软银赛富是一家总部设在香港、主导亚洲区域投资的企业，在中国、印度和韩国有分支机构，目前已参与投资近20亿美元，2004年被评为“中国最佳风险投资基金”，并在2005年、2006年连续两年被评为“亚洲最佳投资基金”。

（理财周报记者　蔡嵩婷整理）

第三部分

保险

你如何购买并管理好投连险

孟建安　中德安联人寿保险有限公司首席执行官

2005年，我从德国安联集团总部来到中德安联，此间我切身地感受到了中国市场的飞速发展，感受到了中国加入WTO以来，中国金融市场逐步开放所带来的机遇和挑战。而对中国老百姓而言，可能感受到的是，理财成了一个热门话题，投资的渠道和理财产品的信息也日渐丰富。有媒体称，去年是理财元年，是有几分道理的。我也常常在采访中被问道，应该怎么样打理财产？是否可以给一些建议？

就理财观念而言，我的确看到了中德两国老百姓的差异。在中国，现在有越来越多的人投身股海，去年全年股票新开账户数1亿多。而在德国，老百姓在家庭理财中很少购买上市公司股票。相关统计数据显示，德国股民人数仅占本国人口总数的7.1%。德国人为什么不热衷于炒股呢？因为股市的暴涨暴跌令许多德国人对股票交易退避三舍，德国人普遍认为投资股市是基金公司、银行或其他金融机构的业务。目前个人投资者也主要是通过购买债券、基金、保险等间接“投身股海”。德国人比较相信术业有专攻，把资产管理的工作交给相关的专业机构来打理。长期以来，德国老百姓的投资方式都相当保守，资金投向大都是风险较小收益平稳的人寿保险、传统储蓄或购买住房。而中国老百姓的理财观念中，比较常见的是轻保障重收益，短期投机心态比较强。这也是我感受很深的一点。

就保险行业而言，从市场的宏观趋势来看，发展潜力巨大，但竞争也是非常激烈。中国保险行业或许是世界上竞争最激烈的市场之一。越来越多的国际保险公司来到中国，在中国的各级市场开设分支机构。目前外资保险公司虽然占全国保费收入总份额不到10%，但市场份额正在逐步增长。

我们相信，对于广大消费者来说，外资保险的进入和整个保险业的成长是一个积极的信号。一方面，消费者能够对各家公司的产品进行比较和挑选，有更多的选择；另一方面，业内竞争的加剧必然令保险企业更加关注客户利益，更加重视服务。特别是外资保险公司带来的国际先进经验，将有助于整个保险业水平得到提升，最终将给消费者带来实惠。

但是保险市场繁荣的背后，老百姓的理财观念还不成熟，特别是保险意识。近期看到了一个比较有意思的调查，在关于“年终奖会用来干什么”的问卷中，仅占所有被调查人数的1.03%表示会用年终奖来购买保险，位列所有使用途径的最末。由此也不难看出，保险消费的受重视程度远低于其他行业。

保险产品中，近期最受市场追捧的无疑就是投资连结保险。投资连结保险是一种偏重投资功能的险种，借着去年股市的良好走势，一路走俏。很多人会问，2008年股市不明朗的情况下，投连险还值得买吗？在对中国长期投资环境抱乐观态度的基础上，投连险肯定还将是值得老百姓青睐的投资产品。但我更愿意谈的是如何购买并管理好投连险。在安联，我们一直引导我们的客户正确对待投连险，充分利用其多账户免费灵活转换的优势，从容面对市场调整。关键是要有良好的心态，只要看好大势，就不必在市场震荡的情况下恐慌。

除了偏重投资的投连险之外，保障型保险或其他传统险种在家庭理财的组合中应该占据一个什么样的位子呢？

在德国，对任何人来说，没有一份风险保障计划可能就意味着寸步难行。试想，一个家庭在背负沉重房贷压力、未来生活压力、医疗意外危险的情况下，其财务危险将有多高。在中国，一部分具有较稳定生活状态、中高水平收入、对未来具有长远预期和规划的中产阶层正在日益发展为社会的主流力量。通常我们会建议，中等收入家庭保险支出占家庭年收入的10%—15%比较合适。至于买什么保险，因人因时而异。人生的每个阶段，都会有不同的需求。以重疾险为例，需不需要一份重疾险呢？一个家庭中充当经济支柱角色的人，如果身上没有一份保险，特别是保障型保险产品的话，其实是有很大风险的。因为这部分拥有比较高收入的人群，平日里就有比较大的工作压力，再加上忽视体育锻炼及充分的休息，往往会积劳成疾，为晚年生活埋下祸根。因此，在年轻的时候，购买一份重大疾病保险产品成为必需。如果年老的时候，身体还是很健康，也不必担心自己年轻时的钱白花，因为有些公司的长期型重疾险是还本型的。因此，在理财规划中，从个人的需求出发，选择合适的保障型产品，还是很必要的。

选对产品，更要选对保险公司。实力品牌往往是优质服务的保证。作为1890年创始于德国的安联保险集团，今天为全球7000多万客户提供包括保险、银行和资产管理在内的全面的金融服务，也为将近一半的世界500强大企业提供不同类型的保险服务。在中国，安联与中信信托合资组建的中德安联人寿保险，更是以客户不同的人生阶段的需求出发，产品覆盖人生不同阶段的各个领域，愿为中国消费者提供周全的照顾，以助安心享受生活。

家庭理财第一要义是打理创造财富的人

朱仲群　长城人寿保险公司总经理

孔子、莎士比亚、胡适……当这些人名不断从嘴里蹦出来的时候，眼前的长城人寿保险公司总经理朱仲群不像一位商人，倒像是一位布道者。当然，三句话不离本行，这些被他提及的名人都与保险有着或多或少的关系。

对于当今的热门话题“理财”，朱仲群的论述同样充满他的逻辑性，“人是家庭的最大财富，因此理财要先从打理人开始，而保险是打理人必不可少的工具”。

保险相当于家庭理财的“守门员”

除了讲古人、名人，博士出身的朱仲群还喜欢通过哲学阐述自己的保险理财理念。

“从哲学的角度讲，自然资源和劳动力是一切财富的来源，人类社会所有的物质财富和精神财富都是由人创造的。在现代社会，无论对于企业、家庭，还是个人，人本身都是最大的财富，所以理财要先从打理人开始。”

朱仲群的这番话显然是有针对性的。他认为，理财的最终目的是实现财务自由，提升家人生活质量，但许多人理财时想得最多的是盈利，而把最重要的“人”给忽略了。“健康无法保障，疾病得不到治疗，何谈创造财富，消费财富！”

对于正奔向财务自由之路的中产家庭来说，养老、医疗、健康、失业等“人的保障”是最迫切的，因为目前我国社会保障水平只能解决基本生存需要。

人的出生、成长、教育、健康等都是打理“人”这笔财富的关键环节，能为这些关键环节提供保障的只有保险。在各种理财规划手段中，只有保险具有在风险发生时进行经济补偿或给付的功能。

"一支好的球队要讲究攻防结合，理财组合也是这个道理，储蓄、保险、基金、股票各司其职，其中保险相当于守门员。家庭只有先解决后顾之忧，才敢放手去进攻，才能从容对投资方向做出准确的判断。"

朱仲群还表示，有些家庭在理财时虽然配置保险，但是这位"守门员"却经常助攻前场，偏离职守，而这一现象的出现与保险公司不无关系。在业绩特别是保费收入为主要考核目标的体系下，个别保险公司为确保增长率和市场份额，过分迎合消费者的投资心理，突出投资型保险产品，弱化传统保障产品。这种"急功近利"的销售很容易诱使市场形成"轻保障、重收益"的非理性消费理念。

对消费者来说，在购买保险产品时不考虑自身风险状况和经济承受能力，忽视保险的最重要保障功能，热衷于与某些金融产品的投资收益进行片面比较，也是一种舍本逐末的不明智之举。

保险提升服务水平空间大

有关机构曾经对中国保险业服务客户满意度作过调查，结果发现满意率不过60%。朱仲群认为，保险业提升服务水平尚有很大空间，只要能把服务真正做到客户心里，就能提升市场份额。

他分析认为，造成客户对保险业服务认可度低有两方面的因素。一是理赔难，投保容易理赔难已经成为行业通病，并直接影响到客户满意度；另一方面，承保前，保险公司与客户的沟通不充分，导致发生理赔时产生不必要的纠纷。

朱仲群说："保险属于金融服务业，既要提供金融产品，又要提供服务。保险产品永远没有最好，只有合不合适。服务也没有最好，改善服务质量是没有止境的。对保险公司来说，强化服务的过程同时也是塑造品牌的过程。"

追求高质量的服务水平，因此成为长城保险的品牌目标。

他表示，保险业服务应该包含两方面的内容。一是公司对客户的服务，包括基础服务项目和增值服务项目。与产品配套的基础服务方面，目前各家公司之间服务差别不大，谁能做到有所创新就将在竞争中加分。

增值服务是指企业提供的超出行业基础服务范畴的服务，主要包括服务领域拓宽，服务期限延长、服务更加精细，或者提供更多的消费体验。随着客户期望值不断升级，增值服务在提高服务性企业竞争力方面将越发举足轻重。

另一方面是公司内部的服务。朱仲群认为，只有公司内部资源得到有效整合，才能形成合力一致对外服务。特别强调内勤和外勤之间的服务，外勤代表公司直接面对客户，内勤必须为外勤做好服务。一旦外勤和内勤发生争执，公司将先从内勤身上找原因。

新兴保险公司应细分市场赢客户

交流中，朱仲群不断提及长城保险是一家新兴公司。成立时间不长，分支机构数量也不多，目前市场上类似长城保险这样的新兴公司不在少数。新兴保险公司如何赢得客户信任，在激烈竞争中发展壮大，是一个不小的课题。

“目前中国寿险市场，国寿、平安两巨头高高在上，占据大半江山，诸多新秀攻城略地，咄咄逼人。像我们这些新兴中小保险公司，一定要有自己的特色，而且要有韧性地坚持特色。”

朱仲群认为，新兴中小公司要避免大而全、小而全，要走专业化经营的路线，通过细分市场来赢得客户。在产品开发、机构设置、业务发展、战略规划等方面都要深思熟虑，不断创新，做出特色。

在业务发展方面，长城保险主张银行保险先行，利用银行保险扩大规模，树立品牌，积极推动个险业务，侧重内涵价值增长，稳健经营。各地分公司业务以银保和团险业务为主，三四级机构则以个险业务为主。

在机构设置上，长城保险先从二线城市做起，避开竞争最激烈的区域，寻找发展潜力大的城市。目前已有四川、山东、湖北、青岛、河南、河北分公司，以及筹建中的江苏分公司。

在细分市场方面，长城保险做了一些有意义的尝试，比如针对老年人保险产品缺乏的问题，长城推出了一款“福寿双全”产品，主要面向50岁以上老年人；为青年钢琴家郎朗推出十指保险，首创国内以人体某个部位为标的的特殊保险。

“保险的意义，只是今天作明天的准备，生时作死时的准备，父母作儿女的准备；只有做到这三步的人，才能算作是现代人。”朱仲群表示，胡适的话即使今天看来也毫不过时，建议那些正在追求财务自由的人，能先做一个胡适笔下的“现代人”。

（理财周报记者　姜欣蔚整理）

31%着手退休规划远远不够

Jamie McCarry　金盛保险总裁

作为一名经济学专业出身，并且在亚太地区工作十多年的金融从业人员，我希望我个人的经历，以及工作中积累的信息能够给读者们带去一点帮助。

前不久，安盛集团针对亚太地区的中等富裕人群进行了一次调研，结果显示，中国中高端消费者对未来五年的生活信心是亚洲乐观程度最高的国家之一。

但是另外一些数据却让人感觉到了一些隐忧。中国家庭通常非常看重孩子的教育问题，多数受访者愿意牺牲现今的生活水平以使子女获取更好的教育。但是仅有23%的中国内地受访者开始为教育金做准备。

在退休养老方面也存在类似问题，仅有21%的中国内地受访者愿意牺牲现在的生活水平来换取提早退休的福利，这个比例是亚太地区市场中最低的。然而受访者显然对于未来养老金没有充足准备，只有31%的人开始着手准备退休规划，平均起始年龄是37岁。

所以，对于这个调查的结果，我大致地总结了中国中高端人群在理财方面的一些行为特征，那就是对未来生活充满信心，却缺乏相应的准备；他们既想充分享受未来生活，又不愿意以降低现在的生活水平为代价；中国市场对于财富规划的需求也与其他市场大相径庭。

根据以上的这些特点，再结合我自己的一些经历和经验，给大家一点简单的建议。

第一，找一位好的理财规划师，或者称为财务顾问。这种方式在海外已经非常成熟，70%的富裕家庭拥有自己的财务顾问，大多数的金融机构也能够提供这样的专业服务。虽然这个行业在中国还处于起步阶段，但我相信未来中高端家庭对该项服务的需求会与日俱增。这也是金盛将理财规划师这个服务带入中国市场的原因之一。

第二，要尽早地规划自己的财产，尽早地开始为未来生活做准备。从调查中我们可以看到，中国中高端人群对于未来的信心十足，但缺乏行动的积极性。

其实我们可以把人生看作一个星期，周一就是20岁，周二就是30岁，相应的，周六周日就相当于退休生活。把理财规划看作是一周的工作，工作日积累财富，周末享受生活。如果我们在每周初就能够规划一周的工作并及时投入，那么未来的日程安排就会井井有条，每天的工作量也会较为平均。但是如果我们从周三，甚至周四才开始工作，那么可能就不得不在周末加班来完成所有的任务。

第三，整个家庭一同投入理财规划。理财规划不是一个人的事情，而是关系到整个家庭未来生活水平的重大问题，需要每一个人的全情投入。当专业的规划师给了我们一个计划，那么全家人必须同心协力地去完成。

在澳大利亚有个提供财务咨询的企业业绩非常好，后来被安盛集团收购了，我们又将其引入了香港的市场。他们在澳大利亚开展业务时，首先就会收集家庭的财务需求、对风险的偏好以及对回报的预期。

当他们将这一整套服务模式搬到香港后却遇到了文化差异上的困难。当一位理财规划师要求家庭成员一同参加需求分析时，男主人表示了异议："难道你想让我的太太知道我有多少私房钱么？"

虽然这让我们理解到提供服务中需要考虑客户的文化差异，但是我想提醒大家，理财是一个家庭的任务，必须全家人共同投入才会被更加有效地执行。

第四，用长期的眼光看待投资市场。我是2005年的时候来到中国的，当时中国的股市经历了长时间的熊市，可谓是一片惨淡。为了配置一些中国的资产，我在2006年初买了一些金盛自己的投连产品。当时，我们的同事对我说，你看过去中国股市表现很不好，你还有信心进入么？我说，当然有啊，因为我看好的是中国未来几年的经济整体发展状况。一年多之后，我又将一部分资金投入了投连险，我的同事又对我说，过去一年间金盛的投连险涨幅达到80%以上，这个投资一定会有很高回报的。而我说，我关注的还是未来几年中国经济的发展。也就是说，只要这个经济体的发展状况整体向上，我就不会担心发生什么问题。

美国曾经做过一份研究，调查了1986年至2005年这20年间美国投资者的收益情况，那些经常买入卖出者的年平均收益为3.9%，而选择长期持有的投资者年平均收益为11.9%。如果算上20年间平均3%的年通货膨胀率，前者的收益甚至不到1%。这个数据告诉我们，买入并长期持有会给你带来更加丰厚的回报。

这个世界上没有水晶球，没有一个投资者可以准确预测未来的股市，所以那些追涨杀跌的短期投资者往往无法获得稳定的收益。

这种长期投资方式不仅仅适用于持有策略，也适用于一些投资产品的选择。如今很多中国投资者会选择基金这种专业理财产品，但是他们往往关注基金过去一周或是一个月的表现，其实评判一个基金的好坏，应该看得更加长远，看它在熊市时是否能够维持盈利，在牛市时是否可以获得更多利益，在震荡时是否能够为客户平滑价格曲线。观察的周期越长，则越能体现基金的运作能力。

最后，我想说的是，我衷心地希望大家都能在将来获得更多的收益，为未来的生活做好充分的准备。

“心理账户”影响消费和投资预期

段方晓　瑞泰人寿副总裁兼CMO

现在的中国正处于一个创富时期，各种理财产品层出不穷。尤其是在2007年，中国居民的投资热情高涨，在财富效应的推动下，以前所未有的速度投入市场，而且无论是投资股票、基金，还是投连险、黄金等，收益率在100%以上的大有人在。2008年，超额回报是否还会垂青投资者？如何面对可能出现的投资风险？这就要看人们是否理性地看待市场，是否理性地看待理财中投资与风险始终并存，即在获得投资收益的同时必然要承担投资所面临的风险。

真正的理财是因人而异，因“财”制宜的。在实际操作上表现为根据人的风险偏好和承受能力来合理安排资金的运用，并使之最大程度增值；在实现的方法上取决于投资工具的合理选择以及资金分配合理程度的高低。因此明确自身实际财务需求与风险承受力成为个人及家庭理财的决定性因素。

对于收入较高，追求品质生活的中产家庭来说，正在通过投资理财完成财富积累，但是同时，在不愿放弃财富增长机会和财富缩水的恐慌之间，在一定的理财知识和变幻莫测的投资市场之间，理财又为中产家庭带来了很大程度的不安和困惑。如何实现子女教育规划、如何进行债务规划、如何达到资产增值、如何规划退休养老，这一系列问题，让我们看到理财对于中产家庭来说更是一种责任。对于中产家庭的理财，我建议主要讲求稳中求进，首先要能保证生活的质量和水平，然后围绕家庭理财目标按以下步骤，合理投资：

1. 把握一个基础——以消费预期来确定资本的投入

任何一个好的理财方案都必须建立在一个实际而科学的规划上。即为消费预期与投资收益寻找一个合适的切入点，这样才能清楚地了解在什么程度上资产实现了保值，在什么程度上资产实现了增值。事实上很多家庭的理财目标是很模糊的，而且在实现这些目标所需要的资金数量以及实现方式上也很模糊，比如他们可能计划了大概的退休时段，计划了孩子应该受到什么样的教育，但却并没有为此计划设计具体的理财目标。据芝加哥大学著名行为金融和行为经济学家理查德•萨勒提出的“心理账户”概念推断，除了钱包这种实际账户外，在人的头脑里还存在着另一种心理账户。心理账户的存在影响着人以不同的态度对待不同的支出和收益，从而做出不同的决策和行为。心理账户我理解成消费预期和投资收益预期的自我比较，理财是一生都在进行的活动，由于消费预期不同将导致投入产生高低，因此找准消费预期与投入之间的合理点是理财的基础。

2. 遵循一个理念——将投资组合视为最有效的途径

基于风险分散，需要将资金分散投资到不同的投资项目上，在具体的投资项目上，还需要就该项资产做多样化分配，使投资比重恰到好处。投资组合按粗略的分类有三种不同模式可供运用，即积极型、中庸型和保守型。决定采用哪一种模式都必须考虑到投资组合的合理与分流相互之间的互补性，以及面临风险时规避风险的方法。对于偏爱储蓄的中国家庭来说，投资组合意味着将部分财富从保守和低回报的存款，转移到相对具有风险和高回报的其他金融投资工具。要适当调整银行存款在家庭资产中的占比，存款比例不宜过高；另一方面，为规避利率进一步上升及通胀加剧的风险，存款期限仍应保持中短期为宜，给未来留下适时调整的空间。

3. 强调一个观念——长期投资胜于短期投资

美国《财富》杂志曾对该国中产阶层作过一次调查，发现仅有10%的受访者在退休后过着富足的生活。究其原因是因为很多人在收入充裕的时候没有及早去打理财富，进行科学合理的规划，最后陷入了财务困境；而另外一个原因就是很多人喜欢追涨杀跌，缺乏长期投资理念。理财专家认为，财富实际上是一个日积月累的过程，通过长期理性理财，才能确保投资收益，投资者应尽量避免过于注重短期收益而冲动投保或者退保。股市的变化等会对投连险的短期收益产生一定影响，但要有始终坚持“长期投资”的理念才能更好地保障一生的富足安康。

在投资领域，时间具有一种魔力，就是能创造价值。理财期限的长短往往决定了通过理财希望达到的财富增长。投资期限越长，越有充分的机会实现最大的收益。如果想要获得相对高的回报，唯有耐心等待。

4. 寻找一个专家——充分利用专家的智慧时间实现财富管理目标

现代社会理财发展的基本趋势是专业理财，当发现自己没有能力和时间分析投资市场众多纷繁复杂的信息时，应该借助专业理财的力量，以实现资源的优化配置。对于目前市场上300多只基金，1000多只股票（A股市场）以及各种理财产品，作为一个没有相关专业知识的客户来说，选择的难度是非常大的，而专业理财机构相较于个人投资者在信息获得、研究能力等各个方面都有巨大的优势。

事实上，中等收入家庭崛起，提高了对金融服务的需求。这使得专业理财领域的竞争加剧，并不断在推出专业理财的同时也推出更多的附加值服务。但在中国将资产交给专家去打理的家庭从规模上来看，比例还很小，这和发达国家50%以上的比例相比较，确实有很大的差距。要真正实现财富管理需求，应该积极选择理财专家。

理财的前提是安心工作舒适生活

姚兵　中宏保险副总裁

我和我的朋友们也经常在一起讨论各自对于“理财”的看法。在这类谈话中，我们通常可以寻找出以下一些中产理财特征：

第一，中产家庭成员的理财理念正在逐步形成。大家对于“理财”以及“投资”的概念都非常感兴趣，一般也能说出这两者之间的一些区别。

第二，中产家庭成员的工作一般较为稳定，也比较体面，但是他们仍然面临较高的不确定性。比如升职压力、健康压力等等，这些因素都有可能造成他们未来收入的不确定。

第三，中产家庭成员虽然知道理财不能简单地等同于投资，但是大家似乎更看重投资而非理财。对于风险的倾向性很高，对于回报的要求较高，普遍希望能够得到30%—40%的年回报率。

第四，中产家庭一般都受过良好的教育，所以对于新产品的接受能力很强，对于QDII、港股这类的产品充满兴趣。因为很多人从理论上知道理财过程中要注意资产配置，要将资金投入不同渠道，所以他们对于新的投资渠道总是很热衷。

仔细分析这些行为特征，很容易看出其中的问题和风险。

首先，大家都热衷于投资，甚至觉得留着闲钱在手边都是一种罪过。当然了，这种缺乏规划的行为、浮躁的心态，与社会整体的浮躁有密切关系。但中产家庭一定要意识到，其实他们自身的抗风险能力很低，一旦遇到什么不测，这样的投资方式可能根本无法帮助到他们。

其次，虽然大家都知道要资产配置，但是如何配置？实践远远要比理论困难得多。大多数人恨不得把所有的钱投入股市，或者买股票型基金，甚至身边连现金都没有。这种情况下，风险和收益已经不能得到平衡。

然后就是生活质量问题。由于投资心态和投资方式的错误，很多人一心钻在投资里面，忽略了工作，忽略了生活，每天都无法安心过日子。有的人甚至借钱投资，对于银行利率和股票走势非常敏感，结果就是生活质量疾速下降。

所以说，我对于理财的看法就是要在保证安心工作、舒适生活的前提下，让资产在能够抵抗风险的状况下，获取长期稳定的收益。

尤其是对于步入中年的人士而言，工作、健康、家庭都存在着随时变化的可能性，所以如何合理理财，配置资产成了最为关键的问题。

按照我的看法，一般中产家庭的投资比例应该是这样的：60%在激进型产品，例如股票、黄金等；5%—10%在保险；10%作为储备现金流，以防不时之需；另外的15%—20%可以选择一些平衡型投资产品，例如货币或债券。

接下来，我想说说保险，不仅仅是因为我来自保险行业，更关键的是，即使作为朋友，我也强烈建议中产家庭配置一些保险产品。

一般有两种人不会考虑买保险：一种是富豪，因为无论出什么事情他自己的钱都足够应付；一种是赤贫，因为他们连温饱都没有解决，怎么可能有钱买保险？但是中产的特征注定他们对于保险的需求是相当高的，因为他们自有资金不足以应付突发事件，比如重大疾病、意外死亡、严重伤残等等。而随着中国保险业的发展，如今的保险产品早就不是什么奢侈品了，花2000元就可以获得10万元保障。

可能还是有人觉得这个花费太大了，但是举个例子，比如你一年请你的朋友吃两顿饭，一共花费了2000元，等到你出了事，这个朋友愿意在第一时间无偿给你10万元么？

这个例子就体现了保险的第一个特征："雪中送炭"。其他的理财产品都属于"锦上添花"，只有保险是在危难时刻才发挥作用的产品。保险和银行存款一样，处于理财金字塔最底部，它帮助一个家庭填补资产方面先天性的漏洞。

保险第二个特征就是"花确定的钱办特定的事"，这类产品就包括养老金、教育金等等。有人觉得这类产品和存钱差不多，有时候还比不上银行存款利率高。但是我只想问大家一个问题，您存钱的时候会想到"我每年存5000，十年后就可以给孩子支付大学学费了"？我想很多人都不会这么想，你们通常都是这么想的："我每年存5000，十年后就可以有50000多了"。其实这就是心态问题，银行存款时大家考虑的仅仅是金钱累积；而购买养老金、教育金产品是为了达成某个目标而采取的有意识的行为。这类保险产品都有较长的缴费期、半强制性的缴费模式，这样就杜绝一部分人因为意志力不强而停止储蓄，最终无法达成预定目标。有了这种对于未来目标的保障，您的生活难道不会更加安心么？

最后，我想说的是，理财是一门艺术，大家一定要在安心、舒适的状态下享受理财的艺术，千万不能一味赚钱，忽略生活品质，威胁稳定的收入来源。

真正的理财是处理人与财务的关系

杨智呈　新华人寿首席精算师

精算师在中国属于稀缺资源，除了高昂的薪酬，其运用的普通人难以企及的精算技术更加神秘。

毕业于北京大学数学系的杨智呈，硕士选择了中央财经大学保险系，毕业后也就顺理成章地进入保险公司，如今他在新华人寿从事精算工作已经进入了第十二个年头。而英国准精算师的学习实践背景，直接影响其供职的新华人寿保险产品的特点：新华分红产品采取保额分红方式，万能产品采取双重结算，投连产品只设置一个账户。杨智呈就是这些产品创新背后的策动者之一。作为把握产品命脉的精算师，他对于保险产品和家庭理财也有着独到的领悟和见解。

真正的理财是处理人与财务的关系

如果你在今年与投资客谈论保险，那么你很有可能受到鄙视，因为身边资金成倍增长的例子比比皆是，使得收益率维持在个位数的分红、万能产品相形见绌。即便不是资本市场的竞争，仅仅是投连险这样的产品也给了分红、万能这两种具有投资功能的险种巨大压力。

严酷的现实说明一个简单的问题，那就是“钱生钱”才是硬道理，“高收益”才是方向。人们的趋利心理可以理解，可是理财和人的深层关系是什么？仅仅是收益吗？

“通常存在两种对待理财的方式，一种是以财为本，一种是以人为本。以财为本就是关注钱生钱，速度越快就越好，增长越多就越好。而以人为本则关注个人如何处理人与财务之间的关系。”这是杨智呈对于理财的看法。

在他眼中，“理财一边是寻求收益，一边是寻求保障。如果忘记了风险，而只关心收益，那么结果就是让财产暴露在未知的风险之中。”

有人觉得买保险不划算，因为如果不出险，那么钱就白花了；如果出险了，则又伴随着一种保险带来厄运的感觉。

对于这个问题，杨智呈喜欢用这个比方：现在很多家庭都会选择安装防盗门，没有人会认为是防盗门把贼招来，要是没有小偷上门，也不会觉得防盗门白买了。其实保险就是一扇无形的防盗门，它的作用在于让客户在追求幸福的时候不要忘记风险。

“另一个关键的问题在于，对于理财而言，有的钱属于锦上添花，有的钱则属于雪中送炭，保险的收入属于后者。这体现出来的是金钱的不同价值，这种价值往往是在时间点上体现出来的。”

运用保险建立健康的理财方式

杨智呈认为：家庭必须具有一个完整的理财观念，必须按照保障、长期积累、增值这三个方面进行金字塔式的安排。

保障是家庭财务的保护伞，长期积累就是以储蓄的方式留存家庭财富，而增值部分则可以帮助家庭财富滚动，获取更多的财富，并且抵御通货膨胀。

在过去，存银行是中国人唯一的理财途径，所以大家对于储蓄的概念非常强烈。而如今，随着金融市场的不断开放，越来越多的投资渠道和金融产品进入投资者视野，如何选择合适的投资渠道，不同的渠道担负何种职责，对投资有何种期望，这些都需要投资者自己把握。

杨智呈告诉记者：“在进行理财的时候要注意三点。第一，要先做到不输，才能进一步做到赢，因此在行动之前要对最坏的情况有所准备。第二，财富这种东西生不带来，死不带去，所以理财的真正目的是为人生理想服务，要围绕我们可以预见的事件进行财务规划。第三，努力寻求专家意见，专家往往可以帮助我们发现自己看不到的机会和价值。投资者应该看到，好的机会往往是可遇而不可求，通过专家理财可以享受到更多的机会。”

在海外市场上，保障型产品比例较大，但是在中国市场上，百姓却更加喜欢储蓄型产品。而从另一个方面看，储蓄也是保险产品能够为客户提供的一种功能，并且是一种长期的半强制性储蓄。

“储蓄不是简单的利滚利，更重要是培养客户一种良好的消费习惯。从长远来看，先储蓄再消费和先消费再储蓄的人，最终能够积累的财富量有很大区别。

前者是在有计划地安排财务，后者则可能成为月光族。”杨智呈告诉记者，“拿出收入的10%—20%购买一些长期的保险产品，对于家庭消费而言也不是一种负担。从金融的角度来看待资金，我们会发现一笔十万元的资金与十笔一万元的资金意义完全不同。前者可以看作一笔财富，可以帮助家庭完成一个梦想，比如购买一辆车，但后者只能算是钱，购买十个小产品。而购买保险就是为了让小钱变成一种财富。”

把分红险打入冷宫不理智

从中国保险市场的销售情况来看，分红型的产品曾红极一时，但是随着去年资本市场的爆发，以及投连产品的热销，分红产品似乎已经被打入了冷宫。但实际上，这种保额分红型产品却有着它自己的存在意义。

杨智呈告诉记者：“保额分红的概念源于英国的相互保险公司的理念，客户利益与股东利益是一致的，所有公司的利润是由客户和股东一同分享。正是这种利益一致性带来了利益最大化，资产的受托方也会为了获取利益而尽心尽力地来打理这部分资产。”

“比如英式的保额分红产品，分红分为两个部分，一个是再分配投资收入，提供保值功能；另一部分是终了红利，由于盯住资产价格的变动并且进行平滑处理，为客户提供保险公司在股市方面的部分收益。这其实也是分红产品最初推出时的一个想法，就是通过一些对冲作用，防范通货膨胀，让保险产品成为一种具有保值、增值左右的财务工具。”

无论保险产品的形态怎么变化，但是其中有一点是不会变的，那就是它对于客户本身规划性的要求。即使是最原始的防范风险的保障型产品，也需要客户对于自身价值的规划、家庭抵抗风险的规划。

“对于有投资需求的保险客户而言，他们必须明白购买保险的钱是为人生目标服务的，而不仅仅是希望从股市中获取短期利益，决不能看到资本市场红火了，就盲目退保入市，一旦股市震荡，就马上撤除资金。这种做法不仅不划算，也是一种误区。正确的通过保险的理财方式，应该是围绕家庭的未来规划，比如何时买车、买房、孩子教育金等支出来规划家庭财务计划，然后根据收入水平确定保费支出比例、缴费期限。”

（理财周报记者　蔡嵩婷整理）

通胀和负利状况下首重资产保值

胡景平　平安人寿广东分公司总经理

随着中国经济的良好发展趋势，持续增长的国民收入孕育出一个具有较稳定生活状态、中高水平收入、对未来具有长远预期和规划的群体——中产家庭，而且这一作为社会主流群体的中产家庭正随着中国经济的发展而不断壮大。通常来说，这一群体有日渐鼓起来的钱袋子，追求良好生活品质是这一群体共同的目标。然而，与普通老百姓一样，收入丰厚的中产家庭也会感到生活的沉重压力。要想过上轻松又无后顾之忧的生活，中产家庭一样要学会理财。但是如何打理好自己的财产，成为中产家庭的现实问题。

近期一份生活信心指数调查显示，中国内地中高端消费者人群基本拥有20万元以上的家庭年收入。这些被誉为“有钱无闲”的人群，其目前资产组合都相对比较简单，主要为房产、股票和储蓄，只有31.3%的人拥有投资保险组合。调查显示，中国中产家庭的主要成员对未来的生活积极乐观，但实现这一憧憬的实际行动不足，多数人至今尚未制定任何财务规划。

大多数中产家庭的主要成员现阶段正是职业生涯和理财需求的高峰期，因此这阶段的理财成果将直接关系到未来家庭财务的安排。很多人认为，炒点股票、买点基金，或者去银行购买些理财产品就是理财。而实际上，这只能叫投资，而不能称作理财。因为这些做法只是希望投入本金而获得增值，但是到底要增值到什么地步、将来有什么用途、大概什么时间会用这笔钱，这些问题都不清楚。事实上，所谓理财，是指为实现既定的目标，而实施有计划的财务安排与运作。

理财应以未来生活的目标为导向。我们的理财目标就是为了实现我们的生活梦想和责任，比如孩子教育、自己将来的养老、应急现金储备、未来更大的房子，或者其他某项计划。而这些都是要落实到将来在什么时间、需要多少钱这个问题上。有这样的财务目标后，我们就可以安排适当的财务计划：现在要投入多少钱、以后持续投入多少钱、投入的时间有多长、要达到什么样的收益率、选择什么产品来实现。这个我们可以称它为“财富成长计划”。但是仅有这个财富成长计划是不够的。如果我们万一发生了意想不到的事情，而把我们辛辛苦苦积累的财富消耗掉了怎么办？或者，出了什么状况而使我们不能按计划持续地投入，又怎么办？我们的家庭梦想和责任就不去实现了吗？所以，为了确保我们的理财目标能够实现，我们必须拥有完善的财务保障计划。

完善的财务保障计划必须遵循理财的三部曲。

第一步：现金等流动资金的储备。

每个家庭都应该准备足够的备用金以应对诸如突发事件、意外情况等引发的现金需求，中产家庭也不例外。但预留过多的现金等流动性过高的资金，则在一定程度上导致减少投资收益，因此建议预留六个月的家庭开支作为储备金。

第二步：完善家庭综合保障计划。

在家庭理财的金字塔中，保险是理财金字塔的基础部分，只有配备了完善的保障，才能保证金字塔的稳固。假设家里有一棵摇钱树，虽然能天天生钱，但一旦枯死，就断了财源，所以在中产家庭理财规划中，应做好家庭经济支柱的保险保障，然后再根据风险承受能力选择相应的投资渠道。作为家庭收入的主要贡献者，在购置保险时应为自己配置一个完善的保障计划，除了普通的意外及医疗费用保险以外，还应为自己准备充足的重大疾病医疗储备基金，以防范意外的发生。

对孩子的保险应根据家庭的财政状况而定，同时应选择缴费期短的产品。

父母因年岁渐高，除购买意外险外，其他保险已较难投保或成本过高，建议家庭结余资金定期划出少部分，组建老人医疗储备基金，投资方向应选择长期的基金产品，也不失一定的流动性。

第三步：资产增值计划。

在健全家庭整体风险基本保障体系后，未来需要重视考虑的是如何安排投资的节奏，与每个阶段的财务目标协调，及时调整保持较佳的资产配置和投资组合，以保持较高效的资产增值状态。

受宏观经济政策趋紧影响，我们应以更加理性和冷静的态度面对2008年的投资市场。

2008年的投资市场将会受到几个因素的影响：第一，股市风险将会进一步加大；第二，房地产的调控力度和投资成本均进一步上升；第三，通货膨胀趋势延续，负利率不可避免；第四，货币政策进一步收紧，加息步伐不会停止。

面对越来越复杂的投资市场，中产家庭应及时调整心态和理财目标，重点考虑如何捍卫胜利果实，防范各种风险，抵御通货膨胀，追求稳健收益。在通货膨胀和负利率延续的状况下，中产家庭首先要关注资产的保值，做到自己的资金"可以跑不过刘翔，但必须跑过CPI"。另外，面对股市的动荡，资金应谨慎入市，并适当调整资金的投资比例，并且，购买理财产品时要根据自己的风险承受能力、理财偏好等来进行选择，在确保相对安全的基础上进行理财规划。

第四部分 基金

资产配置：成年人的家庭作业

肖风　博时基金管理公司总裁

对于中国正在壮大中的中产家庭群体，我想重提我曾经在《博时基金》季刊上撰文写过的一句话："资产配置：成年人的家庭作业。"

不幸的家庭各有各的不幸，幸福的家庭理由大都相同。近年来，随着不少国民家庭财富的累积，如何管理这笔财富让许多幸福着的家庭同时也烦恼着。据一家调查公司公布的数据，国内握有超过百万元流动性资产（主要指现金、股票、债券）的个人投资者2005年有32万个。如果加上流动性不够好的房产的价值，超过百万资产的富翁可能要翻上十好几倍。

不要只顾催促孩子完成家庭作业，其实成年人也需要经常做一做资产配置这个家庭功课。做不做储蓄？买不买国债？买不买基金？买不买股票？买不买保险？买不买房子？买多少？几时买？几时卖？这么多的投资工具，选择哪样？选择几样？

这确实是许多人追求成功人生的过程中遇上的新问题。根据我们对基金投资者行为的分析，大多数投资者其实都在无意识中做着资产配置的事。但遗憾的是，其中大部分投资者往往做出了不太恰当的选择。一个最典型的例子是：基金净值越高，涨得越快，赎回也就越多。大家都把基金这个金融商品当作实物商品来评估价值了。一台一匹的空调，我们可以主要以价格来决定选择；一个基金，却不可以仅以净值高为理由而拒绝它。

当然，资产配置的课题要深奥得多。第一步，要决定资产主要分配在哪些方面（比如存款、基金、股票、保险、房产等），用行话来说这就叫"大类资产配置"；第二步，在决定将一部分资产投资于基金之后，就要选择买哪些基金，用行话来说，这叫"个券选择"；第三步，决定什么时候买，什么时候卖，用行话来说这叫“时机选择”。

不管是做投资管理还是做家庭资产配置，时机选择都是一个看似容易、其实很难做好的事。以投资基金来说，基金经理在投资时进行着时机选择，而每个基金投资者又在基金经理的基础上再对他所管理的基金进行第二次的时机选择。两次时机都要选对，最终选对的机会自然更小了。全球业界给投资人的一个解决办法就是：定期定额投资基金。它可以确保你买入基金的价格是一个平均价格，使基金投资时机选择的成功概率比较大，而且也更容易实施。

另外，许多投资者常常问我们对后市的看法。对于短期走势的预测往往是对错参半，没有多少实际意义。我想从回答下面这个问题来尝试作答。

究竟是什么在支持着中国的资产价格的持续上涨？目前流行的说法是，流动性泛滥是诱因，也就是俗话所说的“钱太多了”。

真的是这样么？我们不妨参考一下海外的历史情况。以20世纪90年代以来的日本为例，日本90年代实行低利率政策，存款利率近乎于零。按理说，日本的国民应该从银行里把他们的70000亿美元存款取出来，去投资房产或者股票。但实际情况是，整个90年代，日本的房价与股价齐跌，银行存款并没有减少。同样是低利率或者实际利率为负，中国与日本的情况却截然不同。这就需要我们透过表象，从更深层次来分析中国资产价格上涨背后的原因。

通过数据分析我们发现，支持中国资产价格持续上涨最核心的因素是中国的人口结构。目前在我国的人口年龄构成中，1980年后出生的人口占总人口的比例高达40%，30岁到45岁年龄段的人口占比为27%，65岁以上的人口比例仅在10%左右。而日本的情况是，65岁以上的人口比例相对较高，约为19%。60岁以上的人群，消费需求越来越少，很少再去换大房子、买奢侈品；同时投资需求也越来越保守，随着年龄的不断增加，投资从股票基金退守到混合基金、债券基金，再退守到货币市场基金、现金。反观中国，我们的人口结构还处于价值创造、财富创造的高峰期，消费需求高涨，同时投资需求也日益旺盛，投资者愿意为追求高收益而承担高风险。

从这个角度出发，我们可以做出如下判断：什么时候中国的人口结构转变成日本那样的情况，中国的资产价格才会相应失去上涨的根本动力。而那个时刻的到来，目前来看至少还要十几年的时间。当然，我们并不是说，中国的房价和股价还会像过去的两年那样势如破竹地一路涨下去，期间一定会出现波动，幅度可能还会比较惊人，但是长期的前景仍然十分美好，这也是我们的基金经理们经常说的“长期看好”的深层原因。

基金助您从容规划未来生活

高良玉　南方基金管理公司总经理

2007年，在合理控制风险的前提下，南方基金所管理的全部公募基金的股票投资实现了129.1%的平均收益；在把持有人利益置于首位的方针指导下，公司在过去一年实现了规模与业绩的均衡发展，同时致力于公司内部治理流程的细化与完善，为2008年的健康与持续蓬勃发展夯实了坚实的基础。

本着专业稳健的经营理念，公司今年在严格控制股票型基金流动性风险的基础上，稳步有序地进行规模扩张，在去年4月份以后停止了拆分、大比例分红等持续营销活动的前提下，资产管理规模仍取得了长足的增长，反映了广大南方基金持有人对公司投资管理能力的认可与信任。截至2007年12月31日，南方基金管理的资产总规模达到了2300亿元。

南方基金在2007年年初提出了中国基金业要在繁荣中保留理性的发展观：2007年将是继2006年后又一个大发展的年度，2007年的转折意义及工作重点在于公募基金管理规模将急剧膨胀，以及随之而来如何适应多个大规模基金的投资管理运作的问题。这也是南方基金的投资研究团队在2007年度的核心工作。在投资运作上，南方基金所管理的股票型基金规模膨胀后，更加重视市场的流动性与投资运作的连贯性，并始终对流动性风险保持足够的警觉，通过均衡的行业配置和合理的仓位控制，在基于流动性风险管理的保障下实现稳健的业绩增长目标。

过去十年，南方基金秉持专业精神，创新前进。得到了来自持有人、渠道以及市场的认同和信任。未来十年，南方基金本着“一切为了客户，做受人敬重的理财专家”的愿景，追求卓越，用更好的业绩和市场服务，赢得更多的投资者。

随着基金行业的发展，基金持有人队伍日益壮大，南方基金深刻意识到，持有人的信任是基金公司赖以生存和发展的基石。我们的每一年成长来自数百万客户的长期信赖与支持，持有人是南方基金的上帝。面对新一个十年的开始，公司在2008年之初提出要把“一切为了客户，做受人敬重的理财专家”作为公司的愿景。这意味着我们所有的工作都要围绕持有人的利益开展。在持有人利益与公司利益或股东利益存在冲突时，以持有人利益最大化为我们考虑的原则，公平对待南方基金的每一个持有人。公司将坚持在尊重并满足投资者需求的前提下，充分发挥专业投资的管理能力，通过勤勉不懈的工作，力争为持有人创造满意的回报。

承载着700余万基金持有人的寄托，我们深深感到身上的责任重大，每每有如履薄冰之感。回顾整个基金业，从三年前的管理资产5000亿到去年的3万亿，人们担心“基金管理公司有没有能力管好规模如此庞大的资产？它们的风险防范意识和控制能力究竟如何？”这些都将直接关系到整个行业未来发展的前途。作为基金公司，我们深刻意识到必须具有前瞻性地提升自身的风险管理能力，借鉴成熟市场的先进经验，形成制度、技术和人员全方位的有效保障体系。公司将不断致力于公司内部治理流程的细化和完善，为持续发展夯实基础。

能让越来越多的人实现财富自由是驱动南方团队精诚工作的动力。我们感到自豪的是，南方基金在成长的十年中，为社会大众提供了专业稳健的理财服务。通过投资南方基金产品，人们能够从容地进行养老、求学、结婚、育儿等未来生活的规划。

按“快乐车夫”的理念去投资

朱平　广发基金管理公司副总经理

我个人投资最重要的一个体会是：投资理念才是更重要的武器。

2007年6月初股市出现了一次调整，虽然其后大盘又回到前期高点，但也只有30%左右的股票强于大盘，这与之前5个月的市场结构有很大差异。据说在股市最红火的时候，有一个派出所想出了一个维护治安的新招，他们挂了一条横幅：“抢劫不如去炒股。”没有数据证明这条横幅是否提高了治安水平，但当股市调整后，有人却在横幅的后面加了一行：“还是抢劫安全点。”

股市是一个波动的市场，2005年时国内股市流通总市值只有 1 万亿，现在增长了5倍，这主要是有很多新增的资金投入股市。每个新进入股市的投资者对股市的了解有深有浅，但投资者的每一次买卖都应该是一个严肃的决策。因为这种决策将使你赚钱还是亏损，没有人会不在乎，只是股价的涨跌经常与投资者的预期相背离。

所以投资的过程实际上是一次矛盾的过程。一方面投资者在做决策时确信自己的判断是正确的，但另一方面投资者又确信实际的后果与现在的预期一定会有不同，所以结果是不确定的。有不少朋友曾非常不解地问我，难道你们在投资一只股票时，不知道这只股票什么时候涨？甚至不能确定它一定会涨？既然不知道又为什么买呢？

还是在大学的时候看过古龙的小说《七种武器》，这可能是古龙作品中读者最喜欢引用的一部小说，其中的一篇叫《孔雀翎》，说一个杀手想过平静的生活却被仇家寻仇，这让他恐惧。于是他来到孔雀山庄，向他的朋友借山庄的镇庄之宝孔雀翎——这是天下最著名的暗器，已有300多名最一流的高手败在孔雀翎下，以至于再没有人敢前往山庄比试。有了孔雀翎，这个杀手很容易就击败了仇家。其实他的武功本就在仇家之上。所以他根本就没有使用过孔雀翎，但孔雀翎给了他信心，让他一击而中。故事的结局出人意料，孔雀山庄的孔雀翎其实早就丢失，这个杀手也从没有拿到过真正的孔雀翎。所以信心才是更重要的武器。

投资的理念就是这样的信心。任何投资者的任何投资行为都是在投资理念的支持下做出的，虽然很多投资者可能并没有意识到每一次的投资决策实际上都隐藏着一个投资理念，而股市中的投资理念也是丰富多彩，各有千秋，还常常让投资者迷失混淆。

个人投资者如何才能赢钱？信心源自哪里？我也曾经写过一篇文章《快乐的车夫》，这个车夫启发我们如何做一个快乐并挣钱的投资者。

网上流传着一个上海快乐车夫的故事，他说："大众公司，一般一个司机每月有三四千元拿回家……全大众 2 万个司机，大概只有两到三个每月能拿到8000元以上，我就是这两三个人中的一个。"如果这个车夫能用开车的原则来投资股票，也许他会更快乐，因为投资收益是复利，而出租车司机却只能以一个节奏挣钱。

首先，这个快乐的车夫认为"做出租车司机，要用科学的方法"，他说："千万不能被客户拉了满街跑，而是通过选择停车的地点、时间和客户，主动决定你要去的地方。"这个观点用在投资领域实际上就是一个人的投资哲学，按教科书的定义：投资哲学是一种思考市场如何运作以及分析投资者错误行为的在逻辑上一致的方法。所以如果这个车夫改行做基金经理，那他一定是一个相信市场不完全有效，可以通过主动研究获取超额收益的主动型基金经理。

其次，这个车夫认为，每小时载客公里数越长收益就越大，因为出租车的成本是份钱和油钱，无论是否载客成本都是固定的，所以拉起步价的客人虽然每公里的价格要高一些，但如果在市区内用时太长则是亏钱。对应投资，这一点说的就是投资理念。比如投资行业领先的企业将能获得超额收益这个理念，就表明基金经理相信龙头行业将获得所在行业内最高的利润水平，并拥有较快的业绩增长，所以投资这种企业也会获得超过该行业平均水平的收益。

第三，这个车夫在上述哲学及理念的指导下采用了系统的方法：一是选择适当的地方，这种地方搭乘出租车的乘客较多，比如高档写字楼和宾馆；二是在上述地方选择出正确的乘客，这包括许多经验的总结。投资也是这样，首先要选择可能出现牛股的行业或板块，比如2006年的消费、房地产、金属及自主创新的企业，如果你买了这些行业或板块中的领先企业，几乎不用做很深的个股研究也能挣很多钱。当然选择正确的个股差别也很大，比如同是零售企业，现代连锁零售业如大商、苏宁可能给投资者更多的盈利，而传统的零售业收益则不可同日而语。

最后，这个车夫很快乐是因为他能挣比别人更多的钱。做投资也这样，如果不快乐那一定是上述三个环节中的某些地方出了问题，否则，你一定也是一个快乐并挣钱的投资者。

我的三大认识和六个建议

郑安国　华宝兴业基金管理公司董事长

投资市场何其像《红楼梦》中的“风月宝鉴”两面显示出的景象。正面是遍布黄金的淘金场，可以源源不断地为你提供财富，所谓“股中自有黄金屋，股中自有颜如玉”；反面是遍布陷阱的博弈游戏，顷刻间就会让你的钱袋灰飞烟灭。游戏厅的大门高悬一副对联，上联：股市有风险，下联：入市须谨慎，横批：买者自负。

跛足道人只交代病中的贾瑞只能看镜子的反面，绝不能看正面，至于一般的人是不是两面都能看，我们无从知晓。不过我给投资者的“风月宝鉴”却是两面都可以看的，而且也是两面都必须看的。唯其如此，才可以既做到警钟长鸣，规避风险，又能目光如炬，随时把握投资机会。投资之前，我的建议还是应该从反面先看。

无论是就整个市场还是个别股票而言，投资者首先应考虑的都是风险。如何防范风险，有三点认识可能特别重要：

第一，永远不要忘记常识与理性。明明过往的统计告诉我们，企业连续三年平均增长30%都已是凤毛麟角，却信誓旦旦地认为自己所投的公司能以50%的速度持续成长；明明知道小企业的成长遵循着两个10%的规律（10%能活下来，活下来的公司中10%可能壮大），却偏要把中小板的公司市盈率炒到上百倍，把股票投资变成了风险投资。常识与理性，知易行难。

第二，投资本身是一门遗憾的艺术。牢记这一点，就能有良好的心态，就不会盲目地与他人比，与市场比。任何一个人在其整个投资生涯中永远是错过的机会比把握的机会多。在投资上要有“宁可错过一千，决不乱投一个”的定力。

第三，不要轻易做对冲，不要轻易做空。常常你看到了风险，看到了高估，但投资毕竟不是数学，不可能在时空上完全计算精确。发现了危险，躲掉即可。如果你想利用风险盈利，那反而可能受到风险的伤害。

再谈谈镜子的正面吧。我现在到处在兜售一句话，叫“信任创造财富”。你只有坚信镜子正面里的内容，才会用心去寻找正确的淘金术。

其实投资可以赚钱的道理很简单，一是因为经济增长总是被一部分行业和公司更多享有，通过投资你可以去分享；另一个原因是因为你投资了，通货膨胀伤不到你。所以，别再怀疑，投资是可以赚钱的。那么，让我们赶快开始准备吧。对于投资原则我有六个建议：

第一，长期投资。我所理解的长期投资不是指对某一个品种简单地长期持有（我认为在市场急剧波动股票明显严重高估时抛出不仅是可以的，而且是必需的），而是指你对所投资的市场和对象要保持长期、持续的关注和参与。

第二，专业投资。常常有人说“玩股票”。投资可没什么好“玩”的。不管是职业投资人还是业余投资者，只要是开始了一笔投资，就必须以专业的态度进行专业的研究。

第三，基本面投资。投资永远是具体的，因此在每一次投资决策时，切忌泛泛而谈。所谓宏观、行业，所谓人气、动量，其实跟你的投资是没有多大关系的。当你大谈这些时往往就是厄运将要临头了。也许有许多很好的盈利方法。但就我所知，基本面投资是较容易掌握的方法。你要对公司进行认真的研读、分析，有一个基本估值，尽可能多地考虑影响估值的方方面面。不管是职业投资人还是业余投资者，只有将你的“专业”和时间花在这方面，才是有效的。

第四，投资边界。专业投资者需要有一个股票池；普通投资者由于时间和精力有限，更需要对自己的投资范围划定界限。此外，由于每个人的能力圈有限，每个人的客观条件、资金状况也不一样，对投资方法的使用也应划定界限。这倒不是说一定要进行价值投资，但对你所用的方法一定要烂熟于心，绝不能出了自己的能力圈。

第五，安全边际。从某种意义上讲，投资是一种为卖而买的活动，股票对于投资者是没有使用价值的东西，所以永远不要做等价交易，永远不要购买“物有所值”的股票，而是应该购买那些“物超所值”的股票。这就是投资大师格雷厄姆所强调的“安全边际”。其实股票往下看是较容易看到底的，往上则很难看到头。即当一些公司的股票明显低于其价值时，多数人都能看到这一点。没有出手购买只是担心其会继续下跌或是当时自己已经全线套牢，没有资金。所以，只要有耐心，克服恐惧，你就能进行有足够安全边际的投资。

第六，策略胜过预测。首先，不要随意去猜度市场，更不能把自己的投资行为建立在这样的预测上。根据自己的投资理念和惯用的投资方法，立足对自己投资边界的长期跟踪和分析，制定一套投资策略，并严格执行，对于投资结果至关重要。没有好策略，可能前功尽弃。

好了，风月宝鉴的两面我们都看过了。在未来的投资中，让我们随身携带，随时照看。“时时勤拂拭，莫使染尘埃”。

要退休了，我们的钱够吗？

王鸿嫔　上投摩根基金管理公司总经理

我进入基金业已经17年，坚信基金是对大众最好的理财工具，回想多年来担任投资顾问的经验，最大的挑战并非诡谲多变的金融市场，或是日新月异的金融商品，而是帮助每一位投资人找到最适合自己的投资方案。因此，帮助投资人了解自己、认识基金的机会跟风险，是我们的第一要务。我们宁愿客户因为了解而选择不买我们的产品，也不要客户因为盲目、不了解而冲动性地购买我们的产品。

前美联储主席格林斯潘最近出书The *Age of Turbulence*: *Adventures in A New World*，是一本好书，当中有一章的标题是“世界要退休了，但我们的钱够吗？”格老是以政策制定者的立场提出对于已开发国家人口老化、退休金制度等问题的讨论。所幸我们不是官员，不用过多忧虑政策的问题，但作为平凡的老百姓，借用格老的智慧，但改写一下把“世界”两字去掉，退休金储备正是与我们切身相关的最重要课题。

要退休了，但我们的钱够吗？

年前，我公司内部培训课程邀请到我公司的独立董事，也曾在其他市场主管保险及证券业的资深监管前辈座谈，正巧也提到近年包括保险、银行、证券等金融发展的重要课题之一正是“退休储备”，显然这一课题不但是政府需要关心的，企业、个人也要承担责任。

事实上，基金公司提供的投资服务，希望协助投资人达成的首要目标正是“退休金储备”。

当前趋势是：人口结构趋向老化——在发达国家中，少子化情况已经成了普遍现象。所以，许多国家在10—20年之后就要面临65岁以上老人急速增加而社会的养老金短缺的问题，而且年轻工作者的负担也会愈来愈重。在可预见的具有相当经济影响力的市场中，印度因为年轻人口多而成为少数的例外。

平均年龄增加——医学进步，加上没有战争、大规模传染性疾病，现代人的寿命普遍延长了。这是好事，但伴随而来的退休养老问题，正是今日最核心的问题：“钱够吗？”所以西方国家会认真地研究延长退休年龄的可能性。

“养儿防老”是无法指望了，也不想像头老黄牛似的，怎办？

我们想要的是有个“有尊严的退休生活”，答案是靠自己+尽早开始储备+合理投资。

退休生活的所需，由三大主体的资金支持，分别是政府、企业以及个人。不论各国的企业年金制度如何设计，现代社会中，政府以及企业所能支持个人退休所需的部分都不到一半，所以，超过五成的退休需求，需要靠年轻的自己为15、20年后的自己准备。

而且，永远不嫌晚。

储备的工具，可以是任何金融工具或是传统的土地、房产，但理论与实际都证明，只有将部分资金投入股市中，才会有效地达到目标。

持有3至5年，基金年复利超15％

田仁灿　海富通基金管理公司总经理

回首海富通基金公司成立5年来的时光：海富通已从第一批合资基金公司发展成为中国基金业的中坚力量，在这个过程中，海富通也见证了中国资本市场最重要的改革进程及跨越式的发展。

2003年，在海富通成立伊始，我们就致力于将资产管理行业的国际化、专业化的经验和本土实践相结合，从而在不断改革和发展的中国资本市场中为广大的投资者实现长期、可复制的，超越风险溢价的投资回报。为此，从2005年开始，海富通在基金行业内，首家聘请国际评级公司——惠誉评级Fitch Ratings，为海富通进行资产管理人评价。经过惠誉评级十分严格、专业的考察，在2005年、2006年、2007年三年中，海富通基金已经连续三年获得惠誉“M2（中国）”的高评级。

在中国资本市场股权改革基本完成后的2007年，市场指数屡创新高；而伴随着股市的大幅上涨，市场也出现了短期的剧烈调整，这两者都让人始料不及。但有一点是明确的：中国股市经过股权制度改革，基本解决了原有上市公司存在的治理结构不清晰、经营目的不明确、利益驱动不成熟等市场结构性问题，中国的股市的长期走牛已经是十分明确。在这一大背景之下，市场产生的调整和三四年前的调整并不能进行简单搬照，现在的市场调整是部分投资者对于市场估值出现疑问而产生的，这种短期调整在全球其他证券市场上也经常发生，这种调整从本质上看是良性的，是为股市的有效增长构筑坚实的基础。

对于很多投资者来说，具备长期投资的信心，克服短期波动带来的心理压力，是获得长期投资收益的必要条件。从目前的市场趋势来看，股票型基金在3—5年的持有期间，年平均复利远超过15％。当然，这种增长并不是储蓄性的每时每刻的稳定增长，在有的年份甚至出现负增长，但平均复利收益率却远高于其他投资品种。

我在此也感谢一直坚定持有海富通第一只基金——海富通精选基金的持有人，近五年来，您的支持是我们提供更好服务和更多产品的动力。这种长期投资的心态，也让长期持有人获得了超过400%的丰厚回报。

中国证券市场股改之后，金融市场将迎来前所未有的更多机遇。随着利率、汇率的进一步开放，货币市场结构将出现重大的变化。名义收益率、名义利率（国债、储蓄）等已经不能反映投资的实际收益情况，而购买力、CPI、通胀等数据将更多地用来衡量投资收益水准。随之而来的是，基金作为一种投资方式，将成为更多老百姓无可回避的选择之一。

2007年资本市场的发展，也是对一个公司投资风格的考验。在我们看来，资本市场投资在中国还处于一个较为初级的成长期，投资规模并不能佐证市场的成熟度，博弈也不是投资的等同品。在这样一个迅速变化和发展的“新兴”、“转轨”市场中，要坚持自己的风格，只有那些能够克服各种短期诱惑和怀有长期坚定信念的人才能做到。但是，随着市场的发展，专业、成熟的投资风格将越来越多地被投资人和市场所认可。

如今，海富通已经在为200万基金持有人、200万职工的企业年金以及众多机构投资者提供资产管理服务。资本市场虽然起伏波动，却能帮助我们实现个人资产的长期增值。海富通将秉承专业、专心、专注的职业精神，为投资者创造更多的价值。

富国基金看好的三条投资主线

李建国　富国基金管理公司总经理

回首2007年，我们经历了市场的单边上扬，也经历了“5·30”等大盘的多次调整。与之相伴的是国内基金投资者超过1亿人，基金管理规模突破3万亿。2007年是基金行业前所未有大发展的一年。作为富国来说，我们对资本市场中每一次细微的变动都保持着敏感，和所有的投资者一样感同身受，共同经历。一年来，我们坚守价值投资理念，以国内基金行业的“价值投资倡导者”来要求自己，我们经历阵痛，但我们更收获经验和坚强。2007年是我们和投资者一起成长的一年，我们携手相伴，一起成长，彼此分享！

2007年底，富国的研究团队历经努力，在对2007年宏观经济数据精心分析的基础上，对2008年的市场进行了分析和展望。对于2008年，我们有一个基本的判断，即2008年将是一个“事件驱动下的结构性牛市”。我们认为，这一判断是合适的，在当前的市场行情中，我们维持这一判断不变。站在2008年的门槛上，我们愿意和各位投资者一起分享我们的投资策略，一起憧憬2008年的基金市场。

展望2008，从投资的角度看，我们看到虽然美经济减速带来外部需求下降、国内经济小幅回落以及政府趋紧的调控政策，使市场的情绪出现犹豫和谨慎。但人民币升值依旧，同时全球流动性过剩的局面仍在，并将加快向新兴国家流入，短期内实际利率为负的局面也没有改观，在没有更好的投资管道的情况下，国内股市仍具有高度吸引力。

根据我们测算2008年GDP增长10%，但我们认为这仅是一个长景气周期中的小幅回落而已。从出口看，虽然我们不否认2008年全球范围内总需求下降，但是仍会有相当的热钱通过加工贸易渠道进入国内市场，我们认为顺差增速不会大幅下降。而居民消费在短时间内上一个新平台也是不现实的，但我们相信随着国家

“以民为本”，财政支出加大对社会保障方面的倾斜，以及2008年召开的北京奥运，都会极大增强居民的消费意愿，我们预计2008年名义消费增长率将达19%—20%的水平，剔除价格因素后，实际增长率13%—13.5%。

2008年由能源和食品价格带动的全球性通货膨胀压力将最终传导到核心CPI上。成品油、公用事业价格、开征资源税等都可能引起核心通胀水平上移。2008年上半年CPI在8%左右，全年CPI可能达到4.5%—5%，我们预计政府推动的资源要素市场化改革将在下半年进行。

有别于市场的认识，我们不认为全年宏调政策会出现前紧后松局面。十七大传出的信息明确表明此届政府更关注经济持续增长的平衡性，并提倡均富。在吸取了2007年调控政策的经验和教训后，我们认为2008年政府将更倾向于运用行政手段，导致市场对其敏感度更大，带来的指数波幅也更大。

总体而言，2008年市场面临非常复杂的内外环境，期间有股指期货、奥运、QDII以及创业板推出等多重事件的影响，加上越来越紧张的台海局势，以及上市公司业绩对股价的驱动力下降，我们认为2008年市场涨幅将明显低于2007年，因此板块轮动和主题投资的节奏把握非常关键。

鉴于上面的分析，我们在2008年行业配置上更关注国家经济转型过程中新经济增长模式产生的业绩释放和行业利润变迁。

我们的行业研究员看好：1. 以关注民生为引导的居民消费和服务在未来相当长时间内的持续增长，建议超配零售、金融、食品饮料、医药；

2. 政府加大淘汰落后产能和促进节能减排产业发展的政策下，行业集中度提高、加快产业升级，相关行业龙头企业竞争力得到大幅提升，另外国内国际市场趋于一体化带来的投资机会，建议超配钢铁、水泥、造纸；

3 . 行业确定的增长和合理的估值，建议超配煤炭和机械设备。

以上就是富国对2008年市场的简单判断，我们真诚希望对各位投资者的投资有帮助，能帮助各位在2008年取得收益！

2007年对于不少投资者来说，是第一次接触基金，是“基金元年”，2007年，富国与您牵手，是缘分。我们希望2008年，我们能继续牵手，这是力量，携手向前的力量。

不能做拼命三郎，要像轻骑兵

陈礼华　长盛基金管理公司总经理

过去的一年是中国基金业快速发展壮大的一年，基金业资产规模超过3万亿，迅速成长为资本市场重要的机构投资者，并成功开启了基金管理的国际化之旅。2007年也是长盛基金公司实现跨越式发展的一年：年内公司封闭式基金——基金同智和基金同德顺利转型为两只百亿开放式基金；公司还喜获全国社保理事会新组合的管理资格，资产管理规模大幅增长，截至年底超过700亿元；管理的各基金业绩优异，2007年旗下基金共进行了15次分红，全年累计向持有人分红超过60亿元人民币，到2007年底仅公募基金就为投资人分红接近百亿；业务收入和盈利在风险管理水平大大提高的基础上大幅增长，为后续发展奠定了更加坚实的基础。

尤其可喜的是，长盛基金在新业务领域也取得重大突破：首先是双“Q”比翼——为境外投资机构担任QFII投资顾问业务再获进展，到年底已成功担任新加坡星展银行3只QFII基金的投资顾问；9月29日又在国内基金管理公司中首批获得中国证监会核准开展QDII业务资格，公司已正式聘请国际著名的高盛资产管理合伙担任国际投资顾问，目前正在积极筹备发行国内首只全球景气行业精选基金。其次，公司还担任国内多家银行和信托公司理财产品的投资顾问。公司专户理财业务也在积极准备之中。过去的一年中，顺利完成合资工作，外方战略股东新加坡星展银行的加入使长盛正在开始的国际化进程“如虎添翼”；大股东国元证券成功在A股上市，股东实力的增强也为长盛的长远发展提供了可靠的保证。

说到投资，经常会有许多持有人问我其中的真谛，其实答案很简单，那就是“组合管理、风险控制”。这实际就是基金的定义，它在大学一年级的教科书上都写着。组合就是避免单一，不赌个股；风险就是事物的不可知性，尊重风险就是尊重事物的不可知性。正如巴菲特所言，承担风险无可厚非，但把所资金都押在一只股票上那就是赌博了。

在证券业拼打多年，历经风云变幻，我越来越觉得这句朴素的格言中蕴含着深刻的道理。对于任何一个客户，不管他被界定为VIP还是普通投资者，只要时刻牢记这八个字，就永远掌握了投资的秘密。不过知易行难，记住这八个字容易，但照章办事，对于投资者来说，却有些难。原因有二：一是很多人不愿意做组合管理，更愿意听消息追风；二是不愿意面对风险，买错了也不减持。至于风险防范，由于市场上缺少健全的机制和制度保证，个人投资者更多依赖心理感受而即兴投资，这样很难做到杜绝风险。其实，世界上一切成功都伴随着风险，风险是不可消失的，但风险是可以分散转移对冲的，有投资就有风险。

对于广大中产阶级而言，由于事业有成，经济富裕，应该具备有计划、有目标、有方法的科学理财观，这样来为自己的完美人生打下坚实的经济基础。基金理财是一种很适合中产阶级的理财方式，但由于基金种类众多，风险收益的目标也很不一样，建议中产投资人配置一定比例的稳健收益类基金，如债券基金等等（比如40%），再配一定比例纯股型基金（30%）和股债混合型基金（30%），这样可以稳健获取收益，又可适度分散风险，在增加自己家庭财富的同时，又能专注于自己的事业，何乐而不为呢？

2008年，代表着中国基金业新的春天。按照中国证监会副主席桂敏杰的有关讲话精神，新的一年将积极推动基金法的修改，扩展基金业发展的法律空间；将大力鼓励基金产品、营销服务和业务形式的迎新，支持公司的多元化个性化发展；将推动基金管理公司组织制度创新，进一步发挥管理团队的创造力和活力；同时积极稳妥地推动海外投资理财业务，进一步提升行业风险控制能力，提高行业社会责任意识。可以预见，随着这些措施的逐步落实，中国基金业又将迎来一个历史性的春季，一个百花齐放、生机勃勃的新时代到来了！它恰如一个风华正茂的阳光少年，满怀理想站在洒满阳光的金色跑道上。

站在春天的门口，长盛对基金业和自身的发展充满信心。我们的信心来源于对中国经济和资本市场的长期看好，来源于法规、制度变革以及产品、制度创新给基金业带来的无穷活力和广阔空间，来源于我们始终坚守的理想和信念。

愿长盛基金管理公司与中国正在成长壮大的中产阶级，一起为理想、为事业而发奋努力！

债券基金是今年最佳投资工具

陈国杰 友邦华泰基金管理公司总经理

我从香港迁来上海工作生活已满两年。两年前，也就是我刚带着AIG的任命开始自己在友邦华泰的工作时，上证指数是1100多点，内地了解基金的人还不多，投资基金的更少。不过在经过了2006、2007两年罕见的大牛市之后，内地基金和投资业务的发展也有了颇具戏剧性的演变。最让我印象深刻的是，2007年“5·30”以来内地基金开户数持续激增。根据中登公司的统计，截至12月27日，当年基金新增开户数已超过2225万，创下了历年之最。这是我在20多年的从业生涯中从未遇见的。

记得2005年的时候，有一句口号叫“你不理财，财不理你”正开始流行。而眼下，《理财周报》所提出的“你可以跑不过刘翔，但你一定要跑赢CPI”越来越广为人知。两句口号讲的都是理财的重要性，但细细品来又会从中发现国人对理财的认知有所深入。前一句口号的诉求点在于积累更多财富，反映了理财在2005年时还被认为是部分人的额外需要；而后一句口号则显示出当下人们理财的第一目标是避免财富的贬值。你可以不求富贵，但却必须确保自己的劳动果实不被通胀侵蚀。简言之，理财在两年前是重要，现如今则已是必要。

从重要到必要，这一观念转变的现实基础就是内地高储蓄率及高通胀的客观情况。庞大的储蓄迫切需要通过资本市场来寻求出路，正因如此，十七大报告才出现了“创造条件让更多群众拥有财产性收入”的字样。

知易行难。两年来国人对理财的必要性已经了然，不过距真正的理性投资仍有距离。写作此文时，上证综指两年来收盘首破年线，大盘现出疲态，场中悲观气氛日浓，人气涣散。基金公司更是门庭冷清，虽然目前尚未出现大规模赎回，但申购量急剧萎缩显示了人们投资意愿在不断下降。2007年底，国内一家权威财经媒体做了一次网上调查，发现在9000多名受访者中，有接近60%的人有意于春节前将自己的基金赎回。也许9000人的样本不足以代表超过1亿的基民，可无法否认的是，随着预期收益的下降，国人对基金的热情的确正在降温。

友邦华泰从今年元旦后开始向投资者重点销售一只债券基金——友邦华泰稳本增利基金。尽管无法准确判断市场每次的涨跌起伏，但我和我的同事们都认为债券基金在2008年至少会是投资者很好的投资工具之一。在持续一个月的销售中，我们发现投资者对于“债券基金”这个概念并不十分了解，离认可就更远一点了。我们对这只债券基金的宣传投入甚至大过了我们以往对股票或偏股类基金的投入，但市场响应不算热烈，特别是在销售的初期、大盘尚未出现较大调整的时候。

这不能说不是一个遗憾。没人知道风险将在何时以何种方式出现，但可以肯定的是，风险总会来。分散风险，放眼长远，这既是投资者的金律，也是基金存在的最大价值。由于无法复制过去两年的超高收益而放弃投资基金，其实和为获得超高收益而进行基金投资一样，都是非常不理性的行为。理财目标的达成并非一蹴而就，而是贵在坚持。多年的退休金管理经验告诉我，再专业的投资者也难做到每笔交易都高抛低吸。对普通投资者而言，我们一直主张再好的市道也要注意风险，再坏的市场也要坚持投资——特别是在中国经济基本面并未发生逆转的时候，不要轻易放弃你分享经济繁荣的权利。每一个投资者都应当确立三个原则：配置组合、量力而为、目标长远，并在这三个原则下坚持参与投资市场。

面对2008年经济结构转型背景下宽幅震荡、结构性分化明显的市场格局，我们将继续坚持价值成长投资理念，以AIG独有的对成长公司判断的标准（EPIC体系）为研究准绳，运用价值投资与成长投资有机结合的三元复合投资评级体系，按照业绩驱动的投资原则，寻找未来两三年内具备业绩持续增长、估值相对合理的公司进行中长线战略性配置。并将2008年投资策略的核心定位为顺应转型趋势、把握经济结构调整中胜出的优势企业。所谓“优势企业”，主要是指具有较强成本转嫁能力及定价能力的内生性增长企业，以及具备整合资源优势的外延式增长企业。

按照策略核心，今年我们将考虑超配或者阶段性超配传媒、旅游酒店、通信、白电、医药、电力、电力设备等行业。

在目前市场环境中，投资者应注意保持合理的资产配置，在基金组合中配置一些投资特点稳定的中低风险基金是降低组合整体风险的较好选择。另外，长期持续的定期定额投资方式能够帮助投资者规避部分基金净值波动带来的风险，获得长期持续的稳健增值。

业绩高增长是下阶段投资主线

金哲非　国海富兰克林基金公司总经理

目前，我国的宏观经济依然高速运行，出于对流动性充裕局面依然未有改观、国际需求可能继续保持旺盛等情况的考虑，我们对未来经济继续高速增长依然有信心。我们预计本轮经济景气周期仍将延续至2009年上半年。未来半年经济增速仍将保持在10%—11%附近的快速增长区间，较当前小幅回落。

我们认为在将来的1—2年内，中国出现温和乃至显著的通货膨胀已无法避免。目前来看，引发通胀的因素既包括成本推动方面也包括需求拉动方面。但到下半年，涨价因素经过一定程度消化，物价涨幅可能回落。

出于对中国经济高速增长带来的上市公司盈利可持续增长的信心、负的实际利率和有限投资渠道导致的资本结构性过剩、以政府主导的价值创造为核心的产业资本证券化尚未达到高峰等积极因素的考虑，我们对2008年的市场表现继续持谨慎乐观态度。

而短期过高的估值带来的投资收益率预期降低需要时间来消化、高昂的指数需要消耗越来越多的新增资金作为上涨动力、股票供给加速增加等负面因素的客观存在，使得我们在乐观中保持相对谨慎和清醒。

对于2008年度的行情，我们认为资产价值重估和寻找价值洼地的阶段已经过去，相关板块的炒作可能告一段落；业绩高增长将是下一阶段的主线。因此我们提出通胀和本币升值受益、需求扩张和资产整合三大投资主题，作为寻找业绩高增长板块的线索。我们期待金融、地产板块的超预期业绩，此外也看好部分上游周期性行业未来一段时期的业绩表现，重点关注行业包括：金融（证券/银行/保险）、部分区域的房地产、农产品、特种机械、电力、钢铁、汽车、奢侈消费品等行业。

展望2008年，海外投资也应该成为大家关注的一个焦点。QDII产品是国内投资者参与海外市场的渠道，也许大家目前对QDII产品并不看好，因为发行的几只基金业绩跌破面值，但我们仍然觉得海外投资对于国内投资者来说可以分散风险又可以得到较好的收益。

首先，全世界范围内的投资市场很大。从2006年年底的情况来看，中国的股票市场和债券市场只是全球市场的2%左右，2007年的市场比较火爆，中国的股票市场仍然不到市场的5%，债券市场仍然只有世界市场的2%。

其次，看看中国是不是最好的投资市场。从2004年6月至2007年6月回报最高的国家是秘鲁、乌克兰和埃及，中国的排名是第30位。因此比中国好的投资市场还有很多。

当然是否投资海外还需要考虑人民币升值的问题。本币升值会刺激本国的资产升值，股市繁荣，从而提高投资本国的投资者的收益。但人民币升值是不是最快的呢？我们看几个国家的货币对于美元的升值幅度，过去三年内巴西和新罗马尼亚和哥伦比亚货币兑美元的升值是比较高的，巴西达到了60%，而人民币的升值是8.7%。因此对于这些币种升值较快国家的市场，是不是更值得投资者关注和投资呢？

从上述情况可以看出投资海外对于国内投资者来说还是有很大的潜力，无论是股指回报率还是货币的增值服务，从风险的角度来看，给大家一句话，这是邓普顿集团的创始人约翰·邓普顿的名言，“除非你的每一个投资决策都是百分之百正确，否则你就应该分散投资以降低风险”。

国海富兰克林公司的投资理念是，注重基本面研究，并实施严格的风险控制。实施严格的风险控制并不意味着我们的基金都是低风险低回报。风险控制的核心，是让基金经理了解投资组合中的风险点，检验预期回报和所承担的风险之间是否相符，同时帮助基金经理认识未来可能面临的风险对投资组合的影响，不会因追求短期的业绩和排名而不顾风险和投资者的利益。这一点对基金经理非常重要，对投资者也同样重要。

我们的经营理念是以顾客为中心，以双赢为目标，以诚信为基础，以质量为归依，祝愿大家在未来做好资产配置，合理分散风险，最终取得更好的投资收益。

财富之花永久美丽，须当树去养

高清海　泰信基金管理公司总经理

《中国证券报》的2007年度网上调查显示，有近五成投资人亏损，只有7%左右的被调查者明确表示其成功跑赢大市，全年收益在100%以上。而同期的偏股型基金的收益平均超过100%。这似乎很容易说明以基金为代表的专业机构战胜了广大个人投资者，也正如我们在2007年第一季度提出的一个分析结论，牛市只属于少数人。“多数人亏损，少数人赚钱”是市场铁律。2007年的证券市场，可以用“过程很新鲜，结果却在常态之中”来概述。

问题也许不仅这么简单就可以解释。

首先从2007年的预期收益看，投资满一年的多数投资人实际收益超过了预期。2007年当人们普遍接受一种所谓“点数不重要、放弃大盘看个股”的观念，指数悄悄打败了我们大多数人，包括机构和个人。2006年大多数券商研究机构对2007年的上证综指判断一般为上涨三成左右，远低于实际的点数。而那些接受这种预测的入市的投资者，如果满仓度过了2007年，毫无疑问对今年的基金业绩表现是应该满意的。

其次我们看看投资者亏损的具体原因，2007年买股票的投资人出现亏损，无非两种情况，选择了问题股或者虽然选择了绩优股但是入市的时机不理想，前者可能会有超过50%以上的亏损，而后者一般不会超过20%。选择基金的投资者出现亏损或者浮亏的，多数属于入市的时机点数过高造成的。无论股民还是基民都有出现亏损的第三种情况，那就是反向波段操作造成的了。波段操作难以操作的原因很多，我们已经多次在投资者交流活动中向大家做过解释。

最后，我们必须承认，很多基金的表现仍然离我们广大投资人的要求有很大的差距。有些基金的表现离市场的均值差距过大，有些投资人的预期收益过高，造成双方的差距太大，都属于“少数人”的范畴，在这里不讨论了。

但是，作为有史以来发展最快的公募基金，2007年与2006年相比，遇到了前所未有的机遇，当然伴随着同样前所未有的挑战，应对这些挑战的基金管理人无论大小应该说经验和教训都有一箩筐。比如：资产规模的扩张与基金管理能力之间的差距，业绩提升的愿望与风险管理能力之间的差距，客户数量的增加与客户服务体系之间的差距等等。这些问题我们也不同程度地遭遇到，成为影响广大投资人对我们工作满意度的主要障碍，为此，我们感到非常的遗憾和抱歉。

经过2006、2007两年裂变迅速壮大起来的中国资本市场如何演绎？奥运会是否成为"分水岭"？我们认为，十几年尤其是最近五年的建设，国内资本市场实现了重要发展突破，正处在从量的扩张向质的提升转变的关键时期。股权分置改革解决了各类股票的流动性，强化了上市公司各类股东的共同利益基础；经济高增长和上市公司业绩整体上表现良好带动了股市上涨；低利率增加了股市投资的吸引力；有限的投资渠道和股市赚钱效应加快了居民储蓄进入股市的进程。所有这些共同推动了资本市场的繁荣发展。2008年，这些因素不会发生根本性转折，牛市格局不会变。2008年作为改革开放30周年，也是经济转型之年，中国经济要走内涵式发展之路，"关注民生"、"自主创新"、"节能减排"、"协调发展"这四大主题会对国内经济、各行业发展、上市公司战略产生深远的影响，因此2008年以"科学发展观"为核心的政策思想，将在奥运之年起航新经济时代。

但是也要看到：中国资本市场与全球经济的联系日益紧密，外围经济的种种问题会直接或间接影响到A股市场走势。美国次债危机的蔓延导致的"1·22"全球股市暴风雪也袭击了国内股市，让投资人体会了自由落体的心惊肉跳。各种从紧货币政策出台和实施也将直接改变资本市场的投资预期和供求关系，调整资产价格水平和比价关系；再加上政府换届、股指期货等事件性因素影响，2008年市场的波动性及结构性特征或许更甚于2007年。因此，合理构造投资品组合应该成为2008年投资理财的重要前提，要更加注意投资安全，应该适当配置稳定收益类、较低风险资产，如配置型基金及打新型债券基金，再就是参加基金定投计划，熨平市场的波动。

2008年，泰信基金也满五周岁了。历经五年资本市场风风雨雨，泰信基金始终秉持诚信为先、稳健进取的理念，始终将投资人的利益放在第一位，旗下基金业绩及公司治理水平有了跨越式的发展，2007年5倍的资产规模增长及几何级数增长的客户数便是佐证。2008年，泰信将以奥林匹克精神"更快、更高、更强"为引领，以人为本，和谐投资，"雄关漫道真如铁"，2008仍须从头迈！

韩国最优秀的资产管理人"未来资产管理公司"的董事长写了一本书，名字叫做《金钱是一朵美丽的花》，但是我想，若要看到这花永久的美丽，恐怕得当作一棵树去养。

投资首先是科学，然后是艺术

陆金海　宝盈基金管理公司总经理

花开花落，股票市场涨涨跌跌，许多人觉得投资很容易，好像只要进入股票市场就能发财致富。作为一名专业的投资人士，学习了十多年的投资，还在想投资的本质是什么？我们应该遵循什么原则，采用什么方法，才能在市场中生存？

投资是在不确定的市场中的一个决策过程，在正确时获得收益，在错误时遭受损失。投资就是一个期望获取收益的同时，最大程度降低损失的过程。解决了不确定性问题，就可以达到无风险获取收益，进而进行复利增长。因此，投资过程就是一个不断降低不确定性，提高确定性的过程。

如何提高确定性？我们可以通过两种途径来解决。一种是投资研究，通过研究提高投资确定性；一种是风险管理，通过风险管理将投资可能存在的损失降到最低程度。因此，投资的本质就是在严格的风险管理体系下，不断提高投资决策确定性，达到一致性获利的目的。

投资是艺术，还是科学？我一直认为，首先是科学，其次才能称得上是艺术。投资决策过程是科学的，而千变万化的市场的不确定性，表明其艺术性。投资的魅力也正是充满不确定性。在不确定性中，我们如何判别一个投资决策收益是来源于运气还是能力？人们往往有一个心理倾向，总是希望证明自己的正确性，不愿承认自我的错误。即人们通常更倾向将运气当能力，而将错误的决策认为是运气不佳。

而这种倾向天生与贪婪是联系的，即在获取收益的同时，充满了自信，此时，只见收益，不见风险，认为已经掌握了市场与投资规律。为了博取市场中的每一次可能存在的收益机会，由投资逐渐转向投机，并进一步发展成赌博，本来是获取收益的投资，最终变成损失。收益是暂时的，亏损则变成了必然。我们其实是在与时间为敌，而与时间为敌的游戏是不可持续的，是一个失败游戏。即只要时间足够长，不尊重客观规律的赌博式的投机行为最终会使你被市场淘汰出局。

如何达到一致性获利？成为时间的朋友吧！只有成为时间的朋友，在风险管理前提下，资产就会随着时间达到增值目的。举例来说，对于价值投资上，我们要投资那些可以用时间换空间的优秀公司，尽管市场起起落落，有时优秀公司的市场表现比不上投机型的，但随着时间推移，金子仍就发光，泥沙将随着时间的考验黯然失色。相反，如果我们投资那些投机性的股票，虽然有时能给我们带来一时的超额收益，但经不住时间的考验。从时间的维度来看，暂时的荣华富贵，终将还回市场，一无所有。

做时间的朋友，还体现在保障资本是投资的第一要义。只有在保障资本的前提下，才能达到复利的财富效应。许多投资者抱怨投资收益不高，总想一夜暴富。殊不知不知怎样赚的钱，一定都会还回市场，正如赌场里赢的钱都会还回去的。试想，看起来每年不高的15%的复利收益，5年就翻一番，10年就4倍，20年就16倍。时间越久，投资收益的本金倍数就越高，复利的魔力通常是在许多年后才真正体现出来的。如果不成为时间的朋友，我们就不可能享有多年以后的复利财富效应。

想过没有，你在做一项投资时，能经得起时间的考验吗？你成为时间的朋友了吗？

我们经营公司又何尝不是如此呢？如果为了暂时的利益诱惑，急功近利，损害他人利益，将会失去信誉，路子越走越窄，社会提供的机会将越来越少。做人更是这样，“路遥知马力，日久见人心”。你能经得住时间的考验，就会得到他人的认同。

想到我们的核心价值观“上善若水，厚德载物”，我们不是在做时间的朋友吗？做到以人为本，成为投资者可以信赖的朋友，才能成为时间的朋友，才能成为百年老店，那是我们永远不懈的追求。

与时间为友，投资是简单的，投资是快乐的；

与时间为友，公司是简单的，公司是快乐的。

（80－年龄）%＝“股票＋基金”投资上限

李克难　信达澳银基金管理公司总经理

2007年，中国的经济发展迅猛，党的十七大所提出的“创造条件让更多群众拥有财产性收入”使基金投资日益成为中国普通百姓的首选理财工具，投资基金的热潮甚至带动了整个理财市场的整体繁荣。

作为基金行业的一支新军，信达澳银基金的每一位员工非常荣幸地见证了这一历史进程。过去的一年里，在与遍布祖国大江南北投资者的几百次面对面交流中，我们这些所谓“专业投资人”无时无刻不感受着投资者的信任和托付。当投资者把一个个具体的理财规划问题摆在我们面前时，我们所体会的除了感谢与感动，更多的是责任和鞭策。

理财规划其实是人生规划的一个重要组成部分。金钱不是万能的，但没有金钱是万万不能的。我们每个人在分享国家经济高速发展所带来的个人财富的不断增长的同时，也不可避免地面临着诸如高昂的房价、各种疾病的侵袭、养育下一代的高昂成本、养老金的不足……人无远虑，必有近忧。理财的根本目的在于获得财务安全感，进而从根本上保证普通家庭能够真正分享到经济成长所带来的种种好处。因而，我们经常建议投资者，必须尽早开始个人及家庭财务规划，将相当一部分收入用来投资而不是单纯的储蓄，而普通百姓的首选理财工具就是证券投资基金。

如何才能取得比较满意的投资收益呢？这里简单谈几点意见供投资者参考：

第一，积小流以成江海。有不少投资者问我“投资是否应具备起码的资金额度后才开始？”我的回答是否定的。只要留够基本的生活必需资金，随时可以开始投资，而且越早越好。当然，资金量越大，可选择的投资渠道越广泛，博取较高投资收益的概率也越大。但是如果瞧不上小资金，又因缺乏大额投资资金而放弃投资，就等于放弃了让资产自己慢慢长大的机会。

极少有人是天生的富翁，不应当让自己输在起跑线上。

第二，知己知彼，百战不殆。投资之前，一定要了解一下自己的风险承受能力和投资的资金安排，选择真正适合自己的投资产品。关于判断自己的风险承受能力，国际上有一个比较流行的计算方法就是（80减去年龄）%就是投资股票型基金、混合基金和股票等高风险投资产品的上限。因为我们的收入和风险承受能力是随着年龄的增加而降低的。在与投资者的交流中，我发现不少投资者在考虑买哪一只基金时做决策的速度不比买一棵大白菜慢多少，更有投资者在埋怨近期投资QDII基金赔钱的时候，甚至还没有搞清楚QDII到底为何许产品。这里我恳请投资者在选择产品时，请一定费些时间读一读基本的产品介绍资料，就算是决策失败也要明白教训在哪里，下次才能“技高一筹”。

还有的投资者心态不够稳定，频繁地查看基金净值、心情随着市场的波动而起伏，极易在市场的反复震荡中损失掉收益，扩大损失。这样的投资者不妨考虑“定期定额”的投资方式，小额长期投资有助于保持健康的心态。

第三，没有最好，只有最适合。经常有投资者问我，哪一个基金是最好的？其实，不同的基金产品有不同的风险特征，有不同的投资风格，也会分别适应不同的投资者需求。投资者首先要明确：“我能承受什么风险？具有多大的投资能力？投资周期能有多长？”然后对投资产品进行仔细分析，在适合自己的产品类型中选择投资能力强的产品进行投资。并不是以前投资业绩好的产品就一定是你需要的产品，高收益一定是和风险紧密联系在一起的。对于养老和子女教育等长期资金需求，适合利用定期定额投资来达到自己的理财目标。

第四，平和心态，长期投资。不少投资者在投资之初往往怀有“雄心壮志”，特别是近两年股市涨幅巨大，使得很多人在确定自己的收益目标时恨不得每年都翻一倍，而一旦遇到市场波动又乱了阵脚。其实，理性的投资者给自己设定一个略高于定期存款收益和经济发展速度的长期投资目标是比较科学的，也有利于保持一个良好的投资心态，更有利于取得好的投资收益。

近期市场的下跌和震荡却让不少投资者无所适从。其实，只要对中国长期经济走势充满信心，又何惧短期的震荡？

前面的路还很长，信达澳银基金愿意和每一位投资者共享理财硕果，构筑美好未来！

理财终极目标为了更美好的人生

李选进　汇丰晋信基金管理公司总经理

近几年，因为通货膨胀，因为资本市场的财富效应，因为人均收入的持续增长……使得古老的中国，进入了“全民理财”的时代，投资理财一时成为妇孺皆知、人人关心的话题。殊不知，理财文化，并非完全“西风东渐”，2000多年前，孔子就给后人留下了“君子爱财，取之有道；君子爱财，更当治之有道”的经典理财理念。

孔子当年的“治财”之道，便是我们今天的理财方法。何谓理财？理财不是单纯的攒钱，而是“生财、聚财、用财”之道。一方面是开源，寻找发现赚钱门道，积聚钱财，将个人资产不断升值；另一方面是节流，科学地分配财富，并合理地消费，提高生活品质的同时，不让个人资产无谓地流失。理财不等同于投资，理财的精髓在于用财之道，赚取钱财并妥当管理，而投资则是使资产增值的手段。从这个意义上讲，投资只是理财的一部分。

理财的最终目的是为了更美好的人生，因此，理财并不是富人的专利，将生活所需之外的余钱进行积聚、投资、管理，聚沙成塔、集腋成裘，才有可能最大化地提升财富，并实现最高的生活品质。所以，理财也是规划人生的一个方式。

许多人会将拥有一套属于自己的房子当作人生最大的理财目标，可是，当您在精打细算、经年积蓄、东拼西凑，终于买下了属于自己的第一套房子，还没来得及如释重负呢，却发现又有了小孩的教育、养老或其他新的目标？的确，理财将会伴随一生，大到购房、养老、子女教育，小到计划一次旅游、送一件生日礼物、收藏一件喜欢的艺术品，都离不开理财规划。

由此，您应该看到了理财规划的重要性。我建议您从人生的需求层次来划分，先做好几项重大的人生规划，并相应地制定理财目标，逐步实现，并渐次调整需求，不断地提升人生的品质。

首先，您需要为家庭成员购买保险。对安全的需求是人最基本的需求，所以，应为全家人购买合适的医疗保险，同时为家庭的主要收入创造者购买意外险，从而为生活提供最基本的保障。俗话说“人食五谷杂粮，孰能无疾？”但是，千万别因为家庭里的任何一员的医疗费用开支而影响正常的生活。目前中国医疗保障体制尚不健全，您可以选择购买一些商业医疗保险，为全家人的健康“保驾护航”。此外，在“上有老，下有小”的家庭中，为主要收入创造者购买重大疾病或意外伤害险，能保障在任何极端情况下，家庭成员能够得到基本的人生保障。

其次，为购房进行理财规划。拥有一套属于自己的房子，才有挡风蔽雨的栖身之所，有了安全感和稳定感之后，才能规划进一步的人生。为了准备购房的首期款，或者为了偿还贷款，您需要养成储蓄的习惯，这样无形中，就对不合理的消费进行了限制。此外，普通人都会进行住房按揭贷款，这可能是大多数人首次使用金融杠杆工具，而且可以提前改善生活品质。

第三，在保险和购房之后，您可以规划小孩的教育开支，将来的养老经费，或者是将家里的余钱进行投资，让您个人的财富也为您工作。

不同的目标决定了品种和期限的差异化，例如，为12岁小孩的教育经费而进行投资，和为2岁小孩准备的教育经费而进行投资的品种的选择就有很大的差异。一般而言，离目标期限越近，所承担的风险就应该越低。相比而言，为12岁小孩准备的教育资金的投资就应该选择风险程度较低的产品。作为时下最热门的投资品种，基金以其制度的优越、以其诚信的内涵、以其专业的品质，成为国民致富的有效途径。此外，基金的品种繁多，股票型基金、债券型基金、货币市场基金、生命周期基金，可以助您轻松规划，满足不同的风险组合。

如何实现以上三步人生的基础理财规划？何为实用而有效的投资理财之“道”？有以下十大金律供您参考：

第一，不要低估了自己对财富的需求。第二，只有投资才能抵御通货膨胀对财富的侵蚀。第三，投资要有计划，需要听取专家的建议。第四，投资越早，时间越长，回报越多。第五，养成定期投资的习惯。第六，敢于承担适度的风险，才可能获得更高的回报。第七，不同的人生阶段，应有不同的投资组合。第八，适度分散是对投资最好的保护。第九，不要选时，也不要追热点。第十，关注投资品种的内在价值。

“中产”目前也许是社会对家庭资产、创富能力的定义，而我更愿意认为这是一种生活方式的代表。在辛苦、劳作，为社会带来财富的同时，也为自己带来一定生活品质的财富基础。一个好的投资习惯，一个正确的投资理念，可能带给您意想不到的惊喜，甚至会改变您的一生。

最后，祝您在拥有正确理财规划的同时，拥有幸福美好的人生！

锁定通胀趋势的三条受益主线

许荣　南方基金管理公司投资部执行总监

对于2008年，A股市场单边大幅上扬的趋势将有所削弱，但是股票投资仍然是具有吸引力的资产。国内通胀的发展以及相关情景下的政策选择，将是2008年宏观经济及股票投资最大的不确定性因素。另一方面，宏观经济及股票投资的中长期基本面依然明朗，经济的结构性调整、制造业的发展壮大、企业竞争能力的提高等趋势非常明确，并且在大量上市公司的中长期持续增长与投资价值提高上同样明显。

但短期内，2008年中国经济面临着很大挑战：通货膨胀上行风险持续加大，紧缩性政策成为2008年的调控基调；结合外围经济的衰退可能，政策调控过度有可能导致经济的短暂失速。

外部因素方面，次贷影响明显超出2007年最初出现时的市场一般预期，并逐步从房地产次级贷款向消费类贷款蔓延。

国内方面，当前阶段经济仍然有很强的内生动力，我们预期2008年中国的投资和消费维持稳定快速增长。在偏紧的调控政策下，存在一种担心：如果外围需求出现衰退，而政策没有做出及时调整，出现调控政策的过度，从而导致经济增长的短暂失速。即使如此，我们也认为这种风险是短期且可控的，只要中国经济依然有很大活力，就存在很大启动内需的空间和条件。

2005年人民币启动升值进程以来，对美元显著升值，但由于人民币对欧元、日元等其他主要货币变动不大甚至还有所贬值，从而使人民币升值压力加大。在全球增速减缓的背景下，这种压力更是不可忽视。面对结构性通货膨胀，采取紧缩性金融政策，加快人民币升值汇率政策只是调节出口部门竞争力，缓解巨额顺差的手段之一，价格机制的重新安排也是重要方式，但是通货膨胀的发展严重干扰了经济结构的调整进程。

我们曾在2007年中期时深入研究了国内通胀的发展，我们的研究结果及判断明显不同于当时市场认为第四季度CPI数据将会见顶回落的看法。

一方面，国内多年以来一直在以较低或者说扭曲的人工、土地、环境、资源等要素价格推动经济的快速发展，并造成了资本要素极高的回报率，资本与劳动力、资源等要素的价格对比与投入回报率差距不断拉大。而随着经济的发展与累积，这种不同投入要素间的对比关系已经进入重新调整的阶段，这是近年来通胀逐步提高的中长期暗示。

另一方面，2007年以来，更直接的是农产品价格所主导的通胀。在食品价格和居住类价格上涨的背后可能存在着更深层的原因：国内长期的过程中形成的城乡收入差异，农村劳动力向城镇的转移使得从事农业生产的农产品的需求总量持续增加。按照统计数据，实际的农村劳动力仅占劳动力总量的20%，人口迁移接近尾声。而国际能源价格的走势及气候因素则对农产品价格起了进一步推动的作用。

面对阶段内以农产品价格所主导的通胀压力，我们预期将在2008年尤其是上半年将看到大量价格管制的现象，而不是像许多外部券商所预期的价格机制市场化改革。如果通胀有进一步失控态势，央行将不得不采取更加激进、严厉的调控手段，从而牺牲经济正常运行、放弃要素价格改革与经济结构调整，上市公司的业绩表现自然也会受到影响，同时投资人的投资成本会提高，市场资金面也会有紧缩趋势，总之恶性通胀是资本市场的敌人。

乐观的方面是，当前中国经济处于加速转型期，经济结构调整、产业升级的趋势明显：由于人民币升值压力、出口壁垒日益加大以及外需减弱导致出口增速放缓将是必然的趋势，而固定资产投资增速将继续受到宏观调控部门的严格控制，但消费增长有望持续较快增长，内需在GDP构成中的贡献将提升，经济增长更趋均衡。同时，人民币升值的累积效应正在促进出口产业的升级，环境、能耗标准提高也有利于淘汰落后产业，中国经济增长的效率和质量正在逐步提高。

因此，外部因素将对2008年国内经济及A股市场造成极大的拖累，但还不足以逆转A股的趋势。2008年宏观经济及股票投资最大的不确定性因素是国内通胀的发展以及相关情景下的政策选择。

相比2006年、2007年两年，基于宏观经济判断的资产配置、个股选择的主动管理的超额收益在2008年将会更为重要。在行业方面，我们看好在结构性调整、从劳动密集加速向资本技术密集转变背景下发展壮大的制造业（涉及机械、化工、有色金属、家电、汽车等行业）、供给持续紧张及通胀趋势下的大宗商品（农业及农产品）、经济结构调整中的以内需为主的持续受益行业。

最后，我们对投资者的赠言是：“投资遭受损失并不是因为投资者对有些事情不了解，而是由于投资者自以为有把握的事情出现了意外。”

理财：终其一生的成功需要

吴欣荣　易方达基金管理公司研究部总经理

投资是什么，理财是什么，每个人都有自我的理解。在我看来，我们人生中每一个决策，可能都是一种投资——对未来财富的投资、健康的投资、感情的投资。而理财，则是对财富的一种理性而负责任的生活态度。面对纷繁复杂的经济，面对起伏多变的股市、楼市，面对越来越真切感知的通胀，越来越复杂的货币购买力变迁，如何捍卫财富、保值增值，已经是切实而紧迫的事情了。对于很多人来说，2007年，可能就是他终其一生的理财生涯的开始。

作为基金经理，我们承载的是投资者对股市投资理财的需求。2008，已经完全不再是高歌猛进的2007特征了。复杂难辨的世界经济、左右为难的宏观调控、居高不下的股票估值，无不为2008年的股市投资增添更大难度。在如此复杂的背景下，市场的不确定性大大增加，股市投资的风险将明显加大，只有以更明确的价值来抵抗如此众多的不确定性，才能立于不败之地。在这样一个微妙多变的阶段，作为职业经理人，唯有打起十二分精神，以更深入的研究、更前瞻的判断、更冷静的思考、更灵活的操作，才能在此过程中回避风险，实现资产的稳健增值。

当前，市场震荡幅度越来越大，结构分化更为明显，个人投资难度明显提高。面对如此众多的不确定性，2008，大家如果选择继续参与股市投资，是该重点考虑基金投资了。风险收益的不对称，已经给个人股市投资带来巨大的难度。选择投资基金，是我对2008股市理财的忠告。

因为价值精选，因为易方达，我们联系在了一起。希望我们能成为您长期的理财伙伴，成就您的财富人生！

你完全可以成为投资大师

刘明　大成基金管理公司投资总监

关于投资，我想告诉中国3000万中产家庭朋友，投资并非秘不可测，遵循大师投资五要义，每个人都可以成为投资大师：

一、只投资自己熟悉的行业和公司；二、在股价相对低估的时候买入；三、看对的时候敢于进行大投入；四、看错的时候及时果断改正；五、每一笔投资都坚持以上四点。

2008年，应该在哪里挖掘机会呢?

由于2008年上半年CPI持续超过8%，为近10年来高点，显示出经济的过热倾向和流动性过剩局面，紧缩预期强烈，宏观调控力度加大，央行在2007年12月进行该年度第六次加息，同时人民币升值加快，汇率手段得到充分应用。在大盘回落的过程中，蓝筹股调整幅度相对较大，估值水平下降，股市泡沫在一定程度上得以消除。伴随资本市场的繁荣，以中国石油、中国中铁为代表的更多优秀公司在A股上市，证券市场作为国民经济晴雨表的作用得到加强。

经过半年多的调整，市场在相当程度上回归理性，进入2008年，市场的估值有了新的参照系，对收益率的预期要降低。对股市上升空间的判断仍然主要关注基本面因素。2008年是奥运年，经济繁荣预期依然存在，但在偏紧的货币政策和控制固定资产投资增速的大环境下，经济增幅可能略有回落。在美元降息国内加息背景下，再加上人民币升值预期，国内流动性控制的任务依然艰巨。

2008年的市场有很多不确定性，而聪明的投资者就应该在众多不确定性中寻找确定性。

首先，建议超配增长确定性最高的内需行业，食品饮料、零售、医药行业中具有估值优势的龙头公司值得关注。尽管在美国经济的影响下，中国的出口可能会受到一定的负面影响，然而拉动经济增长的另一个引擎——消费在2008年依然快速增长，特别是在牛市的第二阶段，财富效用带来的消费升级趋势明显，高档消费品的增长速度超过30%，消费的快速增长已经成为2008年最具确定性的事件，因此我们看好所有内需拉动的高档消费品行业，包括食品饮料中的白酒，零售行业中的百货、医药、航空等。

第二个确定性较高的行业是金融业。在2008年，建议超配增长确定性比较高，市场需要消化短期不利因素的金融行业。

在内需消费行业之后，金融业未来的增长确定性也比较高，其中最大的原因是对中国经济高增长趋势的判断。由于金融业特别是银行业是一个与经济高度相关的行业，经济的高增长意味着企业融资需求上升、银行不良资产率下降，而银行业的利润增速也值得期待。从其他国家的经验来看，经济增速与银行利润增速基本同向变动，宏观经济是银行业“晴雨表”的结论是基本成立的。

第三个机会在出现景气拐点的航空业。航空业可作为未来增长趋势确定的内需类行业，因为航空业的需求一直保持稳定增长，造成航空业利润大幅波动的主要原因在于飞机供应数量的变化上。但从2007年开始，全球飞机供应出现严重瓶颈，行业供不应求局面已成定局，航空业景气周期从谷底走出，如果没有突发性的自然灾害，未来行业景气周期有望持续至2010年以后。

从行业需求来看，从2006年第四季度开始，全球航空业的需求快速上升，航空公司通过自身运营的改善终于从亏损中走出。而中国航空业则更加乐观，民航需求一直维持15%以上的较高增长速度，并且由于财富效用以及人民币升值等消费拉动因素，国际航线的旅客增长开始加速，成为航空旅客吞吐量新的增长动力。

第四可看好钢铁行业中的优势企业。在美国经济的拖累下，欧洲、日本等主要发达国家的经济都会受到不同程度的负面影响，但是需要注意的是，在IMF大幅下调美国等发达国家经济预测的同时，却大幅上调了OPEC国家的经济预测，高油价带给石油出口国的财富效用并没有因为美国经济放缓而消退，石油出口国的经济依然强劲。而我国的机械产品最主要的出口国则是亚非拉地区，从这个角度而言，目前市场最为担心的机械行业可能并不会如市场所担心般在“次按”风波受到巨大打击。

最后，建议回避不确定性最大、业绩存在下降可能的出口相关行业。在前面提到的各种确定性之外，由于美国这一轮“次按”危机最后的影响尚无定论，美国经济放缓程度也存在争议，中国出口，特别是面向美国的出口不可避免将受到负面影响，因此我们建议回避一切外向出口型行业，特别是对美国依赖程度较大的家具、纺织、电子行业。

我对QDII的认识

杨逸枫　上投摩根基金管理公司投资总监

2007年，随着QDII的开放，境外投资开始走进国民的视野。监管层陆续批准了几只QDII基金产品的发行。各基金公司正在致力于为国内投资者提供海外投资的专业渠道，投资者也将有机会分享周边国家经济发展的投资良机。只有放眼海外，才能把握财富未来。

近两年国内A股市场涨幅较大，2006年上证指数涨幅达到130%，投资者收益颇丰。但是随着A股市场整体估值水平日益走高，系统性风险逐步加大，控制风险、确保稳定收益的难度也日益加大。

通过全球化的资产配置，可以有效分散单个市场的投资风险，而且有助于获得更稳定的投资回报水平。除此之外，全球经济存在轮动性增长，而且亚太地区对全球经济增长率的贡献度也变得越来越大，使得投资亚太市场意味着投资全球最具活力的区域。在亚太区域开展跨市场的投资，将有助于扩充投资者可选投资行业的范围，增加产业的异质性，也可以丰富基金公司的投资链，获取更稳定、丰厚的收益。

个人投资境外市场风险重重。与之相比，具备QDII资格的专业机构拥有通畅的信息渠道、丰富国际市场投资经验和过硬的专业素质，较个人投资者明显有优势，因而能更大程度上为投资者提供较高收益、较低风险的投资理财服务。

在注重各区域市场环境、政经前景分析，并强调上市公司品质与成长性结合的情况下，上投摩根将采取以下投资策略：

就配置方法来看，在亚太地区经济发展格局下，通过自上而下分析，甄别不同国家与地区、行业与板块的投资机会，考虑国家与地区的资产配置，决定行业与板块的基本布局，然后从中初步筛选出具有国际比较优势的大盘蓝筹上市公司，同时采取自下而上的选股策略，注重个股成长性指标分析，挖掘拥有更佳成长特性的上市公司，构建成长型上市公司股票池。最后通过深入的相对价值评估，形成优化的核心投资组合。

规避汇率风险方面，QDII基金可采用三重手段来加以控制，具体来说，包括对不同货币区域进行权重配置、结合不同国家和地区汇率走势的相关分析以及利用衍生工具制定动态避险组合，通过三重保障来确保QDII产品对冲后的人民币收益。

就当前全球市场形势而言，我们认为，从美国金融体系来看，银行取代商业票据市场为企业提供资金，次级债并没有大幅损害银行的贷款能力，预计次级债危机演变成为信贷危机，进而损害经济成长的基石的可能性不大。美国经济可能会出现一到两个季度的放缓，但“头过身体就过”，只要平稳度过第一季度，全年行情将非常明朗。

新兴市场对全球经济的拉动已经非常明显，中国、印度等亚太市场在2007年的经济贡献中排名靠前，预计美国次级债对亚太市场整体影响不大。此外，在美元贬值、美国降息的大背景下，新兴市场股市很有可能是国际资金流动的主要去处。在资产配置方面，建议关注亚太区域中人口多、内需增长前景广阔的市场或行业。亚太区域高成长、低估值的环境将会使更多具有核心优势的公司脱颖而出，带来新的投资机会。

只关注国内市场将使我们错失分享周边国家经济红利的良机。只有放眼海外，才能把握财富未来。祝愿各位能在充分控制风险的前提下取得理想收益！

2008年的结构性和阶段性机会

余荣权　国泰基金管理公司投资总监

2007年A股市场在经济高速增长、上市公司盈利惊喜连连、资金充裕、人民币升值等多重利好因素的推动下大幅上涨，但在2008年中除了人民币加速升值这一利好因素在强化之外，其余利好因素都在弱化，所以2008年市场再现2006年、2007年辉煌的可能性比较小，预计2008年全年市场整体会呈现宽幅震荡的走势，但其中仍然具备很多结构性和阶段性的投资机会。

中国经济在2008年将面临外部需求减弱和内部宏观调控力度加大的双重压力。外部方面，美国次贷危机的负面影响在2008年仍将延续，发达国家的增长也将有所回落；内部方面，国家为防止通货膨胀和经济过热，将加大宏观调控力度，实行从紧的货币政策，并加快人民币升值步伐，加大信贷增长的行政调控力度，因此预计2008年中国经济将面临小幅调整，但投资和消费仍可望保持高增长态势，进而使经济增长回落的幅度有限，企业盈利增速仍可能达到30%以上。

判断2008年市场的大致脉络，我们主要考虑以下几个重要的时间点：一是2007年报和2008年一季报密集披露的3、4月份，二是明确股指期货进程的日期及最终的上市日期，三是8月份的北京奥运会。在关键时点和关键点位的资产配置的调整对2008年的收益非常关键。

基于2008年估值回归压力较大的判断，我们建议采取注重防御、适度进取的基本投资策略。注重“防御”就是针对估值回归的压力去选择低估值、低涨幅、更具安全边际的行业，个股选择也要采取更为严格的估值标准；而进取主要体现在阶段性策略和主题投资方面。

2008年主要把握两类投资机会：第一类是业绩能够持续增长且估值没有显著高于国际市场的大盘蓝筹股；另一类是最近股价下跌较多但基本面和估值具有一定优势的中小市值公司，这很可能是2008年超额收益的主要来源。在投资主题方面，主要强调内需、人民币升值、技术创新、节能环保减排、股指期货、整体上市以及台海关系和奥运等。

在行业配置方面，根据数量指标分析，再结合上述的投资主题，我们建议重点配置的行业包括金融、房地产、食品饮料、零售、交通运输、机械、钢铁、电力和医药行业，对2007年涨幅较大的有色和煤炭行业则持谨慎态度。

在投资主题方面，我们主要强调内需、人民币升值、技术创新、节能环保减排、股指期货、整体上市这几个主题。另外我们还关注奥运、台海缓和、3G、军工等多个主题。

内需主题：受美国次级债风波和国内从紧货币政策的影响，2008年出口和投资增速有望回落，而内需消费服务则较少受到冲击。而中央经济工作会议中提出的关注“民生”和提升政府公共财政职能的要求都将加大国家在医疗、教育、社会保障等方面的投入，将进一步促进国内消费。消费服务业股票将能够享受“稳定”溢价，成为防御市场波动的良好品种。

人民币升值主题：人民币升值速度2008年有望加快，尤其是对欧元、英镑将由2007年以来的贬值转为升值。金融、房地产、航空等行业将继续从中受益。再加上金融、房地产龙头公司超越市场的成长性以及低于市场平均水平的估值，相信金融、房地产行业将继续成为机构主要配置的品种。航空股也存在阶段性的投资机会。

技术创新主题：中央经济工作会议强调要推动自主创新，促进技术进步和产业升级，结合创业板的推出，有技术创新能力以及创新经营模式的公司会受到投资者追捧。筹备多年的创业板有望在2008年正式上市，这将引来市场对优质中小企业和细分行业龙头的关注，其中一些具有持续成长性和较低估值的股票将有望获得超额投资收益。

节能环保主题：我国经济的快速发展对能源、环境提出了严峻挑战，节能、降耗、保护环境已进入党和国家重要的议事日程。进入2007年，特别是下半年以来，节能减排政策得到了持续、深入的推进，出台了多项政策，并且对各地方政府就节能减排指标的完成立下了“军令状”，由当地第一把手直接负责，实行一票否决制。

因此，关注两类投资机会——第一类是节能设备制造、建筑节能材料、传统能源替代、可再生能源设备等领域的投资机会。第二类是“两高一低”行业中限制投资和行业整合对现有行业龙头带来的投资机会。

股指期货主题：我们很难预测股指期货推出的具体时点，但基本判断是时间表确定后市场短期会出现上升态势，并带动沪深300成分股中大盘蓝筹股的上涨。

整体上市和资产注入主题：在高估值的大环境下，单纯依靠内生性的增长已很难支持目前大部分个股的股价水平，只有靠外延式的资产注入才能实现盈利水平的飞跃式提升，从而对股价形成新的推动力。

在寻找潜在的投资目标中，我们特别关注有中央直属企业背景的上市公司。相信在强有力的政策推动下，央企整体上市的步伐肯定会加速，中国船舶和中国远洋已经做出了很好的示范作用，未来市场中这样的投资机会更多，这主要依靠自下而上的个股选择。

2008年股市波动会大于2007年

许春茂　光大保德信基金管理公司投资总监

分享中国经济增长、实现财富增值的一个重要途径就是在资本市场上和中国的优秀企业共同成长，基金作为一种专家理财产品，是一种很好的桥梁。

有一份权威机构调研的《2007中国富裕人群研究报告》显示，基金买卖作为中国中产阶级在银行最常使用的投资业务，遥遥领先于其他同类业务，成为中国中产阶级理财新宠。这份调查报告是在北京、上海和广州三地对790名个人资产在100万元人民币以上的人群所做的研究报告。受访者为25—45岁，是个人或家庭资产管理的决策者或参与者，其中女性占34%。

2007年，光大保德信旗下基金表现可谓优秀，光大保德信红利更是首次跻身金牛基金之列，以175.49%的收益率位列股票型基金收益率第四名。光大保德信的基金客户也越来越多，客户的不断增加，是对一个资产管理人的一种信任，也是一种考验。

基民的增多需要基金公司、基金销售渠道、媒体等多方市场参与者加强服务意识。目前市场波动在所难免，普通的散户投资者越来越感觉到选股难，因此，每一次股市震荡，散户就会投向机构，这是一种趋势。从美国股市发展历史来看，股民转向基民是一个大趋势，越是在股市大幅震荡的时期，选择转换为基民的股民投资者就会越多。目前，我国的股票市场不论从长期资金入市规模还是市场效率以及投资者的成熟度来看均有待发展，未来的趋势是个人投资者将渐渐退出股市，更多以投资基金的方式进行间接投资。

光大保德信基金认为，2008年市场的波动程度可能大于2007年，因此，投资者今年在投资基金时，需要以更严格的眼光来挑选和组合基金，尤其要关注基金的业绩持续性。业绩持续性是指基金未来业绩和基金过去业绩之间的一种相关性，也就是说基金当前的业绩对未来业绩的某种揭示作用。尽管发展已经十年的中国基金业整体上还不具有特别明显的持续特征，但就单只基金而言，从2006年以来的业绩表现，已经可以在一定程度上体现一只基金的盈利能力，并且在基金经理的竞争中体现出了差异，因此建议投资者不要只关注长期业绩，更要关注基金的业绩持续性。

另外，在经历了2007年的赚钱效应之后，投资者在2008年更要清晰自己的投资目的，并根据承受能力，避免情绪化投资。如果是为了保本，并且风险承受能力较差，最好选择债券型、货币型基金；如果有一定风险承受能力，想获得较高收益，可以选择混合型基金；只有抗风险能力很强的投资者才适合投资偏股型基金。而且，要注意合理搭配基金组合的风格，对于基金风格的配置，可以采取不同的思路。一种思路是可以对各种风格的基金进行相对均衡的配置；另一种是可以选择稳健风格作为组合的基础配置部分，以相对积极的风格作为组合的灵活配置部分；还有一种思路是根据对市场的主流投资风格的判断来变化组合的重点配置基金，当然，这需要很强的市场洞察力，资深的基民才可以尝试。

最重要的在于，投资者在购买基金的时候要有心理上的准备，做“长期作战”的打算。相对于考虑买基金的时点问题，现阶段更应该有配置基金的心态，最好是定期定投，用一种制度性的手段对基金进行长期投资。投资基金，更应该了解基金公司的整体风格和特点，甚至要仔细阅读一下这只基金的契约，了解一下基金经理的风格。在市场的演进中，基金的表现肯定会有分化，所以现在选择基金更要多花些功夫。

作为一个职业基金管理人，我一直小心翼翼、如履薄冰，希望能使得投资者的资产得到稳健的增值。对于选择投资标的，我始终坚信看得更远，才能站得更高。所以，我调研公司的最后一个环节，一般是和公司的领导人一起畅想这个公司五年后能做到的规模和境界。市场的起伏是常态，但是，我们依然看到了一批优秀的上市公司在行业的竞争中脱颖而出，稳健成长，其股价走势也超然于市场的波动与烦躁，每年都能为投资者创造稳定收益。如果能寻找并把握这样一些看不到目标价的上市公司，投资的过程是一种乐趣，投资的成果也必然是一种超越。在这样的找寻与坚守中，我们需要见于未萌的智慧、见微知著的细致，更需要敢于坚守的恒心与毅力。

对于2008年的投资环境，我的看法趋于谨慎。无论是内部环境还是外部环境，均有诸多隐忧。美国经济的放缓可能间接影响国内出口部门，而次贷问题、美元贬值等问题，均是中国经济发展背后的暗礁。从内部环境看，宏观经济面临的调控压力和经济过热形式同样严峻。在此环境下，股市的收益率将趋于理性，2007年的暴利时代可能就此告一段落。具体到行业，看多金融、地产、化工和医药，一些投资主题，诸如奥运、环保、科技创新等，但其中不确定因素较多，只能少量参与。

但我们认为，中国经济虽然面临外部不确定因素的扰动，但是基本面依旧良好，人口红利远未结束，本币升值进程持续，内需越来越成为经济转型增长的内在动力，政府完全有能力调控经济持续增长。近期出台的一些价格管制措施虽然短期会影响部分行业的盈利增长，但是对于总体盈利增长影响不大，沪深300指数目前的动态PE在25.5倍左右，对于新兴市场而言已经具有很好的投资价值，我们对大跌之后的股市持乐观态度，将坚持既定策略继续投资。

在不确定中寻找确定

曾芒　长信基金管理公司投资总监

事实证明，像2006年那样由于特殊政策环境所主导的单边牛市行情将很难再现，2008年中国证券市场将呈现阶段震荡的特点，并将面临一个不确定的世界。

这种不确定性集中表现为美国经济的两大支柱——居民消费和制造业近期开始呈现疲态，而金融市场也脆弱不堪。

而从世界经济来看，随着各国金融机构和政府部门相继采取应对措施及市场对危机的消化，美国次级债危机对市场的负面影响将会被限制在可控范围内，特别是对中国影响有限。

虽然世界经济由于次债危机受到了一定程度的伤害，但长信基金依然看好2008年的中国经济，预期2008年中国经济将小幅回落并高位启稳，GDP增速仍将达到10%以上。

2008年，长信基金看好四大投资主题：（1）人民币升值。人民币升值预期不改，升值速度将加快，预计全年累计升幅将达到8%—10%。（2）通胀。在通胀压力不减、实际利率为负的背景下，抗通胀仍将是一个重要的投资主题。（3）内需。看好受出口减速影响较小、增长较为确定的非贸易品行业，坚持看好“人口红利”下的金融服务和地产行业。（4）增长方式转型与政府投资。节能减排、奥运工程、高铁建设、城市轨道交通等为相关行业提供了良好的发展机遇。

2008年的证券市场是一个不确定的世界，充满了各种各样的变数，但只要把握住了核心的投资理念，并严格遵循，依然可以在不确定的世界中通过合理的理财方法寻找到属于自己的那份确定收获。

中产阶级是一个国家经济发展的稳定力量，往往对一个国家社会、政治、经济的繁荣稳定起到关键作用，党的十七大报告中所提出的“增加居民财产性收入”观点，也正是希望民众通过合法、合理、合适的渠道投资理财，在此基础上，使更多人迈入中产之列。

就2008年的市场而言，新老基金投资者都应该抛弃那种盲目购买的冲动，而应增加一份理性和审慎。市场环境和结构的变化，使证券市场乃至基金不可能成为催生一夜暴富神话的摇篮。特别是2008年1月，受十年难得一遇的国际市场局部金融危机（次级债）冲击及国内百年一遇的大雪灾的双重打击，市场出现了较大的回调，市场估值水平已经回落到沪深300指数2008年动态PE24倍水平。有了这种清醒的认识后，长信基金建议投资者可以从以下几方面来制订2008年的基金投资策略：

首先，明确自己的风险承受能力，选择合适自己的产品。中国基金业经过10年的发展，产品种类日益丰富，基本涵盖了目前国际上主要的基金品种，股票型、债券型、混合型、配置型每一类都有大量的产品可供投资者选择。这种情况下，千万不能被“乱花迷眼”，而应该根据自己的年龄、家庭理财目标、财务收支情况、风险偏好等方面综合考虑，然后再选择合适的产品，做到心中有数。

其次，选择投研团队实力较强，整体业绩较好的基金。在市场情况更为复杂的2008年，基金管理公司投研整体能力的强弱，将更大程度上左右投资者的成败。

第三，重视防御性配置，建立合理的基金投资组合。A股市场的波动性越来越明显，像往年那样把所有资金都集中投资于股票基金，风险无疑很大。市场的系统风险虽然难以避免，但可以通过配置防御型基金品种，来适当抵御风险。目前市场上的各种债券基金、保本基金、部分混合基金都是不错的防御型品种，投资者可以根据实际需求进行搭配。同时，货币基金的高流动性、低风险性和相对稳定的收益性也是理想的中短期现金管理工具。

第四，合理运用定投，以时间换空间。证券市场的复杂和魅力在于没有任何人能做出完全准确的预言，受市场影响，基金净值的高低也很难完全估算，因此也就没有人完全能掌握最理想的基金申购和赎回价位。但是，通过基金定投，不仅可以以不变应万变，通过时间来稀释风险，同时，又能形成一种强制储蓄习惯，帮助一些“月光族”积少成多，成为理财好帮手。

结构性市场的调整令人不免心生惶惑和犹疑，但中国经济健康、稳定、快速发展的车轮，在未来相当长时间内还将继续向前滚动，成为世界经济体系中一道亮丽的风景线。如果您对中国经济的前景抱有充分的信心，就可以通过投资基金，由专业人士帮助管理您的资产，共同分享中国经济腾飞所带来的收益。时间早已证明，不管外部环境如何具有不确定性，但通过投资理财实现财富的保值增值则是社会经济发展的一个显著标志。

优质机会像金矿一样稀缺

吕晓峰　申万巴黎基金管理公司研究总监

在“跑赢CPI”的压力下，投资理财已日益成为包括中产阶级在内各个社会阶层生活中不可或缺的一部分。

2008年股市，我们认为中国经济当前面临着准“滞胀”风险，宏观政策将会左右中国经济的走向，但我们相信中国政府有足够的资源来创造需求拉动经济增长。从时间分布上来看，上半年的消费和下半年的投资将会是宏观经济的关注点，而政策主导的经济结构调整也将会带来一轮社会利润的重新分布，这会为部分行业带来新的增长机遇。

2008年可以预期到的影响股市的因素包括宏观调控、股指期货、奥运会、次级债危机影响等，从而令2008年股市的波动性大大提高。另外，伴随着小非减持高峰的到来和大非减持的序幕拉开，股市的资金供求在边际上更加趋紧，同时投资者在股市大幅波动中风险意识也得到了增强，股市估值水平再进一步提升的空间并不大。企业盈利的增长将成为推动股市上涨的最主要驱动力。优质的投资机会将像金矿一样越来越稀缺，A股将进入结构性牛市阶段。尽管2007年市场各板块整体表现都很好，但2008年的A股结构性牛市更适合那些专业“掘金者”，既找到投资金矿，又减少无用功，同时避开市场中的雷区。

由于2008年的市场将从指数大涨的全面牛市转向板块轮动的结构性牛市，中小投资者依靠自身力量选择股票的难度将会不断加大，基金的专业理财能力会比2007年有更显著的体现。大浪淘沙的市场环境下，我们更应该充分借助专业“掘金者”的优势，以分享震荡牛市的机遇。

作为基金投资者，在目前的市场状况下应该避免盲目投资，根据自身经济状况投资合适的基金品种，这样即使市场下跌，也能保持良好的心态。申万巴黎建议从以下四个方面，完善您的2008基金投资之道：

一、保持理性，制定合理的投资目标。2006年以来，证券市场升幅可观，从而带动基金业绩出现爆发式增长，2007年开放式股票/混合型基金的加权平均收益率超过了120%。而像美国这样的成熟市场，近10年的平均收益率仅为15%左右。因此，由于市场推动因素导致投资基金的超额回报有着历史阶段的独特性，基金投资者要适当降低未来基金投资收益的预期，持续的高回报显然是不现实的。把基金投资作为保值增值的理财工具，制定合理的投资预期，以免因为市场的震荡而消磨基金投资热情。

二、面对震荡牛市，首选仓位灵活的偏股混合基金。在过去两年的大牛市中，很多投资者都不认同混合型基金的表现，认为其“涨幅太慢”、“收益不如股票基金”等。从目前现状看，由于国内大部分投资者还缺乏丰富的投资经验，对风险的预判和承受能力也明显不足，混合型基金的稳健表现其实更适合这类投资者参与。由于2008年市场面临各种事件和市场行为的冲击，诸多不确定因素将进一步加剧市场震荡幅度，配置稳健、波动相对平稳的混合型基金才能有效抵御市场的波动。

三、控制风险，构建有效的投资组合。面对结构性牛市特征越来越明显的A股市场，各类基金的净值表现日益分化，投资基金并非只赚不赔，内在风险正逐步释放。虽然我们可能无法避免市场下跌而带来的净值缩水、收益减少，但投资者可以通过构建有效的投资组合，调整高风险的股票型基金，适度配置风险较低的债券型和货币型基金产品，避免把筹码都押在同一类型的基金上。当市场出现激烈震荡，我们建议投资者不必急于赎回基金，可以考虑自身的风险承受能力，及时调整投资组合。例如可以将手中的股票型基金转换为混合型基金或者偏债型基金，待市场调整到位之后再进行逐步转换。

四、坚定信念，追求长期的投资回报。持续的震荡、调整会穿插于2008年结构牛市行情中，只有长期持有优质品种，才能在2008年的资本市场中分享到更多的投资收益。挑选到合适的基金，在基本面没有改变的情况下，坚定不移地持有，以静制动，等待丰厚的回报。多数人总以为自己能够在最低点买、最高点卖，但实际上往往是事与愿违，波段操作常常造成踏空或者低位赎回。对于基金投资者而言，不需要过于频繁地操作，以免无意中错过了收获期。坚持长线投资，不仅投资成本低、花费的精力少，而且收益稳定可期。

在通货膨胀、购买力不断下降的大背景下，投资理财已经成为一种必然需求。鉴于中产阶级家庭奔波于忙碌的工作中，在专业知识和市场信息等方面都不处于优势，那么投资基金应该是不错的选择，借助基金公司专业的投资队伍，稳定分享中国经济黄金时代的财富成长，让生活不再被投资所困扰，享受轻松理财的幸福生活。

第五部分

投资家

把握奥运主题转换机会策略投资

丁福根　价值投资网CEO

2008年中国股市形势如何？机会何在？该采取何种投资策略？我认为应以主题精选策略投资为主，把握奥运前后主题转换的机会进行策略投资。

经过2007年投资者风险教育活动的开展和大市值蓝筹股的降温，股市基础有所夯实，这为奥运前中国股市正常健康发展打下了良好基础。

首先是政策驱动力，即两税合一，央企资产注入、整体上市、分红与回购趋向，央企大并购、大整合，创业板适时推出，以及央企自2008年元旦起实施新会计准则，央企资产膨胀，题材丰富，推动股市向上发展。中国股市从庄时代走入基金时代后将走向央企时代，世界经济从欧美时代走入金砖五国时代甚至是中国时代，这一大趋势将进一步持续推动中国经济与中国股市向上发展。

其次是业绩驱动力，这是助推股价的实质性动力。公开资料表明，2007年1—11月全国规模以上工业企业实现利润22951亿元，同比增长36.7%，其中规模以上股份制工业企业实现利润达12209亿元，同比增幅35.1%，这优异业绩是股市发展的坚实基础。创投市场表明，股权进入全流通时代后，已上市股权与拟上市股权经公允价值重估后增值巨大，这导致上市公司资产净值数倍甚至数十倍增长，并增厚业绩。人口增长、消费升级、技术创新、政策创新使实体经济又好又快地发展。资源价格上涨与价格高企，使该类行业处于超额利润阶段。国家统计局最新数据表明，2007年1—11月全国39个工业大类中，化纤、化工、建材、专用设备制造、交通运输设备制造业利润增幅超过五成，钢铁、煤炭业利润增幅达四成，有色行业利润增幅有三成，但利润额巨大高达1300亿元。预计2008年农产品、能源、有色、化工等行业产品价格仍将上涨或高企，在减税作用下，2008年上市公司利润增幅可望达到五成左右，实体经济业绩大幅上升有望推动股市持续上涨。

其三是资金驱动力。财富效应驱使资金源源不断流入股市，理财资产配置的需要也促使资金从各渠道、各层面、各地区流入中国股市。随着人民币不断升值，QFII额度从100亿美元增至300亿美元，资本市场今后将对外全面开放，资金驱动股市更为加剧，幅度更大。百姓、企业、机构、基金及海外资金等等，在奥运临近心理驱动下、在美元不断贬值人民币不断升值下、在央企整体上市其国有股权私有化大趋势下，没有理由不进入中国资本市场。17万亿元居民存款从银行不断搬至股市，储户加速进化成基民，保险资金入市比例不断扩大，企业年金纷纷介入，银行巨额理财资金由抱团打新股渐成战略投资者，股市生态的进化与强化，合规资金有了用武之地。作为金砖五国之一的中国，已成为全球投资热土，即使两税合并后外资税赋调高，外资仍留在中国。资金流入中国股市，这一趋势，势不可当。只有当资金大量流出时，才会导致汇市与股市的下跌。

奥运前投资机会首先已凸现在奥运受益股、农业股、医药股以及资产注入类、创投类等股票中。奥运前，奥运受益板块呈现最后的疯狂，创投板块与资产注入整体上市板块在奥运前后会有不同表现，大市值蓝筹股在股指期货推出、奥运前后均有不同机会。奥运过后，预期指数下跌，股价将有一定幅度调整，但如果政策创新跟上，则又会改变局面。奥运后，如推出股指期货、实施央企大整合、大并购、加快整体上市，也许是较为有利的政策取向。电信，电力、电网、军工、资源类股票适时低价上市与央企整体上市、红利回购，或许将成为奥运后新热点。

中产家庭如何应对奥运、股指期货推出前后的投资机遇，如何把握央企股权私有化价格市场化大机遇？建议适时转换主题，策略投资。春节前后是否持股，空仓后节后是否会暴涨，节前与节后心态历年一样，乐观与悲观心态交织其中，节后行情会有起伏。奥运前重点应放在低价股或趋于涨势中的中低价股，板块选择与奥运紧密的航空、航运、旅游、酒店、奥运特供商品，与消费升级紧密的农业、医药、食品、金融，与创投紧密的券商、银行、保险及创投投资业，尤其是暴利型的创投企业，扩张型的成长企业，孕育机会颇多。

中国股市进入央企时代，世界经济进入中国时代，这是历史的新机遇，这是奥运经济的新机遇，这缘于新会计准则在上市公司、央企全面实施，这缘于技术创新、政策创新持续推动。全流通时代真正开始，中小板已制造出财富效应，创业板推出已是大势所趋，国有股权私有化加速，提高人民财产性收入不仅仅是中央愿景更是百姓愿景，创业者、投资者的财产性收入将多层次、多样化、暴涨性地呈现在2008年，全新机会等待着你——中国新兴中产家庭！

每当夜幕降临，清华科技园科技大厦、搜狐网络大厦、谷歌大厦灯火通明彻夜不息时，你知道希望就在那里！机会就在眼前！

不熟不做，寻找30%稳定增值公司

吴国平　国平财富投资有限公司董事长

每一个中产家庭其实都有一定的财富，而这财富如何更好地去增值，我想，很多人都有这方面的困惑，这也确实是目前非常实在的问题，在我看来，这里最为关键的就是看您如何去“经营”财富了，毕竟财富也是需要“经营”的。

一、要输得起，别患得患失，保持平和，好心态是投资成功的关键。

1. 认清市场本质。来到这个市场，在看到巨大机会的同时更应认识到这里存在的巨大风险，2007年股指大涨了，可真正赚钱的人有多少个呢？2008年初有统计数据显示还不到50%，这背后反映的东西是值得投资者深思的。说白了，这个市场并非像有些人想的那么简单的，这是个充分博弈的市场，本质上玩的也是零和游戏，赢家是建立在输家基础上，而且最终的大赢家仅仅是属于少数人，虽然残酷但确实是如此。

2. 要拿输得起的资本进来经营。明白了资本市场的本质，那么，进来后，就要有输的准备，但这还不够准确，更准确来说，就是“要有输得起的资本”。你是准备来资本市场赚钱的，但在你准备赚钱的时候，请问你自己你是否已经能够承担起市场的风险，或者说你是否真的输得起。如果是的话，那么你的心态要保持平和，相反，如果不是的话，那么你就很容易患得患失，毕竟这里可能就是你的全部，你不得不近距离来面对它的得失，试问你如何能够真正做到泰然处之呢？

二、要懂得看“F10”，从中去挖掘出一些一般人所忽略的基本面信息价值。

“F10”是证券行情软件中查找基本资料的快捷键。一只品种的涨与跌，影响的两大关键因素中，其中之一就是基本面，而我们从“F10”中是可以直接寻找到大部分基本面的公开信息，比如目前经营的业绩状况，董事长与总经理的具体信息，十大流通股股东状况，筹码集中度的情况等，这些都是可以直接寻找到的，而且顺着这些信息，我们可以对一个上市公司有个大概直观的认识，至少明白这家上市公司到底处于什么一个状况，结合其行业，我们则可以做出一个大致基本面的分析。

我们自己在对一个品种投资前，好好了解下“它”是很有必要的。

三、也要大概知道基本的图形分析，别买了后对技术层面一点底都没有。

作为一般的中产家庭，特别是本身不是以炒股为职业的中产家庭，不管如何，在经营财富的时候，除了对前面谈到的基本面要有一定的认识外，同时对于技术这个层面也是如此，毕竟影响一只品种的涨与跌，两大关键因素就是基本面与技术面，缺一不可。技术这个层面并非要你对这个领域有多深的研究，但至少你要懂得基本的图形分析，比如大的圆弧底形态、双底与双顶、头肩底与头肩顶等，这些图形，脑海中要有个印象，对自己品种，在涨或跌的过程中，能够把这些形象比较好地运用上去，只有这样，你才明白涨会成什么样，跌也有可能是怎么一状况，让自己更为坦然，否则一点底都没有，看着图形但脑海一片空白的概念，这是对自己财富相当不负责任的态度。

四、做自己熟悉的品种，不熟就不要做，一旦把握准了，就要敢于吃大波段！

这个市场每天都有机会，但这些机会并非都是你能够把握住的，曾有人非常“认真”地跟我说：“我不贪心，希望每天一两个点就可以了。”呵呵，其实读者仔细想想，这是最贪心的，每天一两个点，就如每天的机会你都要把握，听起来好像有可能，但实际上是天方夜谭，要知道，每天一两个点，一年下来，复利增长那可是天文数字啊！因此，不要奢望那些不切实际的东西，把握好自己能够把握的机会，赚自己能够赚的钱。其实，只要你每年的资产能够稳健地增值，30%左右，几十年下来，你就是第二个巴菲特啦，当然，世界上到目前为止巴菲特的神话还只有一个，因此，这看上去有可能实现的事情，其实并非易事呀，这倒不是说一年30%左右难，难就难在那持续每年呀！

五、平时多充实自己，功夫在诗外，过于沉迷在波动之中最终只能迷失自己。

这个市场固然魅力无穷，但我们不能够过度沉迷，尤其是沉迷在那种外在波动之中，天天盯着盘面，天天受到涨跌的影响，把握不好，很容易走火入魔，最终迷失自己。

所以，除了资本市场，我们应还有更多值得追求与感悟的东西。最重要的是，一旦我们发现生活的快乐后，很多从生活中感悟出来的东西，最终在资本市场也是可以体现出来的，毕竟，道理很多都是相通的呀。

私募股权投资更能为中产创造财富

张凯　北京博观创业投资管理顾问有限公司总裁

中产阶层大多受过良好的教育、有较高的社会地位、已经能够高品质地满足各种基本生活需要并有相当的金融资产，是社会的中坚力量。

中产阶层理财的关键是要有前瞻性，要站在时代的前沿。只有站在时代的前沿投资于成长性高的行业和企业，投资的收益率才能跑赢物价指数（金融资产不贬值），才能获得超过经济成长速度的收益。

中产阶层应当如何理财呢？

控制风险是关键。尽管中国处于快速发展过程中，但是结构性的矛盾和结构性的风险依然存在，而且可能还会很大。中产阶层虽有一定的风险承受能力，但承受能力不强，一不小心，可能会重新成为“低产阶层”或“无产阶层”。控制风险的方式，一是坚信不要“将所有鸡蛋放在一个篮子里”，可以将资产分为若干个部分，少量存在银行，一部分买实物资产，如房产、贵金属或贵石头，一部分持有基金或股票；二是不要把所有篮子放在一个架子上，要考虑币种和区域的配置，可以通过QDII及其他合法的方式，将部分投资转移到海外；三是在积极理财，让钱生钱的同时，不要失去人力资本的积累和收益，也就是说，中产阶层应当仍然保持原有的专业和工作，继续积累人力资本并获得劳动收益。有的人有了一点积蓄，就放弃工作专职理财，主要靠金融资产的孳息度日，一旦投资失误，可能会使自己谋生都很困难，这是不值得推崇的。

在股票的选择上，我认为要重点持有如下产业和企业的股票：一是控制稀缺资源的企业，二是具有核心竞争力特别是全球竞争优势、有品牌、机制和治理结构好、有能力成为市场寡头的企业，三是消费升级和具有承接国际产业转移趋势的产业中的代表性企业，四是细分市场中的成长性中小企业。

私募基金是重要的投资方式

从国际市场的统计数据来看，公募基金跑赢大盘指数的不超过20%，它实际上仅仅是为中小投资人提供一个投资组合。像2007年我国的公募证券投资基金获得巨额收益的情况是十分少见的，当然我认为也是不可持续的。中国公募证券投资基金的运作理念、机制十分令人忧虑，但愿公募证券投资基金不会成为折损广大普通老百姓财富的罪人！而私募基金往往更加专业、理性、负责任，也更能站在时代的前沿。三年前，我们通过股权分置改革和由于人民币升值、缺乏新投资机会的大量游资（它们来自中小企业主前30年的积累、开发和炒作房地产、经营矿业、经营出口商品、中国在基础设施的巨额投资带动的致富阶层）、银行存款的潜在转移可能性等众多原因，结合中国经济快速发展和中国股票的绝对投资价值，认为中国股票有千载难逢的投资机遇，提出“砸锅卖铁买股票”。

事实证明，我们的判断是正确的，骑上了难得的大牛市！不过，这头牛后来变成了疯牛，是我们始料不及的。私募基金一般不服务于普通公众，中产阶层是部分私募基金的服务对象。私募基金经理更愿意与投资人进行对话，推销自己的投资理念，以扩大自己的客户群。因此，私募基金更像一个具有相同理念的投资人的俱乐部，进入一个高水平的、有前瞻性投资理念的私募基金经理的核心客户圈，可以使中产阶层真正树立起自己的投资理念，形成自己的理财文化。

在私募基金中，私募股权投资（Private Equity，PE）是更能引领中产阶层走在时代前沿的投资方式。私募股权投资基金主要投资于非上市的股权，并提供附加服务，提升公司价值，其后通过上市或并购转让退出获利。20多年来，私募股权投资在发达国家特别是美国得到快速发展，成为机构投资者和中产阶层最为瞩目的投资方式，也发展起了凯雷、黑石、KKR、红衫等一大批响当当的私募股权投资基金，它们动辄管理数百亿甚至上千亿美元的资产，在全球寻找投资机会，并取得了令人艳羡的投资收益。一些政要和跨国公司CEO卸任后，首选到私募股权投资基金供职。私募股权投资基金已经成为智慧、资本和权力的最佳结合！毋庸置疑的是，它走在时代的最前沿。

私募股权使投资者获得超额利润

为什么私募股权投资能使投资人获得超额利润呢？首先，私募股权投资基金的经理们往往是最优秀的投资专家，他们站在时代的前沿，把握引领时代的投资机会，蒙牛、携程、尚德、金风科技等都是很好的例子；其次，私募股权投资基金一般投资于快速成长的企业（因此也常常被称为“成长资本”），本身能在企业经营风险已较小的阶段分享企业快速成长的收益；第三，非上市股权变成上市股权后，本身能获得流动性溢价（同样的股票，不上市的市盈率是8倍，上市后可能会变成20倍）；第四，中国还有非常多的结构性投资机会，如国有企业改制、兼并收购、行业整合等，而智慧、资本、权力相结合的私募股权投资基金往往有可能把握住这些投资机会。因此，对于大多数中产阶层而言，选对私募股权投资基金进行投资，实际上也使自己站在了时代的最前沿，有机会获得超额利润，享受资产快速增值的愉悦。

中产家庭首选债券和定投型基金

赵哲　海富投资公司总经理

在中国经济高速发展的大背景下，我们每一位都真真切切受惠于经济的发展，个人及家庭可支配收入大幅提高。

多年的改革开放，中国富了起来，我们的人民富了起来，特别是以城市为主的高收入群体，形成了中国的中产阶层和中产家庭。他们在已经拥有宽敞住房、私家轿车，以及稳定的工作与收入，享受着良好社会保障与社会福利的同时，面对着银行存款数字的不断增加，如何管理个人资产使其不断增值，是他们现在所面临的实际问题！

与之应运而生的保险投资、房地产投资、基金及债券投资、股票投资、外汇黄金投资等等，已经由原来只有少数人才做的事而成为城市中产阶层理财选择。也许正是在这种大的社会群体需求下，理财周报本着服务中国中产阶层，以“中产家庭、专业理财、全球机会”为办报理念，为群体性崛起的3000万中产家庭提供财富价值管理和商业机会服务。

所以理财周报在创造价值理财信息服务于社会中越办越火。经常接受理财周报的采访，也作为理财周报的读者的我，在此深深感谢理财周报的各位编辑记者，是你们辛勤的付出才打造出这样极具分量的一份精品理财报刊，给予了我们众多读者理财上的巨大收获。

时光如白驹过隙，理财周报已经陪伴我们走过一年，一年来理财周报为我们深度解读了在本币升值下的房地产价格的飙升与国家出台严厉调控措施的前前后后，深度透视了中国汽车行业在竞争中的发展现状，深度分析了证券市场的起起伏伏，深度挖掘了基金行业快速发展与其价值投资背后的原因，深度报道了在这证券市场历史性的大行情中许多私募基金鲜为人知的背后故事，等等。

无论风雨我们已经走过，或许留下一些遗憾，一些失落，但是更多的毕竟是收获，收获了一份财富，一份价值，一份理性，一份思考。

就关于2008年我们的读者，也就是中国的中产阶层如何理财，我这里浅谈一下自己的观点。目前在国内有很多资金投资渠道，除银行、保险、地产、股票、基金、债券等传统投资渠道外，现在还可以投资黄金、外汇、期货及金融衍生产品权证和即将推出的股指期货等等。

对于城市的中产阶层，选择一种理财产品必须考虑以下几个方面：一是预期的收益，二是风险的承受能力，三是投资的周期，四是资金的规模与资金的性质，五是个人对理财产品的认识。对于一个城市的中产家庭，一般个人都有着比较稳定的工作或个人事业，其投资理财主要目的是使自己的资产达到保值增值的目的，在以前由于理财投资渠道有限或很多譬如证券这类投资产品由于波动幅度较大而不被认同，但是随着近两年股市的活跃及基金发行规模的不断扩大，投资者盈利效应的不断扩散，目前证券基金已经成为主流的投资理财产品。

任何一种理财产品，巨大的收益都是与风险伴生的，证券类理财产品的波动特点也决定了投资者必须把握市场时机。在证券市场经历了两年的牛市后，我在此提醒广大读者，在已经取得较好投资收益后，绝对不能沿袭个人的经验行为，去期待更高的市场预期，这是我作为证券市场的一个从业者，给大家的一个小小建议。

银行、保险、地产投资，这些都是传统的投资产品，由于其收益稳定可预期，深受大家的喜爱，其不足就是收益不高，在目前其他投资品种有着较高投资回报的情况下，很多资金有新的选择，如房地产行业。

而目前由于宏观调控措施的出台，房价的上涨幅度必然减弱，而且房产投资需要较好的专业背景知识，投资资金规模较大，相对其他产品而言流动性较差，这就决定其只可能成为很少一部分人的投资选择。

由于美元的贬值，购买黄金也成为一些人的选择，但是其更多的是一种实现保值意义，投资收益很小。对于日益增长的个人财富和社会巨大的投资需求，国家不断推出新的证券及金融衍生产品，譬如期货、权证及未来的股指期货等等。

基于以上考虑，我自己认为，2008年对于很多中产家庭理财来讲，选择债券型基金或购买定投型基金产品是很好的理财选择。

95%时间寻找价值，5%关注线图

周贵银　上海智博方略资产管理有限公司总经理

在党的十七大期间，我们听到一个很新的说法叫做提高居民的“财产性收入”，这是一个很伟大的设想，也是一个国家强盛的标志，更是一个国家人民的意识形态问题。因为家庭的财产性收入在一个家庭所占的比重在不久的将来会得到大大的提高。而我们的投资者如果不能做到积极理财并树立正确的理财观念，或者10年、20年之后我们目前的有钱人可能由于通货膨胀的因素失去优势。

洞悉通货膨胀危害与决定股票投资

我记得在20世纪90年代初的时候，在我的家乡如果谁家能有1万元的积蓄将会被标榜为万元户，言外之意是赞赏他们家很有钱。所以，对于一个赚了钱只知道存银行的人来说，未来的通货膨胀将是你最大的“硕鼠”，它会随着经济的大发展逐渐吞噬掉你来之不易的财富，因为经济的大发展总是伴随着物价的不断上涨。在但斌的书上有这么一组数据也很能说明不理财的后果。

因此，在经济高速发展、社会资产全面膨胀的中国，如何进行理财，如何有效管理自己的财富，逐渐成为很多中国人关注的问题。成功的理财，可以改变自己的命运，也可以延续家族的财富。从这个角度讲，每一个人都应该认识到投资和财富管理在这个伟大时代中的巨大价值。目前，我们的理财方式有购买股票、房产、土地、黄金等各种方式，以上的这些方式我都比较赞同，但是从长远角度看，购买固定收益债券或者存银行并不是明智之举，因为从各种角度看，利率增长的水平将会明显落后于通货膨胀的水平。在这里，我主要谈谈如何通过投资股票来对抗通货膨胀。

同样，我们使用但斌列举的一个数据来说明投资股票可以规避通过膨胀这一事实。1896年5月26日第一次发布的道琼斯指数，由12只大股票组成。如果那时有人用1.2万美元平均投资在这12家企业当中，用最保守的估计方法，经过110年后，今天也有47亿多美金。因此，从长期来看，股票投资的收益远远高于储蓄、债券的投资。但是，股市有风险，盈利的也永远只有少数人，如何才能做到非常成功的投资将变得至关重要。

只有成功的投资才可以有效抵御通货膨胀

无论在成熟的欧美市场还是在新兴的中国市场，始终都是只有20%的人赚钱，而80%的人亏钱。因此，要想通过股票投资来理财，首先就要做一个成功的投资者，要复制成功投资者的模式。我们先来看看世界上能做到很好理财或者通过资本市场能做到很好盈利的人都是哪一些，他们都有些什么特点。

巴菲特40年的时间，每年平均收益22%，40年资产增值2700倍，成为世界第二大富豪；彼得·林奇以每年29%的增长，13年从1000万美元做到140亿美元；2007年李嘉诚股票投资收益70亿美元；有“亚洲股神”称誉的李兆基，通过股票投资成为2007年度的华裔第三大富豪。另外，在过去一年，公募基金最高的涨幅达到173%，QFII业绩平均也达到90%，而广大散户投资者2007年只有7%的投资者跑赢大盘，48.65%的投资者是亏损的。

那么是什么原因导致机构投资者和这些大师的收益远远高于普通的散户投资者呢？我认为主要原因是他们都采用了以价值为核心的投资理念即价值投资，而散户热衷于热点的捕捉与只争朝夕上。一个看重的是长期的获利策略，一个采用的是只顾眼前利益的获利策略。什么样的动机决定什么样的模式。既然他们的动机和取得财富的模式不同，那么使用的方法和思考问题的角度就不同。

我认为，成功的投资者大多都会采用如下的方法和策略，就是用95%的时间来分析国家的宏观经济、上市公司，了解上市公司的行业状况、企业的主营业务、产品的技术专利和技术壁垒、产品的销售状况、公司的团队及公司财务的健康程度、市场的认同度，用5%的时间下单和盯盘。而散户投资者用5%的时间甚至更少的时间分析国家经济的宏观面和上市公司，用95%的时间来盯盘，盯K线图。殊不知股价上涨的根本原因是由上市公司业绩增长引起的，它是股价上涨的根本的内在动因，而K线图只是上市公司业绩增长的外在表现形式。并且无数前辈和我本人都已经用实践和失败的结果证明了散户的这种投资策略是长期落败而不是取胜的。

给投资者的一些建议

我们先来了解一下成功投资人一般都具备哪些特点。我个人认为成功投资者应该具备以下几个特点，大家应该从如下几个方面作出努力：

一、要具备战略性的思维方式，具有前瞻性观点，是大家风范；培养战略性思维方式需要用大量的时间去分析宏观面、基本面，也就是上面我们说到的成功投资者用95%的时间去做的工作。

二、不要计较短期得失，不要过于关注股价的日常波动，因为他们注重的是基本面的变化和最终结果；这些却恰恰是中小散户最热衷的事情。

三、要用快乐的心情享受投资的过程，而不会被投资过程所左右。如果一个操作使得你寝食难安，我想这必定是一个错误的决定。一个正确决策的结果应该是能让人很放心地持有，并且会越跌越买。如果能做到这些，整个投资过程将充满了诗意和快乐。

中国是全球最具成长性的市场

曲向军　凯捷咨询公司副总裁

在凯捷2007年配合工商银行所做的理财项目调查中，我们发现，时间紧张工作忙碌可能是很多中产阶层最大的特征，因此，中产家庭的理财需求绝不只是纯粹把财产增值。这只是其中的一部分，他们有更多元化的要求。

目前，国内的理财产品设计还相对粗糙，服务意识相对较差，很多中产家庭的需求在银行没有相关的打包服务。

举个简单例子说吧。有一次我要去欧洲，周一离开北京，等忙完手头的准备工作，周日去中行的柜台换外汇，结果中行周日不提供服务。我不得不又跑到另外一家银行，却发现换汇的人太多太挤。公司里的同事要经常出国，除了需要银行提供方便的换汇，他们也希望银行提供结算等打包业务。

这对银行来说并不难，只要把现有的需求打包，根据不同的客户群细分做服务就行。以美洲银行为例，换汇、日常的交易服务、增值服务、信托产品等等服务都被进行了归类，这就很合企业管理层的胃口。另外，对于创业者，他们的需求绝对不是简单的资产增值。他们最需要的是银行能够帮助他们有效避税、进行资产迁移和如何债务融资，如何把成本降到最低等。

说到中产阶层、中产家庭的需求，首先要回到对“中产”这个概念的定义上。这两年中国确实涌现出了一批中产阶层。对中国来说，中产阶层的出现反映了中国一个经济增长的机会和市场发展的阶段。最直接的例证就是，中国的GDP连续多年保持两位数增长，直接带动了中产阶层数量和规模的增长。

我认为，中国目前的中产阶层主要有三类：第一类特征人群就是企业的高级管理人员，包括国有企业的、外资企业的高级管理人员；另外一群比较有代表性的就是一些高科技企业的创业者，互联网还在其次，更主要的是高科技企业；第三类当然是一些民营企业家了，他们之前做过一些资本的原始积累，然后碰到了比较好的机会进行了资产增值。

当然，这三类也反映了社会发展的三个特征：第一个就是未来在中国，中小企业、创业型企业所占的比例将越来越重；第二个特征也反映了中国的经济结构在调整，从原来的能源行业向科技创新调整，这与国家从原来的能源消耗型企业向现在的科技创新进行结构性调整相吻合；第三个特征是企业的中高层管理人员分享了中国经济增长的成果。

我们看到，民营企业所占的比例越来越高，科技和创新型的企业越来越多，中产阶层无疑将带动整个中国经济的增长、新的服务模式的诞生、管理的创新等等。

更为重要的是，中产阶层的壮大对银行是至关重要的。大家知道，国内银行现在在做转型。中国的利率要逐渐放开，实现市场化。而银行的业务现在主要是对公业务，除了对公业务外，现在银行收入的70%—80%来源于利差（存款和贷款的利差）收入。中产阶层的壮大是银行模式转变的一个很重要的业务增长点。

中国的银行为什么要转型呢？因为中国目前的利率不是市场化的，这样可以保证银行收益的稳定性。但未来一旦利率放开，利差变小，如果银行继续现在的业务就很危险，利润就越来越受压缩，这是第一，中产家庭对商业银行调整其经营模式至关重要。

第二就是商业银行面临国外竞争对手的竞争非常激烈。现有银行的业务一块儿是终端客户，一块儿是高端用户群。我曾经问过深圳发展银行的负责人，该银行有800万客户，但存款在5万以上的客户不超过10%，也就是说不到10%的客户可能占据了银行存款的80%多。很显然，高端客户是银行竞争的关键和其市场潜力的关键。

坦率地说，单独从服务模式看，国内的银行都还处于准备期。根据凯捷2007年第三季度发布的数据显示，中国的财富增长远远高于全球其他地区，因此我相信，中国市场是全球在未来相当长时间内最有吸引力和成长性的市场，也请你们相信。

不论多少资金，投资都要长远计划

狄高志　丽思卡尔顿集团亚太区副总裁

我想跟大家谈一些我对中国市场的看法：那就是，中国的消费市场潜力巨大，蕴藏着巨大的投资机会。

丽思卡尔顿酒店集团是国际几大酒店集团之一，我们很早就看到了中国市场的广阔前景。中国经济的发展速度惊人，其存在的广阔市场是许多跨国集团都有很大兴趣开发和共同发展的。

丽思卡尔顿集团在1998年首次登陆中国，在上海开设了拥有610间客房的旗舰酒店——上海波特曼丽嘉酒店。虽然我们并不是最早进入中国市场的国际酒店集团，但却因为对中国市场的准确定位，发展非常迅速。

近期，上海波特曼丽嘉被中国国家旅游局授予全国仅有的三家“白金五星级饭店”之一。这说明，我们在中国市场被接受的程度相当高。

根据中国国家统计局发布的2007年数据，中国的国内生产总值达到全年246619亿元，总体经济增长值达到了11.4个百分点，创下了1994年以来的新高。在这令人欣喜的数字中，我们更高兴地看到第三产业的增加值达到了96328亿元，增幅达到11.4%，加快了0.6个百分点。

事实上，中国这些年来第三产业的增长速度都保持着令人惊奇的快速发展。可以说，中国经济的快速健康发展，很大程度上受益于服务性行业的整体推动。这也就给我们从事服务性行业的企业，提供了很大的发展空间。

全球范围内成熟市场的发展经验都表明，随着经济的突破性增长，可以预见中国人民生活质量将得到快速的提高，而对服务业，尤其是旅游业的需求也将随之稳步提高。

我们分析认为，中国旅游行业未来盈利的增长主要是两个方面：一方面中国经济的持续发展使中外贸易频繁，可以预期商务旅行散客的不断增长。另一方面，中国地大物博，拥有丰厚的旅游资源。相关数据表明，主要的旅游输出市场，例如日本、韩国、欧洲、美国和中国香港以及正在出现的潜在市场，例如俄罗斯的观光客到中国旅游的人数近些年出现大量的增加。

同时，我们还可以看到未来旅游行业可能受益的地方正越来越多。

首先，中国将举办一系列代表国际性水平的赛事，其中最引人注目的一定是2008年在北京举办的奥运会。此外，接下来广州亚运会和上海世博会也将带来无限的商机。

其次，中国的许多大城市还举办了许多国际高水平的专业运动比赛项目赛，比如，一级方程式赛车上海站、上海网球大师杯、NBA篮球联赛和高尔夫巡回赛等等。

同时，中国也吸引了许多像我们一样的外商，因此公司会议、团队考察、商品交易会和博览会的增加，都会带来更多的商务旅行者。并且娱乐业和艺术业的发展也是促进因素之一。

此外，我们还看到，中国旅游行业的增长趋势是中高端市场发展迅速。中国的一个富裕阶层——中产阶层正在快速崛起，这也给我们这些主要针对高端消费市场的国际奢华品牌集团，带来了令人激动的发展空间。

高端消费市场在中国正日益体现其重要性。如今，中国消费者对于奢华品牌的认识越来越多，也都认可奢华品牌给他们带来的生活品质的提高。因此，国际性奢华品牌在中国的发展日趋顺利。

丽思卡尔顿的目标消费者，是国内3%—5%的高端人群。我们作为一个国际性的豪华品牌，认为奢侈品牌最重要的是凭借服务和品质来吸引消费者。而我们也同时了解到，个性化是高端消费者最希望从奢侈品牌中得到的体验。

因此，丽思卡尔顿最大的特色就是，能为消费者提供最优质的个性化豪华体验，按照客人的喜好量身定制个性化的服务。我想，这也应该是服务行业发展的一个重要方向。

不论是拥有多少资金的投资者，在进行一个投资项目时，都要合理分析投资环境，并进行长远计划和投资。健康的投资，是对于所有参与发展的投资者要确保赢的局面。

而我们由于对中国经济未来发展和市场的看好，未来计划在中国扩大网络，继续保持在中国豪华酒店品牌中的领先地位。

至2010年，我们在中国将会发展至10家丽思卡尔顿酒店，而我们目前在全球共拥有70家酒店，可见中国是未来发展的重要战略阵地性。

此外，我们在中国未来的一个发展方向是，投资建设更多的度假村，同时加强豪华旅游服务业在中国的认知度，这些都是长期的计划和打算。

专注主业，让投资家为你“钱生钱”

杨文斌　好买执行董事兼总经理

很高兴能以这种方式和大家交流。中产家庭现在已经成为中国经济的主流和支柱，忙碌于工作，忙碌于生活，累积着财富……过着与父辈完全不同的生活。中产阶级还有一些信念，这些信念让他们支持着中国的主流社会，支持着中国健康地发展。这些信念，也是我所有的。

我相信自由是我们追求的终极目标，做自己喜欢的事。我们不能改变生命的长度，但可以让生命更厚重，更有意义。这里的自由有精神层面的，但是它离不开物质层面，这也是我们许多人努力工作、努力投资的动力之一。除此之外，我还相信我们负有社会责任，其实大家守法创富的过程本身就是在尽一份责任。

说到创富，说到追求财务自由，自然和钱有关。不过，工作对大多数中产来说，还是主业；用钱挣钱，只是副业。所以，选择基金，让投资专家去完成用钱生钱的事，而自己专注于主业，对大多数中产来说，是一个比较合适的选择。

事实上，基金确实已经部分承担起了这样的功能。2006—2007年，上证综合指数翻了两番，也就是说，2006年初如果买了10万元基金的话，到2007年底应该是40万元了，这是一个惊人的数字。巨大的财富效应使得投资者口碑载道，截至2007年底，中国的个人基金账户数量已经超过1亿，基金规模超越3万亿。一句话，基金已经飞入寻常百姓家，成为一种普遍认可的理财工具，买不买基金似乎已经不是个大问题了。

2007年网络上排名第一的流行语是“钱不是问题，问题是没有钱”。我想在此借用一下：“买基金不是问题，问题是买什么基金。”就我所接触到的圈子里，目前大家最大的困惑就是“买什么基金，如何买基金”。

让我们先来看看这样的事实：2007年底，共有172只股票型开放式基金，最好的一只年回报率达到了226%，最差的一只是75%，同样的10万元投资，前者一年后达到了32.6万元，而后者只有17.5万元，两者相差几乎一倍。

从某种意义上讲，选基金比选股票更难些。股票尽管业绩差别很大，但毕竟是同一风险度的投资品种，但不同类型基金间的差别就无法比较了。选基金所涉及的基金公司、基金研究团队、基金经理等等问题，更不是看着基金名字和净值能够分析出来的。总之，选好基金需要非常专业的知识。

那么，如何更好地在经营好自己的主业之余，让钱生钱？如何更好地利用基金这个日益大众化的投资品种？大家在买基金时应该关注些什么？应该重点考虑些什么呢？

在我看来，至少应该包括以下四方面：

1. 充分了解自己的财务现状和风险偏好；

2. 找出满足你需求的基金和基金组合；

3. 如何便捷地买到这些基金，并且在购买时如何有费用优惠；

4. 定期审核自己的基金组合，并希望根据市场变化进行相应的调整。

再谈谈对2008年基金投资策略的一些个人看法。现在看起来，轻仓的基金靠着天时在本轮竞赛中占得先机，但关于基金的轻仓，投资者仍须细查。主要是看基金是能动性的规避风险还是人算不如天算的歪打正着。面对2008年乱市，基金经理的投资理念和市场掌控能力更显重要。

尽管国内股市牛市的格局不会因为此次暴跌而改变，但本轮下跌以及全球经济的动荡和衰退，已经并将继续对A股今后的走势产生影响。具体地说，本轮垂直打击超出了多数基金经理的预期，至少从去年底的基金公司策略报告和基金四季报的相关阐述中可以证明这一点。

面对变局，谁能对市场有更深刻的认识，谁能更好地把握市场节奏，谁就能成为今年的弄潮儿。对于众多的基金而言，也许今年的市场格局和节奏必须重新审视。对投资人而言，选一些管理基金时间较长、经历过熊市、能够适应牛市、下跌时抗跌、上涨时可以一起涨上去的基金，可能是2008年更稳妥的选择。

最后，我想谈谈我本人的一些经历。我是1998年就开始从事基金工作的，至今正好10年，经历了中国基金业从兴起、低迷到爆发式增长的各个阶段。10年间，我最大的快乐是成就了一批人的财富，许多人因为当时购买了我所推荐的基金，得以充分享受到了过去十年间股市的财富增长。我一直觉得，作为金融行业中的一员，作为基金行业中的一员，我的部分使命、价值以及我们员工最大的快乐就是让客户赚更多的钱，更早地达到财务自由，更充分地享受生活。

第六部分

资本

投资是寻求收益与风险不对称的机会

纪路 国金证券副总裁

A股市场辉煌的2007年已经过去，投资者对于2008年的资本市场充满了矛盾的期待，资产价格剧烈膨胀，既可以带来巨大的财富效应，也可以带来对泡沫幻灭的恐惧。

目前A股市场在市场规模、深度、效率、制度基础等方面无疑已经取得了巨大的进步，在这种质变的推动下，我们必然可以通过A股市场充分分享中国经济成长所带来的成果。从这个角度看来，我们应该是长期乐观主义者。

世界经济在2000年以来处于增长周期中，发达国家与新兴市场国家具有高增长、低通胀的共同特征。可惜世界经济高增长与低通胀的“蜜月”在美国次贷爆发时正式宣告结束，不可否认，2008年的上空已经开始聚集经济增长减速与通胀居高不下的阴霾，但中国等新兴市场国家在全球经济增长中的贡献显著提升，成为这种复杂经济环境中的重要亮点。

虽然2008年整体经济增速会因为外部环境以及宏观调控的影响略有放缓，但由于宏观调控不断深入，实体经济结构更为健康，产业发展更为协调，增长质量也将得到提高。与此相应，A股市场对未来实体经济增长速度的预期也将回归理性。

2002年以来中国经济的增长以及近两年A股市场的大幅上涨，已经给中国老百姓的生活带来深刻的影响，中国的中产阶层也在顽强地快速成长之中，这是一个必然的历史过程。整个经济体中，产业结构的变化与相应群体阶层的出现是不可分割的现象——随着制造业的升级、服务业的高级化、民营经济的成长，中产阶层——这一社会的中坚力量正在迅速形成。

目前，我国对于中产阶层并没有明确的定义划分，我们认为，不是依靠简单劳动力投入获取收入，也不是依靠巨额资本投入获取收入，而是通过较高的生产、管理、服务等技能获取收入的群体都可以称为中产阶层。这是具有相近的社会评价、生活方式、价值取向、心理特征的一个群体或一个社会阶层。

从发达国家的情况看，自20世纪40年代起，主要发达国家都已经进入“橄榄形”社会——被称为“中产阶层”、“新中产阶级”的群体人数，大约占社会就业人口的40%左右，美国这一比例超过60%。这部分人群成为经济发展与社会发展的核心，他们的价值观是主流价值观，在社会发展过程中打下深刻的历史烙印。

中国中产阶层正处于新生阶段，但即便是在这一阶段，他们的呼声也已经可以从各种途径反映到国家的政治、经济生活之中，甚至对于政策的形成也有了越来越大的影响力。他们的价值观与生活方式无疑将成为中国社会未来的主流。

中国的中产阶层开始追求生活的品质，带动衣食住行的消费，并且推动消费升级的不断演进，与其他东亚国家相似，这其中还掺杂着对奢华的羡慕，导致了奢侈品的快速增长。

中国的中产阶层开始追求财富的积累，由于经济发展越来越倚重于高技能的投入，中产阶层作为这一要素的拥有者，相对容易形成初期的财富积累，并且，在这一阶段必然具有强烈的投资增值的期望。

由于经济增长是否可持续依然是一个具有挑战性的难题，由于社会保障体系还处于不断完善之中，因此虽然中产阶层收入增长明显加快，但对于经济与社会环境的疑虑并没有完全消除，折射生活方式的行为方面，在消费与投资的选择上，明显更为偏重高投资，这也必然带来庞大的投资与理财需求。

对于A股市场而言，中产阶层的成长无疑是越来越重要的力量；同时对于中产阶层而言，A股市场也是其发展壮大的重要阶梯。中产阶层在A股投资方面主要有三个途径：一、个人直接投资；二、经纪人辅助投资；三、购买基金、信托等产品，实现专家理财。

谈到个人直接投资，林奇提出了一个浅显却值得重视的经验：选择自己非常熟悉领域中的优秀公司进行投资。这是获取超过基金经理投资收益的重要途径，但是由于这种投资方式需要涉及对公司价值与价格的判断，一般个人投资者实践起来难度依然不小。

经纪人辅助投资已经在迅速成长，听取富有经验的经纪人的建议对投资是有一定价值的。但目前经纪人队伍还在逐步成长之中，如何挑选成熟的、诚信的经纪人也颇费思量。

在专家理财方面，对基金公司与基金经理的选择最为关键，优秀的基金公司有完善的风险控制体系，而优秀的基金经理才是真正值得托付财富的人选。

A股牛市使众多个人投资者忽视了证券市场所蕴含的巨大风险，2008年初全球市场与国内市场的大幅波动，无疑是很好的提醒——即使在相对封闭、具有很强成长性的中国市场，也同样不可避免地出现难以控制的投资风险。我们并不能说以上三种方式中哪一种一定会好于其他的选择，但从长期收益以及专业分工角度来看，我们倾向于推荐第三种方式。

在证券市场中投资，并不是一味追求收益，也不是完全回避风险，更多的是寻求收益与风险不对称的机会，希望广大的投资者能够与蓬勃发展的基金、信托、券商等金融服务业共同成长。

站在全球的高度观察投资机会

何诚颖 国信证券总裁助理、发展研究部总经理

随着中国经济持续高速成长，国内中产阶级人群不断壮大，投资理财需求不断提高。2008年将是一个全民投资的时代，越来越多的家庭将财产证券化，越来越多的人意识到，拥有优质投资，获取分红派息，获得股票溢价，才能分享到更多中国经济高速发展的成果。

然而，2008年的证券市场注定是不平静的，海外市场因受次贷危机的影响暴跌不断，美联储多次出手救市；A股市场的连续下跌令其财富效应大幅削弱。在这种情况下，投资者应当如何把握经济走势？如何确定投资思路？如何摆正投资心态？

立足国内，放眼世界，把握经济走势

2007年A股市场的上涨除了得益于上市公司盈利大幅增长外，更多的涨幅来自估值驱动。而估值驱动的背后则是投资者对上市公司盈利增长的乐观预期和充足的流动性。在2008年这两个因素都将面临变数。首先，上市公司利润大幅超越预期的增长已接近尾声，未来几个季度中，上市公司盈利增速将逐步回归；其次，流动性的影响力也将减弱。2008年A股市场的主要驱动因素将回归资本市场的基础——实体经济和上市公司盈利。

2008年国内宏观经济和市场的主要的变化包括：国外市场需求下降，内需在经济转型的背景下有待提升；上市公司业绩继续增长但增速下滑；市场流动性相对下降；过度高估值将难以持续。

现在的股市对大家提出了更高的要求，那就是要关注全球经济的重大走向。次贷危机带动的包括中国A股在内的全球股市大跌就是全球经济金融一体化的显

著体现。美国次贷危机仍在加深，由于更多次贷的利率将在今明两年内由固定利率转变为浮动利率，危机的高峰期也会出现在这段时间。

在次贷危机中，中国经济受到的影响可以从两个方面考虑。一是次贷危机直接导致的中国银行业的损失，另一个是美国经济放缓对中国经济的影响。与西方市场的金融机构相比，中国金融机构受到的影响仍然相对较小。美国经济放缓对中国经济的影响则是更重要的、多方面的。美国是我国最大的出口国，美国的消费市场萎缩，对中国的出口会有直接的影响，国外经济不确定因素大幅度增长的时候，如果我们不迅速调整出口政策，可能会产生叠加的影响。

中国的利率政策在很大程度上受制于美国的利率政策，1月份美国降息后，中美利差出现倒挂。在此情况下，严厉的信贷控制不可持续，紧缩的利率政策很难长期持续，2008年货币政策思路可能以加快汇率升值为主。

把握股市的主旋律，确立审慎的投资态度

2008年是牛市的承前启后之年，在充分消化了新的宏观信息后，我们认为未来仍然是大牛市，但2008年收益的波动性大幅提高。对于投资者而言，精选行业与个股更有意义，一方面股指存在虚高问题，另一方面市场的分化可能导致指数收益与个股收益的差异。

在选择行业时，我们的思路是：中国经济在汇率升值与要素重估的影响下，有望实现增长的转型，在这一阶段，应当关注人民币升值、经济增长方式转型以及通胀等投资主题。

在人民币升值主题下，建议关注金融、地产、航空等行业。基于我们对宏观政策的分析，我们更加坚定了沿着“人民币”选股的决心，航空业是最标准的“人民币”概念的代表。此外，金融、地产两大类行业也是典型的升值受益型行业。除了人民币升值概念，金融地产股还有较好的行业发展趋势。银行由于所得税改革将会带来业绩的提升，现行利率政策对银行来说也能保证它们可以过上较为富足的日子。地产业虽然面临国家宏观调控的影响，但是大的需求趋势不会改变，城市化进程、土地资源的紧缺、中产阶层的不断形成，都对房地产市场提出了大量的需求。

在经济发展方式转型主题下，建议关注零售、传媒、医药产品等行业。沿着“增长方式转型”类概念选股的理由也很充分，国内投资已经过热，出口环境的变化进一步引来人民币升值的压力。此时，选择扩大内需无疑是一个必需的选择了，而从政府最近一系列的政策来看，例如“补贴农民采购限价家电”，医改方

案的“补需方”政策，无不是扩大内需，推动消费的积极举措。

另外，在通胀受益主题下，建议关注百货、医药、食品饮料以及旅游景点四大行业。

我们判断，2008年可能很难出现某一风格板块的整体性机会，市场风格转换的特征将更加明显。我们预计2008年股票市场的波动大大增加，且预期回报比去年会大为减少。这是现实，也是投资必备的认识。因此，投资者在今年应当慎之又慎，理性投资。

股市中投资与风险始终是对孪生兄弟，在享受投资收益的同时必然要承担由此产生的风险。对于普通家庭来说，稳健、长期的投资，才是最安全的。《理财周报》的读者大多数正处于职业生涯和投资需求的高峰期，这阶段的投资理财成果将直接关系到未来家庭财务的安排。我们建议投资者一定要量力而行，根据自己的风险承受力、投资偏好和理财产品结构而定，这样才能在确保相对安全的基础上实现资产的保值、增值。

摒弃暴富心理，回归价值投资

朱戎　东海证券研究所所长

在中国经济发展过程中，一个拥有较高技术水平、管理能力及拥有一定资本报酬的社会群体逐渐发展起来，他们具备较高的收入水平和大致相似的价值取向。这一群体即中产阶级。

按照发达国家的发展路径，当一国人均国内生产总值达到或超过3000美元时，中产阶级将逐步发展并成为国家社会生活的主流。2007年，我国人均国内生产总值按照名义汇率计算大约是2000美元，按照购买力平价计算大约是8000美元，国内中产阶级尚处于形成阶段，占人口比例不大。但随着我国经济的高速持续发展和社会的不断趋于成熟，中产阶级的数量将迅速增加。

我国中产阶级主要依靠自身具备的良好的专业素养和职业能力获取报酬，部分具有一定的财产性收入，对未来大多具有较高的预期。由于我国社会保障体制尚不完善，教育、医疗以及住房体制问题较多，职业生涯中的任何变动都有可能影响家庭收入和生活质量，中产家庭并不能够感受到足够的安全边际。安全感的缺乏，表现在家庭支出上，就是消费比较谨慎，储蓄和其他金融资产所占比重较大。调查显示，我国中产家庭的收入支配中，消费大约占1/3，银行储蓄大约占1/3，用于投资理财约占1/3，也就是说总体金融资产投资占整个家庭收入的2/3，投资比例非常高。

中国资本市场的不断发展和完善，为满足中产家庭的投资需求提供了巨大的空间，股票、基金、银行储蓄、房地产和投资型保险成为中产家庭主要的理财方式。

资本市场注定是收益与风险并存、天使和魔鬼共舞的地方。2007年突如其来的美国次贷危机给全世界的经济投下了巨大的阴影，也毫不留情地给全球的资本市场带来了冲击，越来越融入世界经济的中国同样也未能独善其身。

不断恶化的次贷危机和持续的本币升值将对我国的出口带来负面的影响，进而影响国内的资本市场和实体经济，我们必须充分估计到次贷危机对于国内经济增长的不良影响，但是任何对于这种影响耸人听闻的夸大也是不可取的。

我国的经济尽管在广度和深度上日益融入世界经济，但是总体而言，我国仍然是相对独立的经济体，具有内生的发展轨迹。在出口、投资和消费三驾马车中，受到影响最大的是出口部门。但是由于中国出口产品结构中，低端制成品占据相当的比重，需求弹性较低，美国次贷危机引发的消费支出下降对于低端生活必需品需求的影响有限；而且作为全球第四大经济体和人口最多的大国，经济发展过于依赖出口本身就存在一定的问题，以抑制劳动力和资源价格以及牺牲环境为代价的"世界工厂"所能带来的只有贫困性增长。因此次贷危机和本币升值对于改变过于依赖出口的经济增长模式也许反而是件好事。

实际上，出口对于我国经济增长的贡献正在逐渐减弱，消费和投资越来越成为促进经济增长的重要动力，特别是在我国人均国内生产总值达到2000美元并持续增长的情况下，国内积蓄的消费能力不断膨胀，消费结构不断升级，对于经济的刺激作用日益显现。同时，我国财政收入增长迅速，在支出结构上逐渐向民生型财政转移，这一方面为低收入家庭提供了基本的生活保障，增强了中等收入家庭的安全预期，刺激着起"积谷防饥"作用的资金转变为现实的购买力；另一方面，财政加大对满足民生需要的基础设施的投入力度也将直接带动相关产业的发展。

在宏观政策层面上，高企的通货膨胀使得紧缩性的货币政策不断出台，这加大了人们对于2008年经济形势的担心，但是由于美国经济有可能出现衰退的阴影以及美联储连续地大幅度降低联邦基金利率，国内货币政策空间越来越小。

总的来说，今年将面临较大的不确定性，但是无须将经济形势估计得过于悲观。资本市场持续的单边上扬的市场行情将不复存在，但是依然具备结构性的机会。只要在长远来看，中国经济仍然能够保持持续稳定的增长，经济发展的成果就一定会在证券市场上得到充分的体现。对于中产家庭来说，摒弃暴富心理、回归价值投资应该成为理财投资的主线。

在行业上，建议选择和国内消费升级相关的食品、百货和旅游等行业，与国内转变经济增长方式相关的节能减排和新型能源行业，以及跟社会医疗保障和保健相关的医药行业。同时，由于中产阶层本身属于各个行业领域的精英，对所处行业有着充分的了解，也可以选择自身行业内优秀的公司进行投资。只要选择了与中国经济发展方向密切相关的行业和公司，坚持价值投资，就可以分享经济增长的成果，与中国经济一起成长。

上游会长期处于供小于求形势

桂浩明　申银万国研究所市场研究总监、首席分析师

对于2008年的投资方向，已经有很多分析师提出了建议，其中比较多的观点集中于加大对消费服务行业的资产配置。其逻辑在于：我国现在要防止结构性通胀向全面通胀转变，防止经济增长从偏快向过快转变。在这样的背景下，投资品行业的发展必然会受到抑制，经济增长会更多地依靠消费拉动。反映在股票市场的投资上，就要减少对上游行业的配置，转而加大对消费服务行业的投入。

无疑，上述观点在思路上是正确的。今年以来国家执行从紧的货币政策，各大银行纷纷压缩信贷，基本建设投资受到控制，自然对上游投资品的需求存在下降的趋势，相关行业会出现利润增长放缓的局面。而在通胀短期内又很难得到解决的情况下，消费服务行业则相对有所受益，有增长加快的迹象。

按照这样的现实，“弃上就下”显然是顺势而为的举措。不过，这里也存在两个问题：一个是上游投资品行业受抑制是暂时的还是长期的？另一个是消费服务行业能否承担起作为证券市场投资主角的角色？

如果上游投资品行业只是短期增速放缓，那么将其排除在投资重点之外就有问题；即便上游投资品行业现在不能投了，那么大量资金涌入消费服务行业，是否就能够从中找到投资机会？

面临通胀与经济偏热，国家需要进行宏观调控，执行从紧的货币政策——这是各项调控措施的组成部分。但是调控的目的不是彻底解决通胀（这既不可能，也不必要），更不是使中国经济来个“硬着陆”。

问题还在于，从2007年下半年以来世界经济局势有了新的变化。美国次贷危机的爆发对各国的经济发展都带来了极大的影响，世界经济增长放缓已经成为人们的共识。作为一个外向型经济大国，中国为此也承受了很大的压力。此时，影

响经济增长的三个引擎中，出口这一个转速在放慢，如果投资也大大放慢，整个经济是否还能够保持较快的增长，很可能就会成为问题。

也就在这个时候，我国南方部分地区出现了冰雪灾害，损失很大。灾害让人们思考起这样的问题：尽管我国的基础建设已经取得了很大的成绩，但总体上仍然相当脆弱。而且目前城乡“两元化”的结构，对社会稳定来说恐怕多少存在隐患。

要真正化解这个矛盾，一方面是继续加大基础建设力度，提高其安全保障能力；另一方面则是加快城市化步伐，逐步解决因为城乡“两元化”结构所带来的每年人口大流动。要做到这两点需要一个很长的过程，而其前提又是加大基础投资。换个角度来说，实际上中国在完成工业化并且实现向后工业化转变之前，都需要不断加大在投资品行业的投入，以解决发展的动力与基础问题。而且，中国经济发展又不平衡，就全国而言完成工业化和向后工业化的转变，时间跨度会很大。

从这个角度出发，可以确信的是，现在的宏观调控对于投资品行业来说只是在短期内构成了某种压力，没有也无意去改变它的长期发展趋势。因此，投资品行业作为政府投资的重点，这一点不会改变。在资本市场上，也自然会有其应有的地位。

人们还应该看到，我国缺乏搞投资品行业的原料。但来自这方面的需求依然旺盛，这就使得在上下游体系中，上游会长期处于供小于求的状态。而投资品行业，很大一块实际上也就是搞上游行业，因此它作为投资重点中的重点，显然顺理成章。证券市场作为配置资源的地方，回避上游行业显然不理智。投资者从经济长远发展的角度来看，也的确需要对上游行业持战略性眼光。

当然了，考虑到现在宏观调控的实际情况，人们对马上进入投资品行业有所忌讳也是自然的。客观而言，现在也还没有到可以放手大胆地进入投资品行业的时间。这个时候如果消费服务行业市场机会较多，那么在那里进行投资也是合理的。

令人不安的是存在这样几个因素：一是我国消费服务行业发展一直比较慢，现在也看不出有骤然加快的趋势，因此其发展空间并不是特别大；二是现在也没有多少具有代表性的消费服务行业上市公司可供投资，已上市的普遍规模比较小，要吸纳大量资金介入，本身就有困难；三是从去年下半年以来，已经有不少资金开始进入这个板块，相关股票价格也都炒高了，与同期出现较大跌幅的投资品行业股票相比，无论是在平均市盈率还是市净率上，都要高出不少。

实际上，投资消费服务品行业的最好机会已经过去。如果说在去年第四季度它曾经提供了一个战术性的投资机会的话，那么到了现在仍然继续高调看好消费服务行业，甚至将其提升到战略的高度，就有点脱离实际了。

2008年开展投资的难度很大，对于股票投资来说尤其是这样。不过，如果能够抓住市场变化的特点与本质，坚持中长线投资与波段操作相结合，那么还是有机会获得比较理想的收益。将资产有效地配置在上游行业，特别是优质的、具有扩张能力的大宗原材料生产企业中，安全系数比较高，收益相信会相当不错，无疑是稳健型投资者的最佳选择之一。

结构性机会远大于整体性机会

李大霄 英大证券研究所所长

在市场经济全球化的大背景下，2008年的国际环境影响因素不可以忽视。除了受到高油价的威胁外，主要可能会受到美国的影响——房价下滑、次级债、就业等问题困扰。

根据权威预测，美国在2008年进入衰退期的概率是50%，世界银行也将2008年全球经济的增速从2007年的3.6%下调到2008年的3.3%，这将对股票市场产生影响。我们应该清醒地看到，全世界主要股票市场已经上涨了5年，而最近这些市场的形势都非常严峻。

花旗集团1月15日宣布，出现了高达180亿美元的次贷相关损失，在去年第四季度净亏损98.3亿美元，为该公司有史以来的最大季度亏损。

这一消息震惊全球，紧跟着美林、瑞士银行和法国兴业银行也爆出令人目瞪口呆的亏损数目，更加令世界不安。美元兑日元2007年6月22日是124.14，到2008年1月31日已经变为106.42，这也从另外一个侧面反映出大量创造流动性的套息交易者有平仓的迹象。

全球股市的下挫并未因为美国减息而扭转。种种迹象似乎表明，上涨了5年的全球主要市场也许要转变方向，而且可能性还比较大。

如果这成为事实，A股市场的投资者应该更加重视国际市场的走向。A股市场从2007年10月16日的6124点开始下跌，表现出与全球股市非常同步的情况，与18年以来的历史走势完全不同。也许这和现在A股市场中的主要大市值股票都发行了H股有关系，这也是国际主要市场转向也会导致A股转向的前提条件。

A股市场终于出现了风险，而在市场波动之余多思考一下风险的根源，才能对市场有客观的判断和理性的思考。

2008年我们还将直面宏观调控。从紧货币政策的影响将贯穿全年，中国的

GDP增速将下滑，造成上市公司业绩的增长将放缓。当银行被要求按季度上报贷款总量，当政绩考核由GDP转为增加节能减排时，当第二套房评估以家庭作为计算单位，王石说“房地产的拐点确实已经出现”时，建立在对业绩过高增长预期上的股票投资就隐含了较大的风险。

如果证券市场的走势不够理想，那么占2007年业绩30%的上市公司投资收益对于2008年业绩的贡献也许将转为负面，这样来看2007年市场很多过于乐观的预期就更可能难于实现。

不可以忽视的一点是，如果美国的情况还未能好转，那么中国出口的放缓不可避免。这样来看投资受到调控，出口受到影响，内需中最大的一块房地产又出现拐点，支撑2008年保持高增长的预测基础就变得非常薄弱。

更为重要的是，随着时间的推移，股票供应的压力是越来越大。流通股的供应速度从由证券管理部门控制，慢慢转为解禁股东对后市的判断来控制，还转为大股东在道义基础上的控制，这是一个新鲜的博弈环境。

很多投资者把供应控制的希望建立在他人的道义基础上，其想法在证券市场里显得非常不成熟，这只能是类似童话中善良的愿望。随着供应压力的增加，估值有可能渐渐回落，而且随着时间的推移，压力越来越大。

但2008年的市场仍然存在机会，而且阶段性和结构性的机会要远大于整体性的机会。市场反弹制造出操作空间，政策性变化创造市场机会，整体市场机会可能在2007年的估值高点以下产生。所以2008年的投资策略也许要从进攻转为防御，如何保护牛市的胜利果实可能是一个重要课题。

从更高的层面来观察，我国证券市场的股权分置改革初步完成后，随着银行上市的重要任务基本完成，市场将步入市场化改革时代。市场自身调节机制将建立，结构渐趋完善，规模加速扩大，市值结构大型化，市场定价更准确。

市场从卖方向买方慢慢转化，前阶段是流通股股东享受了对价，下阶段将是由非流通股股东享受对价的时候了。

投资者将接受市场化的考验，投资理念日趋成熟，投资取向趋于蓝筹化，在风险教育下慢慢走向成熟。而市场向市场化、规范化、国际化的模式转变过程中，投资者更要重视风险控制。

具体操作参考：投资性的品种选择要求更高，用更加高的成长性来抵御高估值的风险；提高投资组合的刚性，降低弹性，以抵御可能的震荡风险；适当提高现金和货币式基金、债券及偏债型基金配置比例；适当减少股票和股票基金型配置比例；重视阶段性的配置机会。

奥运“大机会”期望过高难免失望

袁季 广州证券首席分析师

2007年第四季度众多机构在展望2008年行情时，有个观点颇具共识：2008年要重点把握跌出来的机会。但即便是策略研究员在阐述上述观点时，也未能料到新年初始的大跌会来得那么猛烈。

始于2008年1月15日的下跌具有极强的杀伤力，对投资者信心构成极大打击。随着心理底线被一次次刷新，恐慌性抛售的痕迹已经越来越明显——急跌时屡屡放量，牛熊分界线（年线）也未能显示出任何支撑力，表明人气已经非常淡薄。

这次调整缘于“内忧外患”：次贷风暴愈演愈烈，美国经济频亮红灯，金融巨头不断爆出“黑洞”。道琼斯指数开年之后就一路下泻，跌幅创历史开年之最。而在美国市场的“指引”下，其他市场的忧虑迅速加重，并有演绎为“全球股灾”的迹象。

祸不单行的是，前期发生的雪灾影响重大。根据公开信息，截至1月31日，因灾造成的直接经济损失已经达到537.9亿元，对众多行业、企业造成不利影响，专家预计这场暴风雪可能拉低第一季度GDP增速0.5个百分点，部分上市公司开始披露因暴风雪而影响生产经营的信息，投资者的担忧不断加剧。

面对2008年，投资者需要更理性地看待短期与中期之间存在的矛盾。机会与风险之间的转变和演绎极可能是今年市场的一大特点。在消息面未有重大变化的情况下，投资者心态的脆弱和浮躁可能加剧市场波动，恐慌性和非理性的抛售行为使得对短期股指运行进行预测更加困难。但应提醒的是，在年线以下，经历长期调整的以金融、地产为代表的主流品种已具备突出的比价和估值优势，在做空动能快速释放之后，市场机会会日显突出。当然，如果市场较长时间运行于年线之下，需要防范中期转势的风险。

1月中旬以前，A股市场对次债危机表现出很强的免疫力，但1月中下旬以来A

股市场的阶段性调整幅度甚至已超过美国市场。需要指出的是，次债问题对中国市场乃至中国经济尚未构成大的实质性影响，中国直接受影响的金融机构较少，且总量相对有限，但我们应对中长期可能形成的影响有足够的清醒和准备。

由于全球经济和金融体系的一体化程度不断提高，次债问题已成为全球性危机。根据历史经验，美国曾经出现的三次经济衰退都经历了两个季度左右，因此至少用半年的时间进行观察，对未来的判断才有更可靠的依据。次债危机加剧了中国经济宏观调控的复杂性和艰巨性。经历持续数年的经济高增长之后，中国经济运行不可避免地累积了过热和通胀的风险，在此背景下2007年11月中央政治局会议提出“双防”，不仅要继续“防止经济增长由偏快转为过热”，还要“防止价格由结构性上涨演变为明显通胀”。“双防”和调控力度适度加大成为今年宏观调控的重要基调。同时，美联储不断降息化解次债危机，使得中国货币政策操作难度加大。

2008年中国最重要的事件是北京奥运会。对于奥运与中国股市，我们注意到，市场又一次体现了逆向思维的有效性。大众的共识是奥运年有大的机会，大概的逻辑是“奥运前市场没问题，机构将大举拉抬；奥运后市场会大跌”。显然，所谓的“大机会”有强烈的投机色彩，如果这种颇具共性的“预期”在市场中逐步兑现，难免出现大起大落的走势，这显然和管理层防止股市大起大落的愿望有很大的出入。

2008年上半年的市场表现似乎已告诉投资者：投机奥运恐怕要落空。我认为，在牛市氛围中，投资者对奥运寄予美好的预期有合理的逻辑，但要注意，市场环境已有所变化，奥运题材所体现的是主题性机会，如果期望过高难免失望。但此前市场的大幅下跌，在一定程度上消除了堆积的泡沫，也许奥运年最值得把握的就是“跌出来的机会”。

综合来看，2008年仍是值得期盼的一年，但2008年更是充满挑战的一年。无论是经济或是市场层面都存在众多不确定因素，我们面对的市场环境将日趋复杂，证券市场波动将进一步加剧。我们对中国证券市场的未来充满信心，但作为稳健的投资顾问，仍然要强调理性投资的重要性。

在一个全球金融环境联系越来越紧密、投资品种越来越丰富、机遇和风险并存的市场环境中，冷静分析、控制风险是投资制胜的基本法则。对于中产家庭的投资理财，笔者有两个建议：减少直接投资，学会借助理财产品和工具，参与相应的投资领域；合理进行资产配置，适度控制股票投资规模，增加债券投资的配置。

戊子年不适合“买入并长期持股”

黄晓坤 万联证券研发中心总经理

2008年以来，中华大地，万里雪飘，天寒地冻之中，股市也透出阵阵寒意。

在内外环境的双重压力之下，沪深两市股指一路下泻，跌破牛熊分界的年线，恐惧的情绪在投资者和市场间传染——这是黎明前的黑暗，还是意味着熊市的到来？

客观分析，始于2007年第四季度6000点之上的此轮调整，是内外因素共同作用的结果。

调整的内因在于：首先，证券市场经过持续两年多的上涨后偏离内在价值中枢已较远，整体的估值水平已处于相对高位，回落以修正过高估值是市场内在要求。

其次，中国经济及上市公司盈利增速在内外压力下存在较大不确定性，这种不确定性会影响市场估值体系和一致预期的稳定，并在某些突发事件性利空影响下放大市场恐惧情绪，造成非理性杀跌，形成市场较大波动。

第三，尽管市场流动性依然充沛，但从紧货币政策、天量大小非减持、大盘新股发行、创业板开通，均会造成A股市场资金偏紧，资金推动型的A股市场在2008年继续形成单边牛市的难度较大。

而调整的外因则在于：美国经济持续走弱的预期对全球经济及股市的影响不断增大，并拉低中国经济预期；美股及港股的暴跌，特别是银行保险等大市值中资股的暴跌，传导至A股市场，进一步拉低A股市场整体估值水平。

尽管目前看来，上述内外因素仍然在起着作用，并导致市场继续处于调整之中，但从中国经济体的稳健性及长期经济增长趋势、上市公司盈利前景、人民币升值进程等方面来分析的话，A股牛市的核心驱动因素并未逆转。

事实上，从估值水平的角度来进行判断，以2008年预测业绩估算，目前整个证券市场2008年动态市盈率已降至25倍以下，理性预期上已相当合理了。

近期市场信心不稳的心理因素在于美股。尽管美国经济的衰退导致美股阶段性走熊，但中美是截然不同的经济体，中国经济依然处于大上升周期，这决定了A股市场的长期牛市趋势。

因此，尽管A股波动加剧，但牛市格局依旧。对此，我们依然充满信心。

展望2008年，区别于2006—2007年的单边上涨牛市，市场将表现出新的特征：

1. 市场格局上，A股市场将呈现出结构性牛市的局面，而非整体性牛市，这种情况类似于1998年的时候，当时股票指数总体呈平衡震荡格局，波动剧烈，以消化A股连续上涨后的高估值压力。

2008年影响A股市场的关键变量在于：美国经济走向的不确定性（减速还是衰退？），国内通胀预期及相应从紧政策的力度——影响上市公司盈利增速、估值体系，以及投资者心理上的一致预期。

2. 资产配置上，2008年在整体业绩安全边际不充分的条件下，建议投资者淡化指数，相对来说采取自下而上的策略精选个股，比自上而下行业性配置更为适合。

值得注意的是，2008年证券市场的波动会明显加大，买入并且长期持有的投资策略似乎并不大适合2008年，相比之下波段操作、中线持有的策略更为明智一些。

3. 在投资机会上，证券市场也更多体现为主题性投资机会，而非行业性机会。

主题性机会在于：第一，通胀背景下的涨价题材，重点是受益于供求格局变化、要素价格重估的农林牧渔行业；

第二，在科技创新、技术进步、产业升级背景下的科技、电子信息技术产业；

第三，强烈财富效应下的创业板主题；

第四，新能源与节能减排。

此外，传媒、军工、医药等产业政策支持的行业也值得关注。

短期而言，近阶段市场的下跌已脱离了基本面，而跌破年线也令人忧虑，但实际上估值在此也进入了合理的区域。

市场既然能涨回头，也同样会跌过头，这就是趋势的力量。但是我们相信，熬一熬冬天就会过去，现在是“黎明前的黑暗”。资本市场上从来不缺乏激情，但是现在最需要考验的是耐心，现阶段对于投资者来说最重要的就是耐心和坚持。

稳定回报和长期投资是成功法宝

王志伟　广发证券股份有限公司董事长

按照一般官方通行的计算方法，年收入在6万至50万元人民币的家庭属于中产阶级家庭，那么中国国内目前中产阶级的人数大约有1.5亿，而且，在10年后这个数字还会接近翻番。

如何管理自己的资产，使得资产能够保值增值恐怕是摆在所有中产阶级面前的一个重要问题。

在迈入中产阶级这个阶层以后，一个家庭要想维持和提升生活品质，特别是退休以后的生活质量，这个财富管理的任务仍然十分繁重。

据统计，一个生活在北京、上海、广州这样大城市的白领，要想过普通安稳的一生，在住房、汽车、子女教育、餐饮、短途旅游、养老金等等方面的需求，总共所需要的资金是400万元到500万元人民币。这么大的消费金额如果不尽早进行财富规划和管理，而仅仅通过薪金收入和储蓄是很难达到要求的。

因为，在时间的长河里，通货膨胀是货币购买力最大的敌人。统计显示，1989年到2007年的19年间，除了1998年、1999年和2002年以外，CPI每年都是正的上涨，物价累计上涨了1.75倍，100块钱人民币的实际购买力为36块，下降了近2/3，通货膨胀对购买力的侵蚀可见一斑。

我们绝大多数人都有储蓄的习惯，但数据显示储蓄只对资产的流动性和安全性提供帮助，在通货膨胀面前同样毫无办法：过去17年以来的一年定期平均储蓄利率是5.06%，而通货膨胀率是5.14%，两者相比实际利率仍然为负。

长期投资尤其是证券投资是战胜通货膨胀实现财富增值的最佳办法，根据理柏的统计，过去20年全球配置型基金的年平均收益率是11%，而全球债券和美国三年期国债的年收益率分别为7%和4%，而且投资的周期越长获得的投资回报会更佳。

对1970年至2003年间S&P500的研究表明，投资期限为一年取得负回报的概率为22%，投资期为6年的亏损概率下降到了5%，而投资期在10年以上的则没有亏损的记录，全部是正回报。长期投资的好处一是避免亏损的出现，二是复利带来的巨大累积效应。

投资期不出现本金亏损的情况对最终的投资总收益影响巨大，比如下面的两种收益情况：

方案A三年的年度收益率分别是50%、-25%和15%，而方案B三年的年度收益率都是10%。看上去方案A的收益似乎更吸引眼球，但实际方案B的复合增长要高于方案A的复合增长3.72个百分点。

不要小看几个百分点的差距，放在一个较长的时间段里复合收益带来的差距将是一个惊人的天文数字：一个年复合回报10%的投资在20年的时间里总回报是6.7倍，而年回报如果提高3个百分点，20年的总回报将提高到11.5倍；年回报如果是20%，则20年的总回报将达到38.3倍。10个百分点的差距将使得20年的总回报相差近6倍。

时间所带来的复利是投资总回报的另一个加速器。还以上面的例子为证，年均20%的回报率如果投资的时间再多10年，则30年的总回报是237.3倍，仅仅多投资了10年，回报就要多出近200倍，以10万元初始投资额计算，20%的年复合收益在20年后将变成383万元，而30年后变成2373万元。时间的威力真是无穷的！

上述案例带给我们投资人最重要的启示是：稳定的投资回报率和长期投资是投资成功的法宝。

中国股市这几年飞速发展，以上海综合指数计算翻了5倍。但需要清醒认识的是，长期看资本市场超高的投资回报率既不可能也不符合逻辑，因为证券市场长期看反映的是实体经济的状况，长期投资者实际上享受的是实体经济发展所带来的成果，而现实世界中实体经济在成功的情况下年回报率只是在10%—20%之间。

实证研究表明，无论是行业还是企业，过去还是现在，实体经济中从来都没有产生过长期年回报超过20%的案例，相信将来也不会出现。因此，作为实体经济的间接参与者，证券投资者的短期回报有可能大大超越正常的范围，但长期回报一定是在实体经济的长期回报率（10%—20%）的基础上进行波动，而不是长期保持超高的收益。

从这个意义上来说，可以肯定的是，中国股市在经历了前两年的飞速发展后一定会回到一个正常的轨道上来，而且在这个回归的过程中会给我们所有的参与者带来新的挑战。

我们要有面对这种挑战的准备，更要有应对的措施。不过，挑战和机遇向来都是并存的，未雨绸缪、精心耕耘，中国证券市场发展所带来的空间和机会仍然是无限的！

期市三杰：农产品、金属、贵金属

王红英　中国国际期货研发中心总经理

国内外商品期货市场在期货品种上不断推陈出新，只要是大宗商品都有可能被考虑以期货的形式推向市场，各个交易所在自身核心品种的创新方面也会作出积极的实践，这其实也只是伴随价格形成机制、规避现货市场风险应运而生的事情。

风险是各大市场经久不衰的话题，商品期货市场由于自身具有有别于证券市场的交易方式，风险环节更多也更加复杂，但随着风险控制理论和技术的革新，特别是VaR、SPAN风险控制体系和期货市场的有机结合，风险事前的预警、事中的控制、事后的跟踪与分析以及接下来进行的进一步完善风险控制体系的系统，已经将期货市场尤其是期货公司的风险管理提到了前所未有的高度，这就为投资者的风险控制实现了量化基础上的更加高效化，进而使大中型的投资者在风险能够承受的范围内实现收益的平稳化甚至是最大化的实现成为可能。

世界经济向前发展和经济全球化、一体化进程的加深，使得全球资源紧缺的矛盾日益突出，不同国家和地区不约而同地在大宗商品资源争夺上展开了激烈的角逐，直接促使大宗商品资源供需矛盾的激化，特别是我国工业化进程的加快，农业、制造业、能源等产业对基础原材料需求缺口的日益扩大，这将在供求层面上有利于实现大宗商品价格在未来一段时间里继续走出上扬的格局。

从资金层面上来看，全球流动性过剩问题越发彰显，以美国、印度、俄罗斯为代表的多数国家货币供应量已远超出了实体经济发展的需求，2008年商品和资产价格在全球范围内将不断得到修正可以说是在资金充裕条件下的必然。美国2007年7月以来爆发的次级债金融风波导致美国、欧洲、日本等发达经济体的投资银行、基金等相关部门局部出现了资金链断裂，而发达经济体接下来所采取的注资、降息的联合救市举措，使得全球经济更加快速地步入了通胀周期当中，全球流动性过剩问题也很难在未来短时间内有所改观。

投资基金在过去的几年间规模不断扩充、基金主体更加多元化，比如主权投资基金的登场，以及其投资方式的高效化，大大增强了机构投资者影响商品市场价格的能力。以2007年国际原油期货价格直指历史高点为例，各类基金的炒作很难说能脱离干系，而在这过程中各类基金可以说是赚得钵满盆溢。

美国贸易和财政的双赤字是美元长期走软的根本原因，但这又是在美国主要以高消费、低储蓄的经济增长模式下产生的，而这种经济增长模式又是在美国健全的保障体系和传统消费习惯作用下的产物，因此美元汇率的下行趋势也很难在未来相当长的时间内得到改善，从另一层面上来看，美国当局也是非常乐意看到其以“纸黄金”的方式来兑换全球的实体资源的这种局面，在大多数商品以美元为标的的背景下，美元的疲软将会进一步助推大宗商品价格的上升；美国作为全球第一大经济体，在次级债危机的影响之下，美国经济出现了一定的衰退迹象，美国接连开出大幅降息的猛药，是否能对出现衰退迹象的经济起到立竿见影的功效，我们将拭目以待。“病来如山倒，病去如抽丝”，应该是对于美国经济未来走势的一个贴切形容。

出于对美国作为全球第一大经济体对全球经济增长的负面效应，近期无论是股票市场还是商品市场均出现了大幅下挫的行情，可以说是市场对美国经济作出的一种正常的条件反射。长期来看商品市场牛市格局会依然持续，但短期结构性熊市也可能在所难免。在这样大背景下，2008年农产品如大豆、豆粕、豆油、棕榈油等品种，金属铜、铝、锌，贵金属黄金，石油价格仍然有很大的增长空间，股指期货作为能够提高股票市场效率、透明度的品种，如能在2008年顺利推出，那么也将会成为一个非常亮丽的投资理财品种。

我国期货市场历经磨炼后已经到了一个新的发展时期，但现阶段期货市场投资者的参与度仍然不够，不过期货市场以其自身的优势必将会逐步得到广大投资者的认同，在这个过程中敢于第一个吃螃蟹的人往往会成为获利最大的赢家。

由于期货投资的专业性，投资者更应采取理性的方式进入市场，对于投资者来讲必须对自身期货投资的风险管理和技术有一个清晰的轮廓，因此进入市场前向有资深投资经验的专家进行相关咨询是很有必要的一个环节，进而才能渐进地实现分享期货市场杠杆、双向交易所带来丰厚回报的目的。目前真正意义上的期货投资基金尚未出现，但专业期货投资管理公司代理客户管理资产可以说是期货投资基金的雏形，也是中产阶层理财的多渠道重要方式之一。

2008年期货市场六大期待

胡俞越　北京工商大学期货研究所所长

2008年将是中国期货市场深刻变革的一年，2008年的中国期货市场更加值得人们期待。金融期货呼之欲出，行业对外开放渐行渐近，行业结构变数重生，人才竞争日趋激烈，交易量再创新高和投资者队伍壮大亦可期待，期货公司分类分级管理也将提上日程。

一、金融期货呼之欲出

中国的股指期货将在2008年推出。股指期货具有避险、投机、套利和资产配置等功能，其套保与资产配置功能便于机构投资者进行理性投资，避险机制的完善可以有效抑制股市中的投机性交易，而股指期货的套利功能可以增加证券市场流动，平抑价格大幅波动，稳定市场；投机功能则为机构及个人投资者增加了新的投资渠道。

黄金期货也引人关注。黄金具有商品与货币双重属性，在国际金融市场平稳运行时其价格主要体现商品属性，而当国际金融市场出现动荡时，其货币属性展露无遗，成为各国投资者躲避金融市场动荡的避难所。国际上，黄金在投资者的资产配置中是必不可少的，牛津俱乐部Alexander Green就曾提到，资金中应有5%投资于黄金和贵金属。而黄金投资包含种类繁多，国际上有黄金期货、黄金基金、黄金信托、黄金ETF等。

二、期货行业对外开放渐行渐近

国家发改委、商务部已经放宽外商可投资于期货公司不超过49%的股权，2008年中国期货行业的对外开放将会是中国期货市场对外开放的前哨。随着股指期货的推出，期货公司将会受到QFII这样的国外机构投资者的青睐，而参股期货公司的外资也极有可能是拥有QFII额度的国际投行。

国外期货公司是真正意义上的现代金融企业，而国内期货公司目前还正朝着那个目标而努力。随着国内期货行业的对外开放，国内期货公司将会吸取国际上先进的管理经验，整个期货行业在2007年券商参股期货公司后将得到第二次提升。

三、期货行业结构发生巨变，人才竞争日趋激烈

随着股指期货的推出，2008年行业结构变化会比2007年更为剧烈。管理层规定证券公司若想开展股指期货IB业务必须与期货公司进行兼并整合。证券公司由于其雄厚的资本实力，众多的营业部，将会对期货公司开展股指期货业务带来便利。

与此同时，2007年已经出现的人才竞争与人才流动，在2008年将会日趋激烈。目前期货行业队伍相对偏小，从业人员不足万人。随着市场的不断扩大，训练有素富有经验的高端人才尤其稀缺。期货与金融衍生品在金融市场上属于高端业务，期货行业号称十年磨一剑，我们期待着期货行业在市场竞争中有更多的优秀人才脱颖而出。

四、期货交易日趋活跃，交易量再创新高

2007年，上海、大连和郑州三个期货交易所全年成交量达到7.2亿手，成交额为40.974万亿元，分别比2006年的4.49亿手、21万亿元，增长了62%和95%，成交额首次超过GDP总额。随着股指、黄金等期货品种的推出，我们预测2008年全年中国期货市场成交额将有可能再翻一倍。

随着股票市场的火爆带动了期货市场交易的增长，2007年已经有部分股市上盈利的资金流向期货市场，而2008年这种情况更会层出不穷，中国股市上涨的速度将会趋缓，风险偏好型资金将会进一步流入期货市场，因此期货市场成交额在2008年翻一番值得期待。

2007年1—11月全国期货公司盈利8.76亿，预计全年盈利可达近10亿元，从2004年期货经纪公司实现全行业扭亏为盈，到现在年盈利接近10亿元仅仅用了不到4年的时间，而2008年股指、黄金期货的推出也将进一步提高期货公司的盈利能力，2008年期货公司全年利润将会出现爆发性增长，估计全行业全年利润极有可能突破20亿元大关。

五、投资者结构日趋合理，投资者队伍不断壮大

2008年，随着股指、黄金期货的推出，期货市场的投资者结构将会发生变化，以前散户占主导的局面将会被打破。股指期货推出后，证券基金、社保基金、保险资金、企业年金和QFII等大型机构投资者都将会加大介入股市的力度，私募期货投资基金亦将会出现持续壮大的局面。黄金期货的推出也将引入以银行为代表的金融机构开展自营业务，2008年期货市场上必将出现众多机构投资者以分享金融期货盛宴的局面。这将全面提升期货市场的投资者质量，机构投资者将会成为市场主力军，以前散户投资者“散兵游勇”的格局将会被彻底打破，期货

市场的功能将会得到更好的发挥。

六、期货公司分类分级管理提上议事日程

期货公司分类分级管理将提上议事日程，2008年监管层将有可能借鉴证券公司分类分级管理经验探索期货公司分类分级管理问题。只有实力雄厚、风控机制健全的期货公司才能开展创新业务，而一般期货公司只能开展传统的国内经纪业务。期货公司分类分级管理的好处在于能够较好地控制风险，自身综合实力越强的期货公司可开展的业务越丰富，这样促进了行业内优秀的期货公司做大做强，避免了行业内手续费的恶性竞争，提高整个期货行业质量。

信贷资金供应成房地产决定因素

张宇　国泰君安房地产行业首席分析师

刚进入2008年，次债危机的多米诺骨牌开始推倒一个个往日让人仰视的超级大行，贝尔斯登、花旗、美林、摩根士丹利、法国兴业、瑞银……炸点从美国波及到欧洲，迅速蔓延到亚洲，中国内地、中国香港和中国台湾证券市场遭受正面冲击，已经开始直接影响并考验我国政府宏观调控的结果和未来政策走向。

为什么人们总是不肯舍弃对牛市的期望？因为他们把日本20世纪70年代的大牛市作为中国本轮牛市的参照系。它们太像了，都具有本国货币升值和生产要素重构这样类似的经济环境，而日经225指数20年上涨20倍的童话也太美丽了，谁愿意去相信短暂的幸福时光就这样戛然而止呢？

现在恐怕谁也不敢说牛市在年内将一去不返，不过，由于有两场预报中的暴风雪的存在，刚刚准备开始的下半场比赛正面临被临时取消的命运。

尽管目前世界各大行已披露的次级债亏损数目已非常惊人，但是如果没有后续更加触目惊心的风险失控和财务丑闻，已经过度反应的各大市场继续杀跌的可能性并不太大。但是，突发的十分蹊跷的法国兴业集团事件，疑雾重重让人们实在难以释怀；各国政府均对本国银行进行巨额注资援助，连亚洲诸国主权基金的资金也纷纷进入，初看是不是有大人借小孩的压岁钱买年货的感觉？已披露的信息是冰山一角，还是水落石出？这个问题没有答案，2008年股市就无从谈起。无论如何，境外市场购买力急剧下降已成定局，甚至经济衰退的声音也不再是孤独与无力的。

国外经济形势的不理想，也迫使目前以投资和出口为双引擎的中国经济面临强势调整。随着外需增长下降的确定，国内消费将替代出口成为引擎之一，内需增长最有可能成为未来3—5年长期的投资主题。

对证券投资而言，基础设施投资和消费品行业将出现结构性机会和博弈性机会。这种机会，对我们而言犹如冰雪中寻得碎钻——同样的闪烁，折射的是我们锐利的目光而非渴望温暖的心脏。

为了防止次贷风险的危机进一步吹向我国，决策层可能将调整针对股市现行的政策目标——从支持市场的持续发展、从而配合股改和央企产业整合，调整为平抑股市为主的资产价格泡沫，从而消除金融风险的隐患。一旦形成这样的改变，那么近万亿的大非解冻，辅以同样规模的小非解禁，加上大量新股发行、香港红筹股回归、创业板的设立等等，2008年的资金之重又有谁堪承受？

面对可能的风雨，谁为今年的房地产“雪中送炭”？

中国房地产未来长期景气，我从没有怀疑过。对于商品住宅，从长期消费角度讲，它更像是你这辈子必须娶的新娘，不论是时机还是嫁妆，只有你自己能选择。从投资角度讲，能承受着8%以上的资金利息而仍然坚持，必定是经过认真思考后做出的选择。

2008年的房地产股票有没有行情，取决于对这个行业一个总体判断，即是行业集约的速度是否快过市场景气下滑的速度？商品房开发规模的增长速度是否快过价格下降的速度？再融资的增长速度是否快过信贷紧缩的速度？三者至少要具其二，才能配合人民币升值的历史性机遇走出一个较为理想的市场行情。

对于现下流行的“拐点”说，我的理解是：这个“拐点”不是指商品房销售的价格趋势，而是指影响商品房市场未来发展的决定性因素发生转变。如果说2007年房地产企业必须“抢地”，那么2008年他们得“抢钱”——发展商的命运从来没有像今天这样被银行家所掌握。简言之，银行信贷资金的供应状况将取代市场供求矛盾成为决定因素。

到目前为止，央行的货币政策很明确：资金紧缩、信贷调控。这种政策会不会因为次贷风暴的影响而有所改变尚不得知。但从企业经营上来说，这将最终迫使开发商根据不同城市的信贷投放规模，来选择是加快销售回笼资金，还是待价而沽。总体来看，大中型龙头企业利用各种渠道争取到资金的能力较强，他们会再用这些宝贵的钱去拿有限的地。最终，他们将占有越来越大的市场份额，分享到越来越多的行业景气，拥有越来越高的成长空间。

作为一名房地产行业分析师，我认为人民币升值是今年少数几个必须把握的投资契机之一。在投资标的的选择上，我依然看好从事房地产开发业务的大型央企，而从事商业地产开发的大型地方国企也是较为安全的选择。

能源紧缺解除农产品顶部约束

肖成　广发期货总经理

我深深感到广大投资者的理财意识不强，理财渠道不广，导致这个问题的一个重要原因是，简单地认为股市与期货市场风险很大，从而不关注，也因此常常错失良机。

例如，2001年至2005年股市低迷，成交清淡，许多投资者常常一入股市即被套，财富效应极差，甚至出现“远离股市、远离毒品”的极端说法。但是从2005年开始，一波波澜壮阔的大牛市已经启动了。等到广大投资者觉醒，大量开户入市的时候，先知先觉，先行进入股市的投资者已经赚了好几倍了。所以说不重视投资也是一种损失，损失也意味着风险。

如果说存款从银行到股市的大挪移是投资者理财意识的苏醒，那么各种合规资金进入期货市场应该就是理财意识的成熟！因为期货市场也为投资者提供了良好的理财工具，国际上很多的风险偏好低的养老基金也会通过各种渠道进入期货市场就是最好的证明。

事实上，期货市场上投资机会其实非常多。从2003年以来，商品期货迎来了一波又一波的大牛市、大行情。先是上海铜期货从2003年不到2万元/吨的价格上涨到2006年的8.4万元/吨的大牛市行情。之后农产品又接过牛市的旗帜，玉米、大豆、豆粕、棕榈油等期货品种轮番发威，联袂上涨。能源板块也不示弱，上海燃料油从2005年的2000元/吨的价格一路上涨到目前的约4000元/吨的价位。考虑到期货的保证金交易特点，这些涨幅都是非常巨大的，能够给广大投资者带来数以倍计的盈利。

说期货市场投资机会很多的另一个重要原因是很多期货品种成交都非常活跃，成交量大，流动性好，冲击成本小，适合大资金进出。2006年全国期货市场成交量超过20万亿元，2007年全国期货市场成交量突破40万亿元。不少合约出现一天成交量超过100万手，长时间持仓量超过50万手的现象。由于期货交易信息比较透明，同股票比更容易看出大资金的动向，这些特点对中小投资者而言也是有利的。

展望2008年，期货市场的投资者也面临众多的投资机会。

首先，农产品仍将处于牛市上升轨道。世界能源紧缺解除了农产品的价格顶部约束，农产品价格在一定程度上将摆脱生产周期的影响，其价格将处于价值重估过程之中。

其次，有色金属与能源的波动将会更加激烈，应该维持震荡上升格局。尽管次贷危机增强了对全球经济的担忧，但新兴市场国家尤其是中国的需求仍将非常强劲，有色金属与能源的资源稀缺性将导致其价格震荡上行。不过，国内物价调控政策将导致商品价格经常发生大幅调整，波动会比以往剧烈。

第三，黄金价格已经处于一个上升通道，牛市或将持续很久。上半年伦敦黄金突破1000美元/盎司应该不会有太大问题。由于世界经济处于动荡之中，美元贬值，欧元、日元等货币难以获得世界普遍认可，黄金的货币属性将得到极大强化，尤其是中国推出黄金期货后，世界对黄金上涨预期更加强烈。此外，国内黄金供需的巨大缺口也必然导致黄金期货市场的长期繁荣和交易火爆。

第四，新的商品期货品种上市引起的投资机会不容忽视。2008年将有关系国计民生的商品期货新品种推出。大商所的生猪，上海期交所的钢材、原油都很有希望推出。新合约蕴藏着巨大的投资机会。新合约上市初期很容易形成市场热点，大多数情况下，新品种上市都会以涨势的形态出现。特别是钢材与原油期货，潜在参与者非常广泛，市场认可度高，有巨大的盈利机会。

2008年金融市场还可能发生一个大事件：股指期货可能会闪亮登场！股指期货对投资者的思维方式和投资行为将形成前所未有的冲击，会极大影响期货市场的行情走势和投资规模。股指期货将改变证券投资者的交易思维模式和投资习惯，吸引广大证券机构和大中型投资者进入期货市场。股指期货对以前只能在股票市场做多的投资者来说提供了一种新型投资工具。尤其是在股市连续暴跌，跌至年线附近苦苦挣扎的时候，股指期货的推出使基金等机构在套利、避险等方面的需求得到满足。

此外，资金将比以往更加偏爱商品期货市场。当前，世界经济处于通货膨胀的漩涡之中，次贷危机使得各国经济形势有些动荡不安，股市连连暴跌，金融市场的可投资性大大降低。大量的资金将涌入商品期货市场以寻求保值增值，商品期货的金融属性将进一步凸显。国际上很多基金，包括低风险偏好的养老基金，都加大了对商品期货市场的投资力度。

我们相信，承担同样的风险，2008年从股市赚一倍很难，从期货市场赚一倍，相对容易！

第七部分

银行家

银行是中产家庭最贴身的理财顾问

陈晓燕　中国工商银行个人金融业务部总经理

改革开放以来，伴随着中国经济的持续快速发展，中产阶层队伍规模不断壮大。优质高端客户群体越来越多，财富增值保值愿望越来越强烈，金融消费需求层次也越来越高，对于金融服务销售商提出了更高的要求。

中国工商银行作为全球市值最大的商业银行，拥有最强大、最完整、最丰富的金融产品线，最庞大的客户基础，最完善的服务体系，各项业务在国内均保持领先地位，连续多次被国内外权威机构评为中国最佳零售银行，在服务中高端客户方面有自己独有的优势。

中产阶层的金融需求，一般包括管理日常闲置资金的短期资金管理需求，进行各种投资理财活动的资产增值需求，用于固定资产购置、事业经营启动资金等方面的融资需求，以及包括医疗健康意外保险等在内的家庭保障需求等几个方面。

在短期资金管理方面，工商银行的“利添利”理财协议、通知存款、T+0，T+N等各类自动转存协议都是理想的选择。在投资理财方面，包括稳得利、基金定投、股票基金双重精选、汇财通、珠联币合等在内，工商银行有一系列可以满足各种不同风险偏好客户的理财产品。同时工商银行的黄金、外汇交易等也都是资产保值增值的不错选择。

在保险产品方面工商银行和国内实力最强、信誉最卓著的20多家寿险公司、财险公司强强联手，代理销售几十种精心挑选的保险产品，能够满足中产阶级全方位的风险保障需求。

包括个人经营贷款、个人信用贷款、个人住房贷款、个人商品房贷款在内的各种融资工具，则能帮助您更好地实现购房置业、经营事业的愿望。

此外，中国工商银行还拥有国内最一流的网上银行服务。“金融@家”个人网上银行连续多次被评为中国最佳网上银行，目前已拥有14大类，70多项功能，能够为客户提供集银行、投资、理财于一体的各种金融服务，对于时间宝贵的中产阶级来说选择一个上好的网上银行服务无疑是有必要的。

中产阶层在制定自身的理财规划时，需要不断地根据自身财务状况，结合每个阶段的财务目标和外部经济环境的变化，进行调整，以保持较佳的资产配置和投资组合，获取有效的资产增值。

2008年，工商银行将根据市场的特点，不断加强产品创新力度，推出各种适应市场变化及客户需求的新产品和服务。比如针对近期股市的大幅波动，我们在春节前已经推出了国内首款实时交易型超短期理财产品“灵通快线”。该产品主要投资于银行间市场债券、央行票据等高等级、低风险金融产品，投资者主动购买本产品，资金实时结转为理财产品份额；主动赎回本产品，资金瞬时到账。该产品流动性高于目前市场中任何一种理财产品，堪与活期储蓄的流动性相媲美，而收益是活期储蓄的2倍以上，可以有效保证股市交易资金的短期管理需求。

2008年工行还将继续加大对服务升级的投入，新建1900家贵宾理财中心，为客户提供专属、私密、优质、精细、全面、快捷的金融服务，在接待能力、客户经理配备、营业环境、服务范围和服务价格等方面进行全面升级，让客户能够真正感受到工行“以客户为中心”的服务理念和一流的服务水平。

稳本增利才是财富管理之道

张东　招商银行总行零售银行部副总经理

2008年开局，我们在抗击天灾之外，还要直面人祸——美国次债危机所席卷而来的全球金融风暴。花旗、摩根士丹利、美林、瑞银等国际大型机构纷纷爆出庞大次债损失，法兴银行惊爆因交易员违规导致49亿欧元损失。对经济衰退的担忧推动全球股市全线暴跌，国内上证指数也随之大幅下跌。

2007年第四季度以来，账户上“盈利、亏损、再盈利、再亏损、套牢”成为很多股票、基金投资者心里的痛。在经历如此黯淡的一个月后，投资人喜迎新年，一边收拾心情，一边收集《理财周报》等财经报刊提供的新年理财策略，以冀在财富管理的道路上越走越好。

回顾2007年9月，斯时上证指数尚在5500高地附近蓄势上冲，我行同仁们已经感到股市高位寒意。在火爆的市场面前，我们没有忘记投资史上不变的定律：风险是涨出来的，机会是跌出来的。于是，招行财富管理战线的同志们统一认识，全力以赴，开发了很多理财产品满足了客户的理财需求。在我们员工的努力下，很多客户减持股票、基金资产，转而投资低风险的银行理财产品。在沉甸甸的上千亿元理财产品销售背后，我们看到的是上千亿的客户资金避免了股市调整的损失，是国内客户财富管理意识在提升。

在讨论2008年财富管理大计的时候，我觉得最重要的是解决投资者的心态问题。在牛市中，一年翻番不困难，难的是如同巴菲特一样，坚持长期20%—30%的稳定回报。伟大的投资者需要经历时间的考验。即使是投机客也应铭记，当投机的狂潮退去，一定要攥紧自己的泳裤。巴菲特认为投资的要诀是：“1.不要亏损；2.还是不要亏损；3.牢记以上两条。”我的理解是：股票涨停是赚10%，跌停是亏10%。当你蒙受一次跌停时，你需要的不是一个涨停，而是11.11%的涨幅才能回本（尚未考虑交易费用），故稳本增利才是财富管理之道。

投资理财有个简单的定律：100减去你的年龄就是你合适的股票投资比例。大道若简，这个定律的意思就是，随着年龄增长，你股票资产配置的比例要慢慢降低。我自己的体会就是，个人财富一般随着年龄增长而增加，而财富增长越发依赖资本利得而非工薪收入。年轻时可投资本金不多，能承受风险，亏损后仍有时间等待并可利用工薪收入摊低成本；年长时资本丰厚，同样金额，盈利的边际效用比亏损的边际效用要小。1000万元的富人，如果投资盈利800万元，对人生影响不大。但是亏损800万元，则直接影响到生活质量。所以，中高端资产人群的财富管理应该逐渐求稳。

国内金融机构在财富管理上的步子迈得非常快，老百姓可使用的理财工具越来越多。银行理财产品中，喜欢稳定回报的可以购买固定收益的“安心回报”；需要高流动性的，可以购买赎回即时到账的“日日金”；看好新股套利的，可以购买不同期限的“（单只新股）集合号”、“月月赢”及一年期产品；需要本金安全高潜在收益的，可以购买挂钩型“焦点联动”；需要投资海外的，可以购买“海外寻宝”和境内外投资兼容的“纵横四海”；看好国内股市的，可以投资“A股掘金”，或者“银基通”里数百只基金；看好股权投资等项目的，可以投资“招银进宝”；需要做好家庭保障的，可以购买保险产品；有能力主动投资的，可以通过第三方存管业务购买A股、B股，也可以投资外汇实盘、外汇期权、黄金交易等……我相信，在未来一年，包括招商银行在内的银行同业，将会给你更多理财选择。

古语云：授人以鱼，不如授人以渔。招商银行既愿意为您“授渔”以长期共同成长，也会“授鱼”以携手走过崎岖。从目前掌握的信息看，我个人认为环球经济与股市在2008年依然具有较大的不确定性。美国次债危机对环球股市和经济实体呈波浪形冲击，欧美、亚洲股市高位回落后依然需要站稳筑底，在市场大幅波动中受惊吓的全球投资者需要时间与经济数据去恢复信心。而回眸国内，因宏观调控和自然灾害对经济面的影响，使得股市充分调整，整体估值水平将再次回到合理水平。在全球经济走入调整的当下，国内政策可能转向宽松，以保持经济发展步伐。一般投资人常在“贪婪、恐惧”中轮回，却难以做到“当别人贪婪时我恐惧，别人恐惧时我贪婪”。本轮调整，未必不是一个逢低投资的好时机。

最后，愿我们的客户朋友在新的一年做好资产配置，不贪婪，不恐惧，坚持稳本增利的财富管理之道。然后，一年又一年坚持下去，成就您家族的未来。

中产应关注理财，而不仅仅是投资

周伟萱　深圳发展银行私人理财部总经理

总体来看，中国宏观经济形势稳定，国民经济在2008年将持续保持较快的增长，GDP增长率仍将保持在较高水平上。

从世界范围看，受次级债危机的拖累，世界经济的不确定性增加，经济增长可能趋缓，但不会出现全面持续的萧条。

2008年消费结构升级活动仍然会比较活跃，买房、买车需求仍然比较旺盛，消费需求仍会较快增长，社会消费品零售额也将保持较快增长。

一是城乡居民收入稳步提高和社会保障力度继续加大，将支持消费进一步扩大；

二是奥运效应可望极大地助推消费增长；

三是人民币升值幅度的加大将降低国内商品在国际市场的竞争力，国外需求下降可能导致部分出口商品流回国内，增大国内市场供给，这有助于抑制国内价格水平，并刺激居民消费。

2008年股市将会呈现高位震荡上行态势。2008年，境内股市的牛市格局不会改变，但考虑到上市公司整体业绩难以再现2007年超常增长状态，A股上市公司市盈率水平处于高位，以及市场融资规模激增、解禁限售流通股减持和对外证券投资加速放行对资金面的影响等因素，2008年A股市场恐难出现之前两年的全面上涨局面，而呈现高位震荡上行态势。

由于资金流动性过剩问题在2008年会继续存在，在实体经济供求平衡和局部产能过剩、利润水平降低情况下，过剩的流动性可能转而刺激房市、股市需求，推动房地产市场、股票证券市场进一步趋热，成为宏观经济稳定的主要威胁。

CPI增速未来可能有所下降，但2008年仍将处于较高位。由于2007年12月份CPI基数较高以及主要食品价格等先行指标的涨幅回落，短期内CPI增速可能有一定下降。

此外，2008年人民币对一篮子货币加快升值将缓解国内价格上涨趋势，同时抑制国际资源及能源产品进口的输入型通胀。

但考虑到今年国内股票、房地产等资产价格可能继续上行并推高CPI走势，国内资源价格改革也将稳步推进，CPI在2008年骤降的可能性极小，仍将保持较高位运行。

宏观调控方面，由于2007年6次加息仍未扭转负利率的现状，预计2008年利率政策还将处于加息周期。但考虑到2007年6次加息的滞后效应可能在2008年集中体现，且美联储未来进一步降息的可能性很大，2008年总体上加息幅度和次数将会少于2007年。

同时，承接2007年最后一次加息明显表现出来的结构性特点，2008年在加息方面的结构调整取向将更加灵活：定期存款利率上调的力度可望加大，而活期存款利率则可能继续降低；五年期以上贷款利息进一步上行的空间将相对较小；不对称加息可能会更普遍。

综合上述因素，商业银行应该注意优化存款结构，实施主动负债管理，力争在利率总体上升时期保持较低的存款付息水平。

同时，正确把握理财业务和负债业务的内在联系和转化规律，促进理财和储蓄业务的平衡发展。

此外，商业银行应进一步加快收入结构转型，大力发展私人银行、理财业务、资产托管、电子银行、投行业务、现金管理、银行卡等中间业务，提高综合收益水平。

对于中产家庭来说，2008年仍将是投资理财市场风生水起的一年，但是随便买什么都能获利，甚至获得暴利的可能性将大大减小。

是时候将投资与理财的概念区分开来，并且明白前者不过是后者中一个结构性的组成部分了。显然，作为处于成熟期的家庭形态，中产家庭更应该关注的是理财，而不仅仅是投资。

既然是理财，就必须有一个全面的考虑，并且结合不同的人生阶段、不同的家庭情况，有更细致和具针对性的考量。

2008年我们会看到，理财市场将走过人云亦云的时代，而成为一种更个性化、更注重针对性服务的专业领域。

对于中产家庭来说，理财的目标首先是保证并不断提高生活水平和质量，其次是对未来可能发生的需求及风险进行储备。

因此，投资理财要注意稳中求进，围绕家庭目标，以取得稳健、安全的收益为预期，处理好消费与投资、风险与收益的关系。

理性选择与预期匹配的理财工具

严骏伟　民生银行金融市场部总裁

1. 中产家庭的定义

中产阶级家庭是30—40岁之间，有稳定的收入（按30岁来讲家庭月收入1万—2万元），已婚，有自己的一套或者两套住房，但大都是通过房贷的形式，职位大都已做到企业的中层，已经有孩子或者将来打算要孩子的这类人群。这类人群对于自己家庭目前的现金支出、保险、子女教育、养老、投资都会有一个大致的想法。总之，中产家庭是最应该理财也最有条件理财的家庭。

2. 目前中产家庭理财情况

第一，我国中产家庭的数量增加很快，同时可以选择的投资品种和理财产品五花八门各有特色，比如房产、股票、理财产品、保险等等，对于中产家庭来说理财的意义越来越明显。

第二，目前大多数中产家庭并没有制定专业化的理财计划和财产规划，很多都是依靠自己对市场的判断进行资产配置和投资组合，这样虽然把握了主动权但却缺少了对市场环境、对自身家庭的客观把握。

第三，目前市场上对理财的认识非常狭隘，与“投资”相混淆，中产家庭的理财也面临这样的问题，人们往往觉得是自己银行账户里面的金额在一段时间后增长了就是理财，这个想法是需要扭转的。

第四，在评估投资者的同时，我们也会清醒地认识到我国理财师队伍的建设也是进行时，尤其是专门为中产家庭提供理财分析和规划的专业性理财人员非常缺乏。他们的家庭理财建议，还是局限在为客户推荐一两只成长性好和收益率好的基金或者股票上。

3. 中产家庭理财建议

第一，家庭理财概念更新。理财决不仅仅是投资，投资只是实现理财目标的手段。理财是建立在理财师对其财务状况、收入支出情况、家庭成员状况等充分了解的前提下，来量身定做理财方案，主要目标是实现财务安全、资产保值、资产增值和资产保护。每个家庭一定要分清理财的目标和工具。理财的主要目标包括家庭日常支出、家庭保险规划、子女教育规划、养老规划等。而银行理财、股票、基金、信托、保险等是理财手段。

第二，理性选择理财工具。目前市场上的理财工具比较多，具体包括：银行存款、银行理财产品、银行委托贷款业务、股票型基金、债权型基金、平衡型基金、券商集合理财、信托计划、人身保险、财产保险等。这些品种的期限、收益、风险各有不同，这就需要投资者根据自身条件和目标进行合理科学的配置。

第三，树立良好的理财观。任何理财工具的选择，都为其目标服务，我们理财的目标和生活的目标应保持一致，“收入增加、科学消费、投资稳健、身心健康”就成为我们理财的目标。这样我们在安排资产时应该考虑资产的“安全性、收益性和流动性”是否达到了一个合理的配置，是否符合不同阶段理财目标的实现之需。

第四，相信专业享受服务。中产家庭往往具有一个共性，那就是“忙”，忙得没有时间去关注市场热点，忙得没有时间去分析自身情况。这样的中产家庭就要相信专业，请一名到两名理财规划师为自己的家庭提出具体方案。可以考虑到提供理财规划服务的银行申请贵宾卡，获得相应的服务。

4. 对中产家庭理财的几点提示

第一，良好的生活方式同样是一种“理财”。中产家庭里的成员大多是高级打工族或私人小业主，这类人群往往工作忙碌、生活单一，这种生活方式非常不利于个人发展也不利于身体健康。因此，我建议在理财规划中要包含这种“机会成本节约”项目，比如健身项目、旅游项目、美容项目、旅游项目等，这将极大地提高生活质量，同时必然会带来更好的工作状态以及更棒的身体。

第二，科学地购买保险就是一种“理财”。对于中产家庭来说，保险至关重要，具体包括几个必须考虑购买的保险：意外伤害险、医疗险、重大疾病险、家庭财产保险，可选的几个保险：储蓄分红型保险、养老年金险、投连险、万能险等。

总之，大多数中产阶级现阶段正是职业生涯和理财需求的高峰期，未来的理财目标大多为子女教育、购房购车和养老金积累的关键时期，因此这阶段的理财成果将直接关系到未来家庭财务的安排，因此做好这20年的理财将显得十分关键，应该量力而行，主要是根据自己的家庭状况、风险承受力、理财偏好而定。同时，选定一个好的理财师也是做好理财的关键，请理财师根据各方情况的变化动态调整理财规划。这样才能够在确保相对安全的基础上，实现家庭资产的保值和增值。

华夏银行：我们关注的四大主题

黎清　华夏银行个人业务部总经理

自20世纪40年代起，西方主要国家就进入了“橄榄形”社会，中产阶级的兴起和壮大成为推动社会发展、引导消费、稳定社会、定型社会规范及主流价值观的社会结构主体力量。在我国今后的20年，中产阶级也必然是经济发展、民主健全、科教进步、文化繁荣、社会和谐、人民生活更殷实的全面小康社会的中坚力量，是未来社会结构中的主流公民。

据预测，未来五年内中国将有2亿人口进入中产阶级行列，而更乐观的估算是3.5亿人。正是这样一个庞大的富裕群体，将构成中国社会最稳定的中坚力量。

银行理财最主要的目标群体就是正在快速扩大的中产阶层，了解他们的需求，提供管家式的金融服务，伴随他们一起成长是华夏银行财富管理业务的发展方向。

正在形成和扩大中的中产阶级，很多人现阶段正是职业生涯和理财需求的高峰期，他们期望家庭财产稳步增值、生活品质不断提高、尽到对家庭和社会的责任。这样我们从以下几个方面来考虑为他们设计理财方案。

首先，家庭资产要做基本的配置：家庭收入40%左右用于供房及投资；30%用于家庭生活开支；20%用于高安全性和高流动性的资产，包括活期存款、货币基金等；10%用于保险。对于这个基本资产分配，一定要做到长期坚持，才能避免出现风险集中和家庭财务困难。

其次，选择较好的投资领域，做好投资规划：2008年全球经济减速的预期、美国次按危机不断扩大，国内房地产市场加大调控，股市大幅震荡，这些都给今年的投资带来非常大困难。我们建议以“稳”为先，重点考虑这几个方面：保本类的结构性理财产品，安全性高、收益稳定的新股申购类产品，基金宝类产品，股市的大幅回调所带来的投资机会。我们分别详细讨论一下。

结构性理财产品的最大好处是在保本的基础上可以灵活挂钩不同领域，以获取所看好领域的可能高收益。耕地持续减少、人口增加、气候恶化、粮食库存降到历史低点，加上通胀和生物能源的影响，农产品成为非常好的挂钩标的。1月中旬华夏银行推出的与农产品指数挂钩的理财产品，提前四天被抢购一空，显现了投资者对此类产品的高度认同。

新股申购类产品现在成了低风险理财产品中收益相对最高的，但现有产品大部分收费较高而且有较大的收益分成，使投资者无法获得更高收益。华夏银行代理销售的国都1号，每季度开放申购赎回，2007年收益率达到30%；嘉实债券、工银债券A、宝康债券等，都没有额外费用和收益分成，投资者可充分享受一级市场无风险收益。

很多投资者愿意买基金，但是缺乏对基金的跟踪研究和分析，也缺乏对市场走势的把握能力。对没有把握选准基金的投资者强烈推荐基金宝类的产品。基金宝的优势是专家管理团队有选择基金和把握进出时机的能力，集合大量资金使基金宝进出基金的费率非常低，另外还有二次申购新股的能力（在大量资金保证得到平均的中签率的基础上，对基金的深入跟踪又使其能在申购资金解冻后，再通过买入新股中签量大的基金，大幅提高新股申购收益）。华夏银行1月底刚完成一个由平安证券管理的基金宝产品的发行。

对于激进的投资者，这次股市的大调整为他们创造了非常好的买入时机，包括A股市场、香港股市和欧美股市。针对很多投资者无法直接投资境外市场，华夏银行今年将设计各种组合、各种期限的挂钩型产品使投资者能够抓住这些投资机会。

这几类投资要在客户经过分配、可用于的投资的资金里，结合自己的风险偏好进行合理配置，可以加大比例的是前边推荐的新股申购类的产品和基金宝类的产品。还要重点考虑的是流动性的搭配，因为有些产品是长期封闭的，资金投入后要被锁定很长时间，其间市场出现大的变化时将无法及时调整。

第三，考虑消费支出规划。应该注意的是要增加与其收入和身份相称的消费，包括增加珠宝支出和家庭收藏支出（珠宝、收藏品不仅可作长期投资、保值增值，而且时尚，还可怡情养性、增加学识）；另外，家庭需要在健身、保健等方面加大投资，为更好地享受生活、享受事业奠定基础；另外，为子女教育和生活创造空间，为其能全面发展打好基础。

第四，保险规划。真正的理财不仅在于资产的增值、保值，还要做到居安思危，即便发生变故，还要能维持原来的生活水平。因此在保险方面的提前安排是非常必要的。一个基本的原则是：家庭保险保额的设定大体上要做到家庭年收入的10倍，保费的支出大体应占到家庭年收入的10%左右。要考虑到所有家庭成员的意外伤害险、健康险，家庭主要收入来源者的失业保险、人寿保险。

另外针对有些客户，我们还要在财产的分配和传承上提供法律和信托等服务。

我们的目标是成为中产家庭的金融大管家，虽然我们现在的服务品种和服务能力还很有限，但我们一直在朝这个方向努力，从产品和服务的创新，从人才的培养和引进，从合作伙伴的选择和渠道的开拓等方面。我们也将随着已占社会总人口10%的中产阶层规模化增长速度的加快，快速地成长并提高专业化服务水平。

银行理财是一座桥，延伸到全球

张旭阳　中国光大银行财富管理中心总经理

以股权分置改革基本完成等制度变革为前提、以储蓄分流为标志，2007年中国已经开始由以商业银行为中心的金融体系逐渐向以资本市场为中心的金融体系转变。

在这一转变过程中，每一个金融市场参与者的行为模式都正在发生变化。成千上万的普通投资者个人资产配置的转化，最终改变的不仅是社会整体资产结构，更是对全社会资源配置效率提出更高的要求，进而改变经济运行模式。

伴随中国金融深化进程的一个副产品就是投资工具的极大丰富。从固定收益到股权私募，从直接投资到衍生品交易，从境内到境外，中国金融市场上的投资工具初步形成了从低风险到高风险的较为完全的投资品种谱系，使得投资者真正能够按照投资学的一些原理进行理财。因此，不论中国股市的高低起伏，国内居民都进入到理财的黄金年代。

但理财终究不是“请客吃饭”，投资热情高涨并不能保证赚钱。除了多看看理财类财经媒体外，恐怕投资者还要记住理财是财富保护、理财是长期投资、理财是资产配置、理财是人生规划的四句箴言。

理财首先是本金的保护，否则理财就变成了消费。财富的第一个敌人是通货膨胀。2008年物价还会涨则是肯定的。避免财富被CPI侵蚀的唯一办法是投资理财，但投资则又面临市场风险与信用风险。对抗市场风险的办法则是长期投资与资产配置。

我们要说服自己，自己是芸芸众生中的一员，智商最多为平均偏上、内幕消息到自己这里也早成为公开新闻，因此只有对要投资的领域（无论是股票、基金、债券、银行理财产品、艺术品还是黄金）做充分研究并坚持价值投资的原则，中长期持有，才是战胜市场的唯一法宝。风物长宜放眼量。交易次数越多，犯错误的几率就越大。

再则，根据美国证券研究机构1974—1983年对91项大型退休计划项目长期投资收益的分析，证明“资产配置策略”对投资组合绩效的贡献度为91.4%。因此，根据自身的投资偏好与风险承受能力，对权益类资产、固定收益产品、另类投资等资产赋予不同权重进行合理配置，构造相对稳定的长期投资组合是大众投资者理财的根本之道。当然，这一配置并非一成不变，需要根据经济周期与生命周期进行调整，最终在财务自由与心性放松之间达到平衡，这又涉及每个人的生活态度与人生规划了。

在种种不确定性因素的作用下，2008年国内外市场的波动性将增加，并会因投资者脆弱的心理情绪而放大。波动性的增加，意味着精选个股进行长期价值投资以及资产配置又回归投资的主线。无论如何，放眼全球，A股与港股仍是2008年可以投资的资产类别，是资产配置的重要组成部分。当然，对于自我评定交易能力足够的投资人而言，波动性也意味着机会，波段操作会成为他们的口头语。此外，2008年，随黄金期货与股指期货的推出，还会出现一些带套利与对冲策略的投资品种，在市场形成有效定价机制之前，可能会为投资者带来超额回报。

在众多的投资品种中，由于商业银行能够接触到的投资市场面广，可以利用的投资工具多，国际市场与国内市场，原生金融工具与衍生金融工具，以及债券、股票、基金、信托、汇率、信用、商品等等，都可以成为银行理财产品的投资标的，从而可以在更宽泛的范围内为投资者提供资产配置方案与风险管理方案，也值得投资者关注。例如，2007年起银行推出了一些基金化的产品，投资于资本市场，通过主动管理把握市场机会，并定期开放以便投资者赎回或认购，形式上很像基金。这类产品投资限制较公募基金宽松，范围更广，这种进退自如的特征也许更适合2008年波动性很强的市场环境。这方面，光大银行推出的A股+港股跨境配置的同享二号产品是一个例子。再如银行挂钩境内外各类基础资产的结构性理财产品，对中小投资者而言，无疑也是在本金保护前提下参与风险资产投资的较好选择。

但银行理财产品也是一种投资工具，投资者更应明白“买者自负”的道理。选择银行理财产品时，投资者也应注意：一是了解产品的收益机制（投向或关联标的）与风险点，选择自己熟悉的投资领域；二是了解产品所隐含的市场趋势观点，权衡自己是否认同这种观点；三是长期投资与资产配置仍是选择理财产品的出发点。总之，银行理财产品提供的是一座桥，桥的那边是山花烂漫还是荆棘密布，投资者自己要有清醒把握。

不畏浮云遮望眼，总有机会在前潮。随着中国各类金融投资工具的日渐丰富，一个成熟的投资者完全可以在各种金融环境下实现财富保值、增值。

永远不要靠计算市场起伏来决定购买时机

石安楠　花旗银行（中国）个人金融银行执行副行长

冬日午后，上海陆家嘴花旗大厦30楼，花旗银行（中国）个人金融银行执行副行长石安楠如约接受理财周报专访。这位有着15年花旗银行管理经验的中年印度人，性格温和，英文说得慢条斯理。自从2006年4月在花旗中国任职起，一心开拓花旗中国个人金融业务的他，干脆带着太太和两个孩子，把家搬到上海。短短3个月连推26款QDII共同基金产品、筹备新网点开业、组织研发新产品上市，这些都让石安楠的工作表排得满满当当。

"QDII产品雷同发达国家很平常"

理财周报：花旗在近期推出了一系列QDII产品，尤其是共同基金，短期内与施罗德和贝莱德美林共推26款产品。请问花旗是以什么标准挑选QDII产品的？

石安楠：花旗推出的QDII产品主要包括两种：结构性票据和海外共同基金。结构性票据主要面向偏保守型投资者，他们希望通过较小风险获得稳定回报，期限一般都在4至5年；海外共同基金主要面向能承受较高风险，并希望获得高收益的客户。不同于结构性票据一一推出的方式，海外共同基金通常是一个系列一同推出，产品比较密集。

花旗挑选QDII产品首先是和业内最优秀的金融机构合作，包括近期的合作伙伴施罗德和贝莱德美林。第二，产品多样性。QDII产品种类既包括偏保守型货币型产品、收益稳定的固定收益类产品，也有风险较大的股票型产品。第三，投资主体包含矿业、黄金、能源等多个主题，为客户提供尽可能多的选择。概括来说，挑选的标准就是数量和质量。

理财周报：花旗几个合作伙伴的基金主题相似，和其他银行产品的投资基金也有重合，你怎样看待QDII产品同质化现象？

石安楠：首先，在挑选产品的时候，我们会尽量避免雷同，比如同样是能源题材，花旗推出的施罗德的环球能源基金和贝莱德美林的新能源基金就有区别。可能你会觉得有相似产品，好像许多基金都把投资领域集中在新兴市场，但是它们在管理风格上可能完全不同，策略、选股方式、操作手法都会不一样。举例说，同样是投资美国股市的基金，有的会偏好大公司蓝筹股，有的会选择成长型中小公司，基金表现也会完全不同。

对于市场上有雷同的产品，这在欧美等基金发展得比较成熟的国家是很平常的现象。其实对于这个问题，银行考虑的不仅是产品类别，更要考虑销售过程，要用服务来吸引客户。花旗当然希望推出更多产品，但是不希望成为产品超市。花旗和其他银行销售的产品可以一样，但是区别其他银行的是为客户提供的投资建议、研究报告等服务。

“克服不确定性的方法是拓宽投资渠道”

理财周报：市场上银行理财产品种类繁多，你认为客户应该以什么标准挑选？

石安楠：其实挑选银行理财产品最重要的就是事先要和客户经理之间进行充分沟通。就像去医院体检，我们也要对自己的金融状况进行健康检查。主要考虑因素包括资金投资期限，要确定你的资金可以闲置多久；之前的投资经历，有没有相关投资知识；风险承受度，你属于一遇到亏损就恐慌还是能够坚持持有的类型；需求和目标，如对于收益率的期望值等。当然也有客户看准某个产品就投资，但我们还是建议投资者先测试一下自己的投资情况，或许你会发现你想购买的产品并不是最适合自己的。

理财周报：近期受全球市场波动影响，银行QDII产品表现不佳。你认为投资者应该怎样规避风险？

石安楠：投资者在购买理财产品的时候，有几个原则一定要注意。首先是不要盲目追逐高回报率。千万不要因为别人说该产品仅一个月有20%或30%回报率就去购买，高回报意味着高风险。投资者要根据自己的情况量力而行，如果你无法接受亏损，那么完全可以选择保本型产品。

第二是永远不要靠计算市场起伏来决定购买时机。市场千变万化，没有一个人能够准确计算市场未来走势。所以你可以做市场分析和研究，但千万不要依此来决定购买时机。克服市场不确定性的方法就是拓宽投资渠道。

第三，投资目标要现实。不要期望理财产品回报率和中国股市涨得一样快。

第四，理财产品需要长期持有。我们建议投资者一般持有理财产品起码2—3年，这样就有足够时间等待市场再次上扬。

花旗中国客户可享全球同等服务

理财周报：花旗目前在网点、产品、服务等方面状况如何？未来有哪些计划？

石安楠：在网点方面我们在2007年一共新开了7家消费银行网点，其中转制法人银行后新开的有4家，计划短期内新开3家支行，并在2008年年初正式成立大连分行。同时现在我们一共有102台ATM机，其中25台是2007年新增的。

在产品方面，转制法人银行后我们推出的许多新产品，包括结构性投资账户、房贷方面的“优智房贷”。在2007年的1、2月份，我们可能会和新合作伙伴共同推出QDII产品。

在服务方面主要有两个创新，一个是花旗在Citigold财富管理咨询服务中新增加了“Citigold财富管理金三角”的专业理财分析工具，便于为客户提供更好的理财策略；另一个是利用花旗全球网络提供的“Citigold环球贵宾优遇服务”。如果花旗中国的客户到了全球其他有花旗银行服务的国家，那么可以完全享受在国内花旗的所有服务，此外还可以额外享受优惠兑换货币、紧急现金支持和全球免费花旗热线等服务。

理财周报：之前有传说花旗贵宾理财门槛从10万美元降至5万美元，请问花旗对于降低门槛是怎样考虑的？

石安楠：首先要澄清的是花旗的贵宾理财没有降低门槛，依然是10万美元和等值80万人民币，保持了我们从2007年4月份开始做人民币业务时的水平，目前没有降低门槛的打算。一方面花旗在国内网点并不多，希望保持服务的优质水准。另一方面我们认为吸引客户的不是低门槛，相信花旗的创新产品和服务都足以吸引客户。

理财周报：近期花旗受到美国次级债的一些影响，也同时引起一些高层人事变动，请问这会否影响花旗在华策略？

石安楠：完全没有影响。花旗是最早进入中国的外资银行之一，中国也是花旗最主要的市场之一，所以未来我们会一如既往加大中国市场的拓展力度。你看我们马上要新开支行和推新产品，像是受到影响吗？

(理财周报记者　徐艳整理)

投资不能一味追求回报率

黑玉琪　德意志银行中国区私人和工商企业银行部私人银行总监

走进德意志银行北京中关村支行，德国式轻松严谨氛围扑面而来：德意志银行员工的笑脸，咖啡间飘出的浓郁香味，行色匆匆的银行家。

在阳光充沛的办公空间里，随处可见德银标志，一个蓝色方框中，一根向右上方的斜线，代表德意志银行“在一个稳健框架下持续稳定发展”的经营理念。

黑玉琪，德意志银行中国区私人和工商企业银行部私人银行总监，香港出生的她，普通话说得“很不普通”，字斟句酌的谈话，让人很快就能体会到她的严谨作风。

动态追踪保证投资收益

2006年11月，德意志银行在上海开展面向顶极客户的私人银行服务，“门槛”为1000万元人民币。私人银行业务包括：存款与账户服务、个人投资产品、db德银财智计划等。2007年3月，德银中国区私人和工商企业银行部在北京正式开业。

这是目前德银在中国内地仅有的两家支行。

“我们在投资银行方面实力很强。目前，产品都是自主设计。投行部门拥有一支近700人的国际化投资分析及研究团队，对全球范围内2750只股票进行密切跟踪，这些为我们推出最好的产品提供了很多便利。”黑玉琪说。

德银在外汇结构性产品方面具有独特优势。2007年8月到现在，德意志银行在内地已经推出四款结构性投资产品，分别挂钩新兴市场基础行业股票、“德银DWS环球神农基金”、“德银DWS环球气候变化基金”，以及最新推出的挂钩“德银动态商品指数”结构性产品。每款产品投资起点为1万美元或欧元。

“我们的优势在于全球背景和强大的研发能力。以最新推出的挂钩德银动态商品指数产品为例，根据市场变化，随时动态调整四类大宗交易商品配比。指数背后有一个过百人的团队在观察研究，对市场动态反应迅捷。这段时间，因农产品前景非常好，我们就会将农产品投资比例调高，从而保证投资者获得相对好的收益。”

“理财是一种生活观念，不能一味追求回报率”

“我们不觉得理财就是买产品或者投资。”黑玉琪说，“通常情况下，我们每半年要给客户做一次风险评估，分析客户财务状况、风险承受力、投资目标等。随后，根据客户需要推荐合适的产品，也会为客户量身定制一些产品，这部分产品对投资金额有一定要求。”

“理财除了投资外，还有现金管理、债务管理、保险规划、税收规划、人生事件等多个方面的规划。人生的周期分为成长期、青年期、成年期、成熟期和老年期，每个周期都有各自的财务特点和财务目标，对投资者来说，不能一味追求回报率，从长远来看，资产配置决策是决定投资组合回报的首要因素。”

接受采访时，黑玉琪反复强调：理财不只是买产品或者投资，理财是一种生活观念。“一部分人不理解理财的概念，有些人为了追求收益把基金当股票来炒。因此，我们会比较注意投资者教育，帮助他们理解理财的真正含义，并提出具体建议。比如市场汇率变动时如何打理外币资产等。”

将在北京成立法人银行

黑玉琪告诉理财周报记者，德银已于2007年7月5日获得银监会批准筹建法人银行，相关审批工作正在进行。一旦获得正式批准，将在北京正式成立法人银行，会推出系列人民币理财产品。这也将对德银的私人银行业务产生更大推动。

从2004年起就在中国内地从事金融业务的黑玉琪，对中国理财市场的变化深有感触，客户从最开始不了解外资银行，到现在越来越有投资主见，越来越清楚外资银行的服务。

黑玉琪说，中国富人阶层年收入5万美元以上群体已达到4.8万户，总收入近30亿美元，以7.5%实际国内生产总值增长速度为基准，到2015年会有40万户富人阶层家庭诞生。黑玉琪表示，德银会抓住这一市场机会，利用优势推出更好的产品。

（理财周报记者　尹娜整理）

你不应把所有财产放在企业或地产上

华伯乐　法国巴黎银行私人银行香港及北亚区域行政总裁

“我们需要告诉中国客户，你不应该将所有财产都放在你的企业或房地产上，而应该投资于不同的金融市场”。“我们是在中国最大的欧元区私人银行，所以目前我一点都不担心所谓的竞争”。法国巴黎银行私人银行香港及北亚区域行政总裁华伯乐（Claude Haberer）先生，近日接受理财周报记者专访。这位法国巴黎银行的元老级人物，精通6国语言。接受采访时，他语速飞快，流利的英文中偶尔会蹦出几个相当标准的中文词句。

短期将获人民币业务牌照

理财周报：请您介绍一下法国巴黎银行私人银行在中国及大中华区的发展情况。去年在上海设立的私人银行目前状况如何？面临哪些挑战？

华伯乐：20年前，我们首先在香港设立了私人银行；2005年，在台湾开设私人银行；2007年，我们在上海开了私人银行。我们在大中华地区有着广泛的私人银行布局。在《亚洲货币》最近进行的一项调查中，我们被评为亚洲及大中华区排名前三的私人银行。

至于上海的私人银行，目前还处于初级阶段，毕竟只开设了不到一年时间，现在我们有差不多6名市场开发人员，以及其他工作人员。现在的工作很大程度上受制于外资银行本地法人执照的限制，我们已申请本地法人的经营执照，正等待银监会批复。

未来几周，保守地说几个月内，我们就可能将获得人民币业务执照。这样我们就能做直接针对本地货币市场的业务，提供更多的人民币资产服务。

我们认为，中国这一巨大市场有其自身特点：中国目前高端客户积累财富时间还很短，基本上是第一代财富，积累的时间最多就是15年左右，可能还要更短一些。这些拥有较多财富的人基本都是企业家，他们的财富是通过经营企业积累起来的，他们的大部分财富也在企业之中，而这部分人投资最多的是在房地产方面，这就是我们所面临的挑战和我们的价值所在。我们需要告诉这些潜在的客户，你不应该将所有的财产都放在你的企业或者是房地产上，而应该将他们投资于不同的金融市场。我们需要向他们介绍更多的理财产品、金融投资方向，为他们开发更多的财富管理渠道。我们发现，中国的客户有很强的接受能力，现在也有很多例子说明房地产市场并不总是处于上升阶段，也有收益不好的时候，所以这些拥有大量资金的人需要更多的金融投资工具，他们需要有实力、有经验、有品牌的银行为他们打理这些财富。目前我们主要的发展区域是上海和长三角地带，如江苏、浙江等一些上海周边地区，这个区域的市场相当大。如果发展得好的话，下一步我们也考虑将我们的私人银行开设到北京或其他城市。

"100万人民币的门槛非常低"

理财周报记者：贵行的私人银行在选择客户方面有哪些要求？目前中国内地的客户有多少？带来的收入占北亚地区收入的多少？

华伯乐：我们的最低标准是100万人民币，这个标准是非常低的。在香港，我们的标准是100万美元起步。由于目前业务正在开展阶段，所以低门槛会比较好，如果日后时机成熟，我们也考虑提高这个下限。但是正如我说的，中国的富有阶层的人的特点是，他们只将自己很少的一部分资金投入到金融市场中，所以，如果一个客户能将100万人民币交给我们打理，那么其实他个人的资产是远超这个数字的。而在香港这种成熟的市场，人们投资金融市场的比例更大些。

现在很多内地人需要一个有欧洲背景银行做他的资产管理者，而我们又是在中国最大的欧元区私人银行。加之，我们的产品非常强，在香港、台湾我们已经有最强大的产品体系。我们既有短期投资产品，也为长期资产管理客户准备好了长达20到50年的服务，甚至还为客户的下一代规划财富管理工作。

目前，我们还没到谈论中国内地的客户占收入的多少的阶段，现在还是打基础的阶段，而不只是赚钱。至于我们的目标客户，当然都是比较高端的，但是，这些人不一定都在主要城市中，他们可能待在自己的工厂，在杭州、广州、福建等地方，我们得把这些人找出来。现在我们就一个公司在上海，所以需要到处出差寻找这些目标客户。有太多客户了，现在在中国，私人银行竞争不是主要的，关键是要引导这些客户，告诉他们为什么他们需要私人银行，私人银行为他们提供哪些他们还不熟悉的业务。

"我一点都不担心竞争"

理财周报记者：国内中外资私人银行近期密集开业，巴黎银行将如何面对竞争？中国市场特征是什么样的？针对这样的市场，贵行的业务开展策略是什么？

华伯乐：这里要纠正一个看法，我们跟那些主要做零售的银行不一样，我们是私人银行，我们不需要到处开分行，也不提供那些普通的产品。我们只做高端的私人银行服务，而那些银行很多都没有从事私人银行业务的背景。像中国银行，在中国发展得很强大，有很多分行，但私人银行是需要长期发展的，在亚洲，私人银行的发展起码需要20年，那些产品服务都不是一夜之间出来的。

所以我不觉得私人银行业的竞争是个主要问题，现在主要问题是，先设计好正确的产品，拿到经营执照，找到一些合适的从业人员，知道客户在哪里，把这些客户找出来。现在客户群体很大，各个银行都有自己的客户，所以目前这个阶段我一点都不担心所谓的竞争。

在产品和服务的差异化方面，我必须强调的是，我们不只是将目光局限在本地市场和本地客户，我们要发挥作为国际化私人银行的优势，我们的私人银行在香港、台湾和中国内地市场上的覆盖面是最大的，这是我们的优势，而现在跨台湾海峡的私人银行业务市场非常之大，很多商人在台湾与内地、香港与内地之间往来，这方面我们已经积累了很多资源；法国巴黎银行投资银行是世界最好的，因此为我们提供了设计组合型产品的强大背景优势，而且我们跟企业金融业务的合作非常紧，法国巴黎银行的企业金融服务尤其是对中型企业的服务在中国是最好的，特别是在为企业IPO等服务上，所以我们可以为那些上市公司的董事长们提供更多的服务。这是我们非常重要的一部分业务。我们现在有QFII的资格，也会考虑做一些这方面的业务。

我们在国际上已经做得非常不错了，对于在中国的业务我们是非常有信心的。

（理财周报记者　尹娜整理）

中产家庭理财牢记“戒骄戒躁”

林志民　东亚银行（中国）有限公司副行长

作为国内理财市场的中坚力量，中产家庭的理财策略该何去何从：储蓄收益跑不过CPI，股市起伏波动不定，银行理财产品种类繁多难以挑选，这些都是困扰中产家庭的现实问题。

国内中产家庭的定义不尽相同，如果我们按照折中一点的描述，大致是：30—40岁之间，有稳定的收入（家庭月收入1万—2万元），已婚，有自己的一套或者两套住房。

上述特点决定了中产家庭应当制定的理财策略：戒骄戒躁。中产家庭已经积累了一定的物质财富，不存在“一夜暴富”的不切实际想法，所以完全不必采取过于激进的投资策略；同时，中产家庭的财富尚未达到千万富翁级别，倘若过于保守，则将来养老、子女教育等资金的来源恐怕会出现问题。

中产家庭要明确认识到潜在的投资风险以及投资收益和风险之间的正向关系，调整心态，不能一味追求高收益，也不必过分消极保守。抱有平和的投资心态，替代2007年的进取心态；但投资者也不宜过于保守，否则可能要面临高通货膨胀带来的资产严重缩水的风险。总体而言，尽管美国经济陷于衰退的可能性在增大，美国政府采取的宽松的货币政策有可能不利于约束通货膨胀预期和控制通货膨胀的复燃，全球蔓延的通货膨胀仍可能延续下去。投资者可以选择承担适当的风险，用3至5个月的时间设计一套合适的投资策略，合理投资和整合个人资产，以期实现资产的保值和增值。

需要提醒的是，国内投资市场不一定比国外投资市场更有优势。随着经济全球化，全球经济链条越拧越紧，越来越明显，投资者面临的投资机会更为宏观，更为全球化。人民币对美元升值不是单一现象，亚洲其他货币或其他外币对美元也有升值，也为投资者提供了投资机会。QDII理财产品仍是2008年中产家庭分散风险、获取潜在回报的一个重要渠道。

倘若接受了“戒骄戒躁”的理财策略，在不同的市场状况下也要采取相对应的策略。让我们先来简单回顾一下2007年国内投资者的经历。首先，虽然以A股市场为代表的大部分投资市场总体仍是上涨，但在这个上涨过程中出现了几次大幅的震荡，原因既有外部的，也有内部的调整压力，结果导致部分投资者的收益不尽如人意；其次，受牛市氛围的影响，投资者的心理预期偏重于追求高收益，风险意识显得相对薄弱；最后，尽管各种投资市场十分活跃，但2007年的投资行为偏向群体投资行为，由于这种偏向性的投资行为，投资结果不一定很理想。

2007年的经历再次明确地告诉我们，投资应是个人化的行为，中产家庭应理智地投资和理财，而非盲目跟随群体投资。中产家庭须先客观分析自身财务状况和其他情况，发现自身的投资需求，并结合自身的风险承受能力，选择适当的投资组合，做好投资理财效果跟踪与评估。购房购车、子女教育费用和养老金积累是一般中产家庭所面临的主要投资需求。为满足这些投资需求，投资收益必须跑赢通货膨胀。

例如，东亚中国此前推出的“溢利宝2”抗胀增值主题投资产品，目的就是帮助投资者找到合适的投资渠道，进而战胜通货膨胀。目前，该款产品的实际表现也超过了我们的预期。

展望2008年，实现资产的保值和增值以满足投资需求对于中产家庭来说将更为迫切，更为重要。银行可协助中产家庭客观分析自身状况，了解并评估可承受投资风险及期望的投资回报，做合理的理财规划，适当地选择投资品种和投资时机，满足不同时期、不同阶段的投资需求，例如获取稳定的现金收入来满足短期的投资需求，在长线投资期内有适当的资本增长来满足长期的投资需求。

风险方面，即使奥运年带来的经济效应不容忽视，但2008年国内投资市场也有潜在危机。美国次贷危机导致美国面临着经济下滑的风险，美国经济的衰退将测试中美经济关系的密切程度。投资者不宜采取2007年的群体投资行为，而应重新审视2008年市场的定位，改变牛市以来所延续的习惯性思维。

毫无疑问，银行是中产家庭的理想伙伴，因为中产家庭“戒骄戒躁”的投资策略更需要银行的配合，更需要寻求在风险控制和修订投资方向方面中立的和专业的意见。

最后，在如何选择银行方面，可以提出一些简单的建议：中资银行侧重本土服务，强于医疗健康、税务计划等增值服务，外资银行则更适合分散资金投资海外市场、打算出国留学或环球旅行的客户；银行可以提供投资建议，但不可能做到百分之百避免投资风险，所以客户仍要慎重选择考虑自身能够承受的风险部分；尽可能了解银行风险控制流程，保证自己的资金安全。

我只买黄金现货不买黄金股票，那是纸上黄金

宋鸿兵

2007年股市上涨，房价上涨，通胀压力直面而来。面对这一切，人们开始担忧，手中的钱会否越来越贬值？泡沫撑破前我该怎么办？

此时，一本书横空出世，且重印四次，登上当当财经图书销售榜第一名，名字叫《货币战争》。

它，何以如此风靡？翻开导读，便有这么一段吸引眼球的话：如果你以为拥有500亿美元的比尔·盖茨就是世界首富的话，那么你就上当了。有一个家族，其财富超过50万亿美元，那就是在世界200多年金融、政治和战争的残酷漩涡中所向披靡的罗斯柴尔德家族。

然后，它又告诉你美联储竟然是一个私有中央银行，美国总统遇刺原因，美国为什么要控制中东石油，日本经济大萧条幕后黑手等，连篇累牍的“揭秘”故事，引人入胜，更令人吃惊。这一切的谜中谜都有同一个答案：货币。那些控制着货币发行权的人真正控制着整个世界。

在宋鸿兵看来，货币发行者人为制造货币供应的大量增加或减少，相应地，产生通货膨胀和紧缩。与此伴随的是，巨大的财富被银行家们“抢”走，这被叫做“剪羊毛”。“中国将是下一个被剪羊毛的目标。”当然，作者也给出了明确观点：恢复“金本位”。

它提供了一个全新的视角分析当前国际金融局势，而这种局势与每个人、每个家庭息息相关。不过，“金本位”观点也遭到一些专家反驳。

然而有关金融危机的说法近年时时被提起，尤其处于人民币升值、资产泡沫不断膨胀的当下，家庭该如何守住自己的财富？如何资产配置最优化？

在近日的一场演讲会上，宋鸿兵提出：“我觉得家庭至少3%的资产拥有黄金。”

不找银行贷款的人受损最大

宋鸿兵，和大多数旅美人士一样，看起来文质彬彬、谦逊礼貌。一时很难让人与《货币战争》联系起来。但是，他一开口，思维清晰、观点直白，充满激情。

他认为家庭要理解现在的金融系统，钱和财富之间不完全一样。财富的拥有是指你拥有产品、服务，拥有钱本身并不能意味着拥有等量财富。当你收到钱和财富的时候，不要被货币的数量所迷惑，最重要是看你拥有的产品和服务。人民币对于真正的财物是贬值的，为什么对美元来说是升值的呢？因为美元贬值得更厉害。所以应该考虑从财富的角度，人民币实际上是在贬值。人民币、美元、股指都非常泡沫化，也即学术上的资产通货膨胀。泡沫化问题严重，会导致房地产等被高估的问题，我们就应该寻找被低估的地方。

“通货膨胀的两个结果是购买力下降和社会财富的重新分配。金融系统在通货膨胀中获利最人。只有3%的美元是流通中的货币。信用货币会越来越多，而不是纸币。比如存100元进银行，银行可以扩大到190元用于贷款，银行就相当于在印钞票，离银行系统越近的行业，贷款最多的行业实际上获利最大，完全不找银行贷款的人受损最大，实际上是把银行系统最远的人手中的财富转移到离银行系统最近的人。”宋鸿兵认为金融工具不断创新导致信用货币越来越多，流动性过剩，引发通货膨胀。

面对通货膨胀，宋鸿兵的观点是：购买黄金。他认为，相对通货膨胀，最稳定最有效的指数是黄金价格，既包括资产，也包括物价因素，是最综合的，所以如果用黄金价格来做测算，是最能反映通货膨胀的。所有黄金的价格被严格控制。一旦黄金价格上升，欧洲银行就会拍卖黄金来压制它的价格。他认为现在的黄金价格被低估了。真正的通货膨胀实际上是现在数字的至少两倍。如果用黄金进行类比，那么黄金的价格现在至少被低估了一倍。

我就是那个敲钟人

黄金重新拥有货币定价权，这是宋鸿兵认为的应对货币战争的一个有效办法。事实上，提出这一观点的经济学者，宋鸿兵不是第一人。目前，国内民间经济学者刘军洛是这一观点的拥护者。他早在2001年就提出“次级金本位”，建议黄金、石油、粮食、矿产等一篮子的“次级金本位”，与宋鸿兵相比，他甚至提出黄金会上涨到3000美元/盎司。

当然，对于宋与刘的观点，另一些经济学家有所反驳。最普遍的观点是，所有的商品以黄金计算是不现实的，“金本位”崩溃的原因就在于黄金的产量无法持续增长。在网上，同样就《货币战争》出现了激烈的争论，有人将此看作“阴谋论”，有人对其描述的内容与细节表示怀疑。

但是，宋鸿兵的那些警世观点确实值得人们深思。他也表示，这本书的初衷既不是用来评职称，也不是学位论文，它更像是电影《地道战》里的那半夜被敲响的钟声，鬼子已经悄悄地摸进了村，可全村的乡亲们还在睡觉，希望我就是那个敲钟人，也希望这钟声能提醒村长和民兵们准备战斗。

那么，不去争论这样的观点是否正确，在当今的环境下，中产家庭该怎么办？又如何投资黄金？

对此，宋鸿兵明确表示，只买实物黄金。“我从来不买黄金公司的股票，不买任何的黄金期货，我都是买黄金现货。纸黄金，那是操作价格的手段而已。以美国为例，以前是三张单子对一盎司黄金，现在是77个单子对一盎司黄金。77个人中间，只有一个人真正有黄金。这个东西是很危险的。如果大家有一天都要做交易的话，这个市场马上就崩溃了。”

警惕房贷违约信号

《货币战争》提到的下一个剪羊毛对象是中国，那么中产家庭能否发现迹象，从而谨慎退出，以保护自己的财富呢？

宋鸿兵认为：“我觉得四个条件值得重视。第一个条件，当人民币基本账户完全开放，当人民币管制消除了，美元对人民币可以自由兑换，这样完全打开通道，这是第一个非常关键的信号，是第一个条件。还有一个条件，就是股指期货，这也是非常关键的问题，没有股指期货，别人打击你的股市不太容易。我在8月1日之前，已经全部撤出来了。第三点，人民币进一步大幅度升值。当房地产出现毁约，房地产贷款出现毁约的时候，我觉得这是第四个信号，一旦出现这个信号，房价就到头了。那个时候，如果是外商的打击，是一个最佳时刻。”

“广大股民和投资者必须意识到，你在跟谁玩，你在中国股市上，不仅仅同机构玩，还同国际资本玩。必须关注国际市场，必须关注整体金融情况的变化，要有风险意识。你得知道什么时候抽身。”

（理财周报记者　时晔整理）

第八部分 操盘手

“跟庄之王”赵哲面授七大独门绝学

赵哲　海富投资公司总经理

你曾经为庄家抬轿，你曾经误入樊笼深度套牢，你曾经深受鬼K线的折磨。为了拨开鬼K线的迷雾，理财周报记者约访了素有“跟庄之王”之称的技术派硬汉赵哲，让他细解其中玄机。

鬼股票家族五大变种

对于走势诡异的“鬼股票”，赵哲认为成因分为好多种。一是大资金操纵套利的股票。这些股票的走势大起大落，瞬息万变难以捉摸，比如大唐发电、金鹰股份、拓邦电子、西藏旅游和小商品城，后者的股价曾经一度攀上100元，随后连续下跌，股价长期在75元附近徘徊。

还有一种股票属于公司大股东违规操作和发布看似利好的“暧昧”消息，后来消息又被证明站不住脚，公司反复发布澄清公告，股价也是忽上忽下，散户如坐在风口浪尖，苦不堪言，杭萧钢构和东方集团则属于这一类股票。

另外就是“枯树开新花”现象，一些已经被ST的垃圾股被拉出来炒作，连续几十个涨停后，无量跌停，如ST金泰、ST沪科、ST浪莎和ST方兴。

第四种属于所在的行业本身就容易波动，容易受到刺激，周期性很强，比如旅游股的走势就呈现出强烈的不稳定性，生物医药行业也具有上述特点。

最后则是题材和概念被无限放大成为爆炒的对象，例如2007年的成渝特区板块，重庆路桥和川投能源的股价短期内大幅上涨，湘邮科技、林海股份、星湖科技也属于这种类型。

撞见鬼股尽量绕道

赵哲告诉记者，投资者和散户在炒股时最好避开这类“鬼股票”，散户尤其是经验不足者一不小心就会亏损，甚至被套。散户若有幸买到ST金泰、航天信息和三变科技等无量上涨的股票，虽然能在短时间内赚得盆满钵满，但这种股票走势大起大落并剧烈震荡，一旦出现跌停便难以止住，令散户苦不堪言。

赵哲说，2008年股市的走势和2007上半年非常不一样，2007上半年持股不动就可以获取丰厚收益的日子已经一去不复返，现在股市的盘面和个股呈现出更加复杂的走势，投资者尤其是散户需要对上市公司的基本面有所了解，厘清个股的走势和形态。

猎庄绝技七招

但鬼股票层出不穷，花样百出，散户即便不图暴利，也须趋利避害。为此赵哲通过本报面授七大独门绝技。

绝技一：放量抛掉

赵哲认为这是面对诡异K线的第一要诀。面对放量上涨行情，务必戒贪戒躁，见好就收，顺势而抛。

他打开ST金泰的走势图演示，ST金泰在连续涨停时突然出现了一次放量，涨停被打开，赵哲认为这是散户离场的绝佳时机，如果持股不动，该股还会连续上涨，由于散户的逐利心理甚于机构，在这种情况下，散户不会选择卖出，在它涨到一定程度后，又出现了连续跌停的局面，散户无法离场，直到跌停被打开，但此时卖出的价格跟当时上涨时放量卖出的价格是一样的。

绝技二：50%理论

对于以前被恶炒过的股票，赵哲不建议散户再进行炒作，他提出了50%理论，意即这只股票峰值时的股价减去低谷时的股价，然后除权，再加上低谷时的股价，当股价处在这个价位的时候，散户可以再行交易炒作。

赵哲建议，如果推出股指期货，大盘会面临一个向下的调整，赵哲也建议散户可尝试他的50%理论。

绝技三：自设三线逃出陷阱

值得注意的是，赵哲在看盘时并不局限于一般操盘软件所设定的日K线、周K

线和月K线，他认为散户若依据上述指标操作很容易掉入主力资金设定的陷阱，容易被他们制造的假象所迷惑，因此他自行设立了14日“工作线”、25日“生命线”和120日“半年线”。

对于自己的另辟蹊径，他以14日工作线做解释说，10日线或周线是庄家用来迷惑散户的把戏，股价很容易跌破10日线，但不能每次跌破10日线时都选择卖出，在他看来，14日线或18日线是相对于10日线的延后，这样更容易窥测出庄家的意图。

针对大起大落的股票，他一般会将工作线和生命线交叉运用，一般以14日作为工作线，25日为生命线，或者以18日为工作线，56日作为生命线。对于突然急跌的股票，14日工作线就是一道防线，这只股票在跌破14日均线后，反抽之时就会被抛掉。

赵哲还认为大部分超跌的股票，尤其是强势股票在跌破120日均线时，都会有一波反弹行情，如果散户想趁机离场或抄底逢高卖出，则可以选择这类股票，它们通常会反抽半年线以上。

他对记者反复强调，一定要确保工作线在生命线以上，反之，无论如何都不能买。他以“5·30”为例，虽然大盘在此之后有所回调，但由于工作线在生命线以上，所以他认为还是不能买进股票，后期果然又出现了“6·22”调整。

绝技四：黄金分割理论

赵哲经常运用黄金分割理论研判大盘和个股走势。他举例，这一轮上涨的波段始于2007年7月22日，到6000点时大盘进行调整，这一个波段正好是“5·30”前一个波段的1.618倍，而“5·30”前的一个波段恰是上一个波段的1.618倍。

而对于大势的调整，赵哲认为，大盘的走势先会形成一个M顶，然后转为W底，随后才能展开下跌的长期行情，而且这一段是跨年的行情。

绝技五：涨三退一法

按照赵哲的八卦箱体理论，很多处于横盘状态的股票可以运用涨三退一的办法来进行操作。八卦箱体理论是牛市涨三退一，即很多股票在上涨三个箱体后必然退一个箱体，当然，这只股票必须是趋势向上的股票，即基本每个箱体的顶部都在另一个箱体的上面。赵哲表示，也有可能出现涨六退二的情况，散户可以在上涨启动时买进，出现下跌时卖出。

绝技六：7日线止盈

如果某只股票的股价从高位跌下来后，第二天收盘未收复7日均线，稳妥的做法是，在尚未严重“损手断脚”的情况下，应该止盈。“7日线是我们短线的止盈点，一般情况下跌破7日线表示它短线走弱了，所以应该止盈。”

绝技七：注意板块效应

另外赵哲表示，炒股时应该注意板块效应，如果同类（行业、流通股数接近、地域板块、发行时间上相近等情况下）股票中某只有影响的股票率先大跌的话，其他股票很难独善其身，手里有类似股票的话，先出来再说。

（理财周报记者　高森整理）

20机构5大私募高手牛股三十六计 守牛股兵法

汪江涛　理财周报记者

当你面前不断闪过5倍、10倍、20倍的牛股时，你是否得到了某种启发?

事实上，做巴菲特并不难，比巴菲特赚得更多也不难。而当你在牛市获得的利润远远低于大盘时，你找到了这样三个原因：第一没选好股票，第二没守住好股票，第三没在适当时卖出。很多机构和顶级高手建议理财周报系统地做这样一期主题新闻，我们也认为这极其重要。

最大哲学是战胜诱惑和贪婪

大道无形，但有规可循。守牛股关键的是一个“守”字。正如吴国平所言，做股票需要至少能忍受3个月的震荡，有些股票甚至可以持有一年。理财周报认为，在基本面选股的条件下，只要公司的经营盈利能力未变，没有出现财务异动，公司产品上下游关系稳定，公司法人治理未有纰漏，这样的公司股票就值得守。

股票市场是一个资金交易的市场，也是一个展现众生相的市场，人性的弱点在这里充分显露。在物理中，你是同不改变规则的上帝下棋。在金融里面，你是在同上帝创造出的人下棋，对手的看法转瞬即逝。理财周报试图从行为金融学的角度，分析投资人的心理，触摸市场情绪的影响，感受行为偏差的后果。

理财周报认为，守牛股最大的哲学是战胜贪婪和诱惑。作为投资人，必须首先认识到：你是非理性的。你不妨扪心自问，是否在股价上涨后，打听或者猜测所谓公司的利好（利空）消息？是否过度自信，认为股价上涨是自己“赢得的”，而下跌则是“运气不好”？是否在自己买入的股票不涨的情况下，受到周边人的行为影响，转而采摘已经出墙的红杏?

针对庄家用计

兵者，诡道也。又曰：兵无常形，水无常态。

老实说，我们和你一样，不能把握大资金的操盘轨迹。但你我可以一同寻找，努力感受最真实的庄家心理。针对庄家的各种阴谋诡计，你可以针锋相对。

兵来将挡，水来土掩。理财周报全面分析了庄家的洗盘行为，总结出庄家的十大洗盘手法，针锋相对给出了十大计策。比如一只个股在底部出现“量堆”时，一般来说是有实力资金介入，但短期内股价波澜不惊。庄家此计为“暗渡陈仓”，于此你可“以逸待劳”，静候股价拉升。为了识别一个个真实的庄家，我们还统计了自2005年6月本轮最大牛市启动以来，排名前列的牛股筹码变化情况。从中我们发现了庄家操盘最常用的三种手法。

我们向专业的市场人士问计。我们向券商高层问计，国金证券宏观策略总监杨帆——这位曾准确预测“5·30”大跌的人士给出解法：个人投资者不要过分关注大盘，最好去关注一些具有明显季节性的行业；我们向公募基金经理问计，他们说：这一波调整主要都是估值偏高的股票，估值低和业绩强的股票才真正值得持有；我们还向5大知名私募操盘手问计，丁福根——这位庄家吕梁的旧部说，持股首先要订一个比较客观的目标价位：赚到多少算满意，超出的就是额外回报。

流动性过剩趋势不改：流通货币攀升 单位：亿元

日期	流通量余额	同比	狭义货币余额	广义货币余额
2007-09	29030.58	13.01%	142591.57	393098.91
2007-08	27822.39	15%	140993.21	387205.04
2007-07	27326.26	15.05%	136237.43	383884.88
2007-06	26881.09	14.54%	135847.4	377832.15
2007-05	26727.97	13.91%	130275.8	369718.15
2007-04	27813.88	15.1%	127677.76	367425.57
2007-03	27387.95	16.7%	127881.31	364104.66
2007-02	30627.93	25.1%	126258.08	358659.25
2007-01	27949.13	-4.64%	128484.06	351498.77

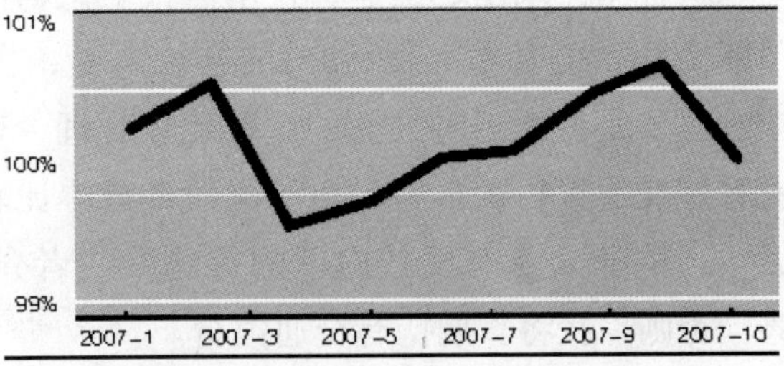

股市江湖里的五大当红投资家守住牛股独门绝学

高森 徐崭 刘玉路 理财周报记者

“打江山易，守江山难。”某种程度上，投资者需要像治理一个国家一样，去管理自己的牛股。理财周报特邀江湖五大高人共谋大局，且看他们是如何“拿大股如烹小鲜”。

持有原则：资金安全第一

理财周报：在目前高位震荡的格局下，各位的持股情况如何？

赵哲（“跟庄之王”，技术派代表人物）：股指在反复震荡，我的仓位也在不断变化，但基本上保持1/3的仓位不变，主要持有的股票是交通银行。为什么呢？主要是考虑当时大盘的点数比较合理，蓝筹股正处在放量上涨阶段，同时我也看好交通银行的形态，由于买股的成本比较低，交通银行的股价现已远远高于成本，除非大盘有反转向下的趋势，或者介入交通银行的主力资金有撤出的态势，否则，我将长期持有交通银行。

吴国平（年仅26岁，手握上亿资金的少帅操盘手）：现在的仓位保持在八九成。

丁福根（红极一时的操盘手）：目前仓位超过八成。持仓中80%都是中长线品种，其他是短期“瞎玩”的。在股票质地不错的前提下，短期拿两种股，一种是“跌透”了，比如说医药板块，它给我机会，我给它面子；另一种是“盯透”了，看到它把平台做完了要拉升了，这时候我去捧场。瞎玩的话要止损，错了就要认错，否则不断补仓，就补成股东了。

上海某知名私募董事长：目前已经基本空仓。我认为本轮牛市的第一阶段已经结束。

理财周报：各位持股的原则是什么？比如成本如何控制？

赵哲：我持股的首要原则就是窥探主力资金的意图，跟随主力进出某只股票，现在重仓的交通银行是在2007年9月25日左右建仓的，成本大概在13元左右，比较低。

此外，管理资金最重要的目标是保证资金安全，一旦持有股票的形态发生不利变化，我绝不会对此坐视不理。比如南风化工，在买入的短期内，南风化工出现了宽幅震荡，然后是缩量阴跌，随即被套住，在其跌破10%以后，我果断地选择了出局。

吴国平：我信奉价值投资，主要是看准上市公司的基本面，即使股指在动态下探过程中，也不会轻易放弃手中的股票。

丁福根：订一个比较客观的目标，知道赚到过多少算满意，超出的话就是额外回报。根据股票的基本面，对它的价值有个比较绝对的判断，比如说值50元，然后再根据当时的市场氛围等，给一个调整，比如说上调20%到60元。

石波（上海尚雅投资管理公司总经理兼投资总监）：我们一般会看这只股票未来三年的业绩情况，主要从价格、储量、产量三个方面去考察，企业产品未来价格上涨是可以买入的一个条件。当然一些行业要考察的要素会多一点，如航空业还需要考虑油价、汇率、供求等一系列要素。

上海某知名私募董事长：挑行业看业绩，价值投资结合趋势投资。选股票是行业—企业—趋势三部曲，如果看准一家好企业，要对基本判断有信心。

理财周报：长线短线分别应该选择什么样的股票持有，如何持有呢？

赵哲：我属于技术派，前面理财周报采访我的时候，我已经详细阐述了K量三态分析理论。如果某只股票的上行形态较为强劲，基金重仓持有，或者是股价始终在低位运行，突然有震量资金介入，如果股票出现这两种情况，我就会买入，进行短期操作。

石波：长期持有的股票，其公司未来的发展空间应该很大，具有伟大企业的品质，有创新的商业模式，如苏宁、蒙牛；有清晰的发展战略；卓越的管理品质，如万科的品质可以从万科房子上观察，招商银行的品质可以从它的网点服务中去观察。

短期持有的股票主要是周期性比较短暂的行业，如航空行业每个月的经营情况都不一样，可能黄金周那一月盈利非常好，而在淡季盈利就比较弱了。单从这一点去考察这些企业，可以进行波段操作。

上海某知名私募董事长：我们一般做大的波段，以一个季度或者半年为持股周期，很少超过一年。

在中国很难长期持有一只股票，中国出不了巴菲特。万科曾经长久在10元以下徘徊，后来涨到40元，但中间的煎熬很少有人能忍受。比如一只股票两年翻一倍，但是没到一年大多数人就忍受不住了。不仅我们自己忍受不了，客户也忍受不了。

2007年9月的大盘是一群疯子带着大象跳舞。现在疯子醒了，大象倒了。

仓位管理：设定区间　震仓买入

理财周报：持股过程中如何进行仓位管理？如何相机选股、换股、加减仓等。

赵哲：对市场长时间的跟踪，读懂主力资金的意图，我看好一只股票后，会采取缓慢建仓的方式，当出现80%的收益时，就将这只股票抛掉，而如果股票出现10%的亏损，就会止损出局，跳出来等待机会再介入。前面说了，我会对持有的股票设定可以忍受的震荡区间，我一般不会理会震荡区间内股价的涨跌。

吴国平：在整个大的趋势没有改变的情况下，我还是会保持重仓，如果股指突然出现急跌，或者上涨，成交量突然放大，会进行补仓，如果成交量萎缩，就会考虑减仓。

丁福根：震仓的时候就是买入的机会，要分批买入。在盈利的情况下，补仓比较合理，也就是说，你本身有盈利，股票回调了，可以考虑补仓，因为你有账面利润，所以拿起来也比较容易有耐心；反过来，如果是在高位买入的，当然高位也只有事后才能看出来，如果越跌越买，把资金都放进去了，就会心态很差。比如2005年股改政策出来之后，跌了一段时间，不少人在这时被下跌吓得失去了耐心，错过了后面的牛市启动。

石波：在考虑配置哪些股票时，我们看的是买入股票的价格是否合适了。最近，很多地产股进行调整，我认为这是很好的建仓时机。计算地产股价是否合适有一个公式，就是股票总市值/土地储备，如果单位土地价格低于现实交易价格，那这只股票的投资价值就很大。打个比方，珠海有一块土地以700元/平方米的价格成交，而楼房的售价为5000元/平方米，那这个企业的盈利能力就很强。这个公式也可以应用到诸如能源型企业、生产型企业上去，如果换股也是通过公式不断评估股价，投资更有价值的企业。

我还要说一点，选时是非常困难的事情，而且选时正确是小概率事件。公募基金经理们不能为了等待一个良好的时间而长期空仓，只能选择好股票买入，我注重的也是选股。在熊市的时候，你可以不买股票，但在牛市的时候你一定要选择好的股票然后持有。上半年私募表现不佳，很大程度上是因为在牛市看空而错失投资良机，那个时候应该保持高仓位的。同时，市场有时是无效的，不可能所有企业信息都准确无误地反映在股价上，股价中包含了很多情绪因素，超越大盘的最好做法就是选择好股票，然后持有，不要太在意选时。

基本面发生逆转或者股价涨得过高的时候，我就会考虑减持或抛售，而考察股价是否过高的公式便是上述考察地产股价的股票总市值/土地储备的公式，这个公式同样可以应用到其他行业中，可以是股票总市值/总生产量，然后比较商值与现实交易价格的差别。

上海某知名私募董事长：在这波牛市行情中，我们一般保持在九成的仓位。对仓位进行的管理主要体现在调整股票，根据板块的轮动和3个月一个周期的行情，我们先后在军工、地产、金融等板块上进行轮换。在牛市初期，我们如果要补仓一般看价格兼顾趋势，一般挑有50%到1倍增长空间的股票做投资。而现在处于牛市第一波行情结束时期，不能急于补仓，现在要静观其变。

技术与心态：持股如对待孩子

理财周报：如何看待持股过程中的技术形态变化？怎么去突破背后的语言呢？

丁福根：K线图都是人做出来的，相当于接力棒的轨迹。我看基本面上的股市的三大驱动力，以及大盘总成交量。看大盘总成交量，感觉别人都疯狂了的时候，我才会调整仓位。比如说在“5·30”之前，每天交易量特别大，投资人都很疯狂，我觉得这个棒传递得太快了，很可能突然这个棒子就被扔掉了。“5·29”的时候我清理了仓位，有的股票全都清了，留了部分中长线的，留的是比如金融、地产股。不能全清，因为全部清仓就相当于你离开了这个市场，你就很容易看空，不亲自参加中国革命的人很难明白中国革命的希望到底在哪里。而且如果全清了，上涨了怎么办？事实证明，当大跌的时候，金融、地产股跌得相对少，这时候可以去买其他跌得多的。

当股票涨到疯狂的时候，技术指标就都失灵了。我最初曾经花几个月时间自己画K线图（那时候软件还不发达），从外汇到股市，后来发现K线图都是庄家做出来的，大的趋势是

金融、地产板块市场表现

	大盘指数	行业指数	
2007-10-24	上证指数	金融	房地产
当日涨幅	1.21%	1.60%	1.09%
近1个月涨幅	7.12%	15.23%	-2.15%
07年以来涨幅	118.40%	144.56%	190.08%

北京、上海、广州、南京房地产价格走势

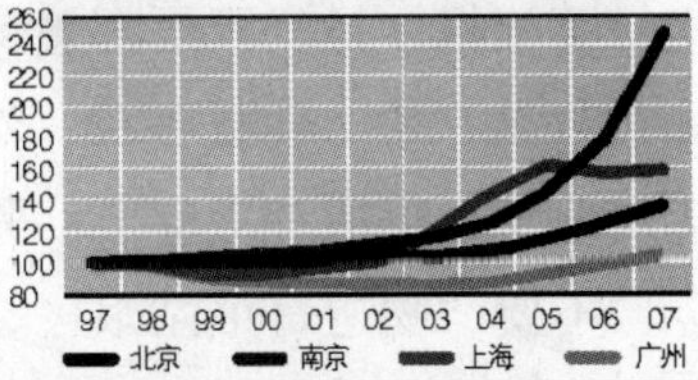

军工业5个子行业的重要性分布

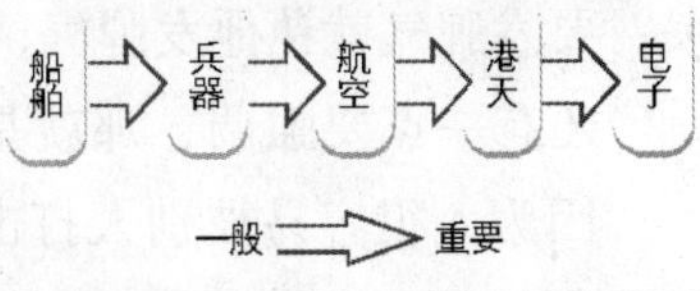

无法改变的，但是比如说外汇市场上，具体的细节是全球的交易者博弈的体现。

技术面更像是一种自我安慰。买股要靠眼力，持股要靠忍耐力，要看三个趋势有没有改变，而这时技术支撑是提供一种安慰。信心有唯物的也有唯心的，基本面属于唯物的，图形属于唯心的。图形说到底是价格运动的符号，这个符号能显示出价格运动的趋势。比如说巴菲特的股，你从图形上怎么看？

上海某知名私募董事长：我们关注技术面不多。主要还是看市场的综合环境，看企业的基本面。以趋势投资的眼光去观察，牛市中40倍、50倍的市盈率可能并不高，而在弱势下行中，40倍的市盈率就要小心了。

石波：庄家是怎么操作的我不大懂，现在是机构时代，没有一家机构能将一家公司的所有股票买完。我们买入股票的时候可能是在U形线的左边，也有可能在右边，在最低点买入很难。如果你买入股票后短期被困，如果这只股的基本面很好，6个月的时间，也许一切问题都会烟消云散，你也获利颇丰。

理财周报：在持仓过程中会面临诸多不确定性因素和风险，如何保持良好的心态？

赵哲：说实话，我也会感到迷茫和煎熬，这取决于你对市场的认识，如果这只股票有较大的资金积极建仓，未来行情还会向好，股价未达到止损位，倒可以放心持有。

吴国平：做股票需要至少能忍受三个月或半年的震荡，有些股票甚至可以持有一年，即使股指在筑底震荡，只要技术面不出现大的变化，不要选择出局，在我持有的股票当中，我会对每只股票设立固定的震荡范围，如果股票是一个圆弧底或者是在上行途中的横盘震荡，我都会在所选股票上面坚持。不要太在乎股指的短期波动，股指在5000点时可能你持有的股票没有上涨，6000点时你的股票还是不动，但或许在6100点时，它有可能启动，一定要克服攀比的心态，不要因为股价的涨涨跌跌而动摇，只要脱离成本，就要坚定持有的信心。

丁福根：投资股票都想赚钱，但是股票有股票的个性，你也有你的性格，都那么复杂，怎么驾驭自我，然后再来驾驭股票呢？只有让自己一片清净。“激情燃烧股市，热情对待自己，平和对待家人。”

不要“吻遍每个姑娘”，最好是买一只股。有人说选股如选妻，我觉得持股就要像对待孩子一样。很多人对孩子都可以很用心培养，对股票为什么就不能这样呢？等到孩子上大学了，再去找另一个孩子。只要大方向对，孩子要哭就让他哭，要发脾气就让他发脾气，这就像好朋友吵完架还是会和好。

还有一点要强调，那就是对普通投资者来说，不要把自己的持仓情况告诉别人，因为人很容易被别人打击到，虽然别人可能是出于好意提醒。市场上有很多很好的股票，可能你拿着这只，我拿着那只，我告诉你了，你告诉我不如你的股，可能我就动摇了。这样会影响持股心态，不容易保持清醒的状态。还有就是不要把股票看得太重。

后市策略：股指底部的三个指标

理财周报：现在比较看好的板块和股票是哪些？

赵哲：我比较看好的板块是有色金属、煤炭和电力板块，另外医药和水运股票一直在低位运行，它们会有补涨的空间。

吴国平：我还是看好家电板块的股票，另外具有3G概念和数字电视的股票也会长期持有，如中兴通讯。

理财周报：股市处在不同的阶段应该怎么调整策略？比如眼下的震荡回调阶段？

赵哲：我认为目前的大市处在高位震荡当中，我既不会增仓也不会减仓，仓位会始终控制在1/3，目前不能轻易追涨，因为行情热点切换太快。相反，如果现在是筑底震荡时期，可进行逐步建仓。如果是在牛市上行期间，持有股票获利是最佳选择，如果是在弱市下行的调整过程，则不适宜参与，有丰富市场经验的股民可以介入。

吴国平：当股指在高位震荡时，我会采取守株待兔的策略，长时间的横盘会提升整个市场的平均持股成本，如果所持股票具有持久的成长性，那也可以忍受长时间的震荡。

牛市上行时满仓，弱市下行时清仓或空仓，要采取“欣赏”的策略，如果整个大盘出现转势，就要考虑防范系统性的风险，在套牢10%—15%，市场还是不予配合，就又要勇于认错减仓。如果对于上市公司的基本面把握很准，即使市场出现大的震荡，我也会采取守的策略。

丁福根：基本不看大盘，我还是那句话，有了选择就不要放弃，这样才能不战而胜，投资股票就是赌性和人性在股市找到一个平衡点，为此要把不利于股市的心理克服掉，比如说小气、患得患失等。买了股，就相当于接了一个棒，这时候我会走到看台上去看着，到时候了再下来，把棒交给别人，而不是说接了棒之后，我就自己一直在场上跑啊跑啊。

上海某知名私募董事长：在四季度，我们会空仓一段时间，等股指跌到一定的程度再考虑建仓。底部在哪里要看三个指标：价格比较低，成交量低，指数低。预计未来一两周的成交量会比较低迷。

守不住牛股归因于被蒙蔽方向后的怀疑和否定

汪江涛 理财周报记者

秋风萧瑟，你听到无数声叹息。

多少个交易日。在目睹K线连收长阳，股价节节攀高之后，你都会听到——或者自己说出“如果不抛掉，那只股票到现在涨了××”。失望过后，你的自信心又经受了一次沉重的打击。

理财周报统计发现，发轫于2005年6月的此轮大牛市，催生了最高36倍的个股价格涨幅。东北证券、苏宁环球、广船国际、辽宁成大、中国船舶以及驰宏锌锗的涨幅都在30倍以上。

这些牛股，你现在还持有吗？你曾经持有过吗？你的一时迷失方向，失去的不止是财富，更甚是对自我的怀疑与否定——这恰恰是你守不住牛股的最大敌人。

市场总是走在前面

“在物理中，你是同上帝下棋，上帝并不经常改变他的规则。当你已经将住他时，他就会认输。而在金融里面，你是在同上帝创造出的人下棋，这些行动着的人们基于他们转瞬即逝的看法给资产估值。他们不知道什么时候他们已经输掉，只知道持续不断地努力下棋。”

这是联合证券金融工程分析师谢江等人在2007年8月份，进行行为金融系列研究结尾的一段话。当然，这段话来自《宽客人生》一书。近期的股市振幅加剧，“二八现象”频现，这从一定程度上造成投资者心理恐慌，盲从、杀跌等错误行为屡屡发生。

理财周报不揣浅陋，试图通过行为金融学（Behavioural Finance）对市场的研究，了解交易中的不理性行为，以帮助投资者认清和战胜自身的投资弱点。理财周报采访的业内金融工程研究员、首席策略分析师都认为，基于个人投资者的非理性行为，短线频繁交易将抹杀大部分收益，此操作手法并不建议采用。

瑞士人拉斯·特维德是一名成功的金融衍生品投机客。“我相信心理学可以解释相当一部分市场行为，包括一些常用的技术分析方法。”

市场总是走在前面——这是特维德在《金融心理学：把握市场波动的真谛》一书中总结的4项基本原理的第一条。作者认为，那些预测市场走势的人，总是在新闻发生之后无可奈何地分析该事件的影响，而市场早已对此做出反应。也就是说，市场走在新闻前面。

正如证券投机商托兰尼所言：“一般来说，消息不产生价格波动，而是价格波动产生消息。一天的交易结束后，每一个人都在为当天的价格变化或者趋势反转寻找借口，而这些借口是他两小时前怎么也想不到的。”

约瑟夫·熊彼特在他的著作《经济周期》中说：“虽然经济形势很好，但是如果没有更多的好消息，股市将下跌。”这种情形，似乎恰好描绘了A股此前的小区间阶段——如2007年6月初的表现。

其他基本原理包括：市场是非理性的（情绪跟着价格走），混沌支配（许多经济和金融系统存在固有的长期不可预测性），技术图形自我实现（如果所有人都使用同样的技术分析，那它的效果就不是自我实现，而是自我毁灭）。“行为金融学是对传统金融学的修正和补充。投资者在作出一项投资决策时，往往有习惯定势，从而造成行为出现偏差。”谢江对理财周报记者说。

过度反应与羊群效应

忧愁湖边的孩子们认为自己都不是普通的孩子。当被问及是否是一名好的驾驶员时，大约80%的人会说“是”。

德累斯顿银行证券策略研究者詹姆斯·蒙蒂尔说，当出现理想结果时，人们认为是其能力使然，反则归因于运气不佳。“掷出硬币的正面是我自己赢得的，而出现反面则是运气不好”。

奥丁教授发现，表明投资者过度自信效应的指标之一是成交量趋于增加——因为自信，所以人们的交易次数会增多。但实际上，成交量上升后净利润反而会趋向下降。

2005年8月，时任中关村证券研究员的王琦撰文说：“利用行为金融学的有关内容对A股市场进行分析，我们发现传统金融学的很多假设前提不能实现，这导致市场出现一系列的‘系统性偏离’理论价值。”

“羊群效应是群体行为非理性的表现。大量的实证研究表明，投资者的行为是受其他投资者影响的，投资者之间是相互学习模仿的——这就是羊群效应。”

Wermers（1999）将羊群效应的一种模型归结为：经理人忽视他们自己的私人信息，跟随大多数的投资行为，而不想冒失去名声的风险，不想表现得与众不同。这与目前A股市场一些公募基金的表现何等相似！王琦还总结认为，A股市场还存在另外一种独特的羊群效应，即是对政策市的追捧。“在牛市环境中，羊群效应还是很常见的。”谢江如是说。

行为偏差、正确交易

按照谢江等人的理解，行为金融学的一个应用在于从投资人的行为偏差中寻找超额收益(alpha)。“从行为金融角度挖掘alpha有一个显著的优势：人的行为不容易发生改变，即使改变也会是非常缓慢的事情。”

在中信建投首席策略研究员吴春龙看来，“一般的个人投资者炒股，首要的参照条件是个股盈利效应。他会结合指数和个股目前价格的变化，若价格继续上涨就持有；若价格短期大幅下跌，就选择卖出。”

“以上这些都反映出投资者对价格的感受。”吴春龙补充说，最近大盘股在上涨而很多个股下跌，此举对投资者的买入热情打击很大。从心理角度来分析，这种投资行为反映“股市钱好赚”的错误观点，“他们并不会设定止盈和止损”。

“个人很难战胜非理性市场情绪，”具有国际金融分析师资格的万联证券研究员张士伟认为，股价与投资心理有正反馈效应，“价格涨得越高，投资信心越强。不理性投资者因此认为上市公司将出现利好，于是买进，其实公司并没有什么变化。”

A股牛市：换手率与成交金额变化

时间	换手率(算术平均) 单位：%	成交金额合计 单位：十亿元
2005-06-30	1.44	281.98
07-29	1.60	206.76
08-31	2.27	444.82
09-30	1.75	393.71
10-31	1.48	198.23
11-30	1.39	209.03
12-30	1.76	214.85
2006-01-25	2.53	334.83
02-28	1.91	341.01
03-31	2.37	380.99
04-28	3.73	693.42
05-31	4.96	1042.82
06-30	4.12	870.91
07-31	2.73	777.17
08-31	2.75	510.34
09-30	2.83	634.48
10-31	2.16	623.71
11-30	3.84	996.1
12-29	3.61	1466.75
2007-01-31	5.75	2464.37
02-28	6.22	1703.18
03-30	4.37	3143.31
04-30	7.29	4837.08
05-31	7.73	5707.83
06-29	4.18	5311.05
07-31	5.15	3187.29
08-31	4.86	5357.61
09-28	3.34	4507.71

因为自信，所以人们的交易次数会增多。但实际上，成交量上升后净利润反而会趋向下降。

"在行情看好时不要被胜利冲昏了头脑"。因为过度自信，股市交易次数增多，成交量也会趋于增加。"短线频繁交易造成交易成本增加，所获得收益大部分被抹杀。短线交易并不适合一般的投资者。持有的股票长期不涨，会对心理承受形成压力，此外还受到周围人的影响。"谢江认为。

声音

异常交易量与预期收益关系

行为金融学的研究表明，个体投资者往往带有较强非理性成分，进而影响到资产价格的确定和投资者的收益表现。在中国，交易量异常高（低）的股票的预期收益一般相对较低（较高）。

——汪昌云（中国人民大学财政金融学院教授）

序列性羊群行为

头羊预测准确度明显高于从羊。资历和研究平台有助于分析师成为头羊，从羊的跟从策略对其个人是理性的（参与羊群可提高其预测准确性），但由于其放弃了自己的信息，导致了整体的信息利用程度低下。

——熊维强（华中科技大学博士）、宋军（复旦大学博士）

守住牛股主力机构惯用的十大兵法和应对术

刘默默　刘昊　理财周报记者

在只能做多的市场，主力往往会凭借资金实力在短期内低买高卖，会在对个股反复进行“洗盘”，用看似恐怖的技术图形将散户震出局，使其在主升浪来临前早早交出筹码。

我们罗列出一些常见的技术图形，并提出一般情况下较为合适的应对“兵法”帮助投资者对抗主力的洗盘。这些图形只能作为参考指标，投资者还要综合当时的市场状况和基本面等因素做出具体的投资判断。

量堆后可耐心持有

主力用计：暗渡陈仓

应对：以逸待劳

当个股在底部出现“量堆”时，一般来说是有实力资金介入，尽管短期内股价波澜不惊，但是有可能意味着拉升只是时间问题。“量堆”表现为成交量在持续低迷后突然出现连续温和放量形态。一般个股在底部出现温和放量之后股价会随之上升，缩量时股价会适量调整。“量堆”的调整没有固定的时间和模式，少则十几天，多则几个月，投资者可以分批逢低买入，并在买进的理由没有被证明是错误的时候耐心等待。

小心影线“试盘”

主力用计：打草惊蛇

应对：隔岸观火

影线是观察阻力和支撑力度的工具之一，不过也经常被大资金操纵。上影线长的个股，不一定面临巨大抛压，下影线长的也不一定就有很大支撑。

“试盘”是上影线的一种成因。主力在拉新高或冲阻力位时都可能试盘，以试探上方的抛压大小。如果上影线长，但是成交量并没有放大，同时股价始终在某个区域内收带上影线的K线，那么主力试盘的可能性就很大。

如果试盘后个股放量上扬，则说明抛压不大，可以放心持股；如果试盘之后出现下跌，那么说明抛压不小。值得注意的是，如果长上影线发生在个股大涨之后，那么后市下跌的可能性比较大。

震仓也是上影线的成因，特别是对刚启动不久的个股，主力可能用上影线吓出不坚定持股者。

量下跌可能是洗盘

主力用计：苦肉计

应对：趁火打劫

尽管图形被资金操纵的可能性较大，但成交量却很难伪装。因此从成交量辨识洗盘很重要。如果伴随着股价破位下行，成交量从放量到越跌越缩量，其中，很可能创出阶段性地量或极小量，那么洗盘的可能很大。如果是变盘，那么在股价出现滞涨现象时成交量较大，而且在股价转入下跌走势后，成交量依然不见明显缩小。

从主力的角度考虑，用大量筹码来洗盘既没有现实意义也没有必要，只会拿部分筹码来均衡市场。因此一旦确认是洗盘，投资者可借主力将股价打低之机在底部吸纳筹码。

上升三角形整理洗盘

主力用计：调虎离山

应对：欲擒故纵

上升三角形是由于股价每次上升到一定价位即遭遇抛压，意图将筹码从散户的手中洗掉，主力则在一定的低位将其接住。这种情况下，股价不用跌到上次低点就开始反弹，由此低点不断提高。值得注意的是，上升三角形的上涨高点基本水平，而伴随着低点的不断提高，浮动筹码越来越少，成交量会不断萎缩，而在向上突破压力线时须有回抽确认。投资者可以适当地波段操作，以短暂地做空顺应主力洗盘的要求。

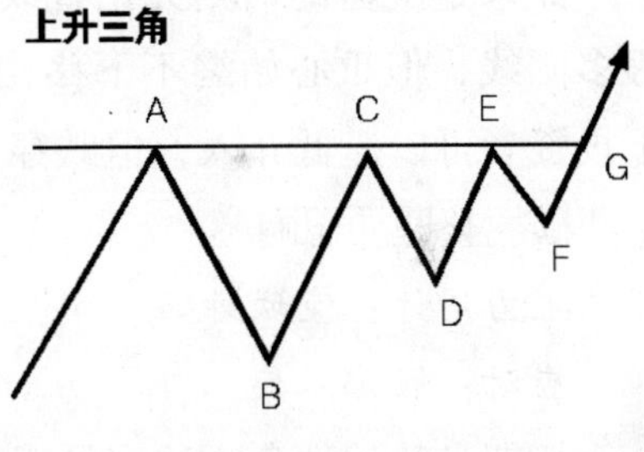

识破委比大买单多假象

主力用计：声东击西

应对：顺手牵羊

卖盘上挂有大卖单是否就说明卖盘多呢？未必。如果在关键价位，卖盘很大，买盘虽然不多但是买入成交速度很快、笔数很多，同时股价也不再下挫，那么多数可能是震仓。

委比较大是否就说明买单强劲呢？也未必。主力出货时可能在卖盘上不挂大卖单，但是下方买单反而大，以此显示委比较大，造成买盘多的假象。

另一种可能是，下方也没有大买单，但上方某价位却有“吃”不完的货，或者成交明细中常有大卖单卖出而买单却很弱，导致价位下沉无法上行。投资者可以根据实际的盘面语言，顺应主力的意图做出相应的操作。

关键价位不可忽视

主力用计：关门捉贼

应对：擒贼擒王

对主力来说，一般洗盘时某些关键价位不会跌穿，这种关键价位可能是上次洗盘的起始位置，因为已经洗过无需再洗，同时护着这个价位也意味着不给上次被吸出局的人有回补的机会。这种手法将使K线有明显的分层现象。

如果主力是出货，那么关键价位则没有“护驾”必要，呈现跌跌不休的状态。因此投资者在实际操作中必须严格关注主力特别“关注”的价位。

重心不下移式洗盘

主力用计：浑水摸鱼

应对：远交近攻

重心是否下移也是判别洗盘与出货的显著标志。主力在洗盘时，并不希望将便宜的筹码交到别人手中，因此会反复地震荡，用难看又杂乱的图形将投资者震荡出局。

如果是洗盘的话则无论日线收乌云线、大阴线、长上影、十字星等，或连续很多阴线，但重心始终不下移，即价位始终保持在某个区间之上运行。这种情况下投资者可以逢低介入，但跌穿了该区间则须考虑可能是变盘。

横盘整理须忍耐

主力用计：空城计

应对：假痴不癫

长期盘整的洗盘方法多见于白马股，由于其价值被一致看好，采用打压方式洗盘则筹码会被散户或其他机构逢低买入。

横盘整理

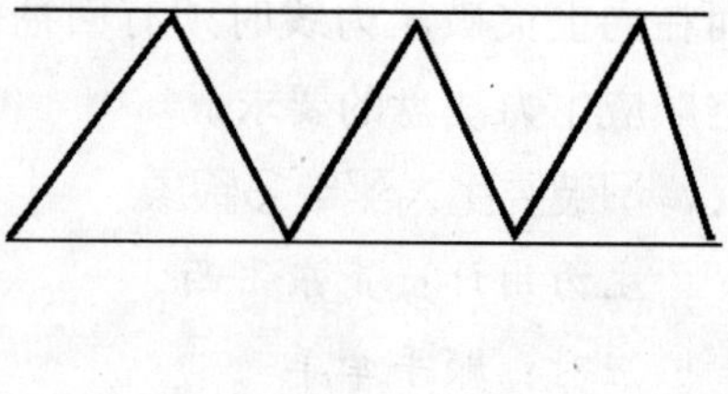

在整理洗盘的情况下，主力通过长期盘整制造出该股类似于“鸡肋”的假象，打击和消磨其他持有者的投资热情和信心毅力。

横盘整理在K线上的表现常常是一条横线或者长期的平台，从成交量上来看，在平台整理的过程中成交量呈递减的状态。

也就是说，在平台上没有或很少有成交量放出。针对这种情况，投资者能做的也只是“捂紧”一招，看似技术含量低，其实成功率很高。

箱形、旗形整理洗盘

主力用计：连环计

应对：反客为主

箱形整理指当股价上行到某价位时即遭到主力打压回调，下行到另一个价位时又有主力护盘或新多头吸纳。上档高点连接形成的水平阻力线和下档低点连接后形成的水平支撑线水平平行。

旗形整理指股价在上升到相当的幅度后主力开始控盘打压股价，但股价下滑不多后主力开始护盘或者新多头入驻，股价继续上行。这时往往跟风盘不太踊跃，股价再度冲高回落。高点连线和低点连线平行并形成向上或向下倾斜的箱体。这两种整理中，散户在主力的诱导下容易做反方向，但如果吃透主力意图，则可以享受可观收益。

W底、头肩底震荡洗盘

主力用计：上屋抽梯

应对：走为上

股价下跌后，遇到合理支撑，出现反弹，但因前期跌势过深且力度不足招致打压第二次回落。股价下跌到前次低点附近时成交量明显萎缩，之后伴随逐步放量股价再次上升，且突破前次高点。如果确认W底突破，一则需要在上扬时突破颈线，二是在第二个底部右侧的量需要超过第一个底部左侧的量。

头肩底

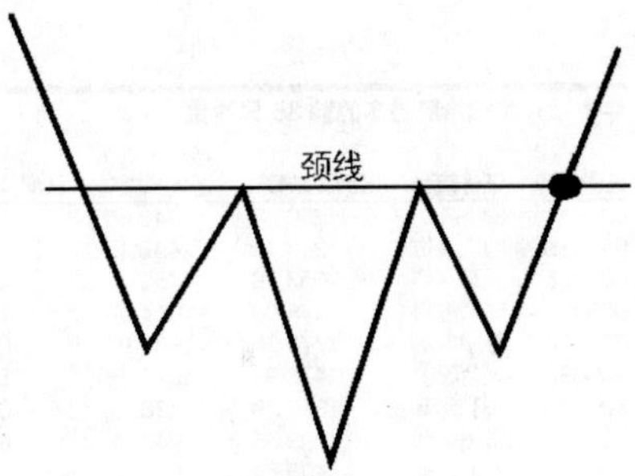

头肩底图形中价格一旦升穿阻力线（颈线）则出现较大幅上升。左肩多较右肩和头部为大，下降的成交量加上头部创新低则走势正在水平线上逆转。

当价格由头部的顶峰上升时，即价格向上突破颈线后，再次回落至颈线支持位，然后才大升。最后逆转讯号是在价格向上窗破颈线后，把握时机入货，若未能跟进则在回试颈线支持位时买入。

这两种形态的波动幅度较箱形整理更大，主力会以较深的跌幅将散户“逼入绝境”。投资者可以考虑在短期趋势走坏的情况下暂时离场，等趋势转好时再把筹码捡回来。

解密盘中股票主力机构筹码运动图

江勋　理财周报记者

2007年上半年，面对万科和中国船舶这样的股票，很多人心里没底：“到底是为啥，它还在奋不顾身地涨？”或者当你认识了一些绩优股，兴奋地拿在手里，它横竖就是不起波澜，一有波澜就折腾。

A股越来越适合机构操作了，他们手握重兵，大砍大杀，而散户的生存法则就是翻开历史，洞穿他们的筹码迁徙规律。

牛市以来机构持股最多的前35只股票

证券代码	证券简称	区间涨跌幅%	区间振幅%	区间换手率%	三年来机构平均持仓比例	所属行业
600664	S哈药	250.66	446.68	116.35	89.99	医药生物
600038	哈飞股份	316.42	490.15	290.32	88.00	交运设备
600276	恒瑞医药	653.76	760.05	436.24	63.94	医药生物
600361	华联综超	448.00	614.04	779.79	62.79	商业贸易
002024	苏宁电器	1770.70	1987.98	692.01	60.59	商业贸易
600694	大商股份	478.93	641.56	544.39	59.95	商业贸易
600385	*ST金泰	1392.39	2130.71	1016.29	59.15	医药生物
600519	贵州茅台	903.55	941.82	434.81	58.40	食品饮料
000895	双汇发展	403.84	556.33	297.81	58.24	食品饮料
000338	潍柴动力	345.13	251.30	208.82	57.07	交运设备
000538	云南白药	270.97	365.70	703.40	54.96	医药生物
600406	国电南瑞	195.24	362.17	774.15	54.26	机械设备
600583	海油工程	509.71	618.49	584.82	54.26	建筑建材
600309	烟台万华	715.23	785.39	604.05	53.77	化工
002081	金螳螂	214.42	310.54	867.05	53.48	建筑建材
000069	华侨城A	716.11	911.27	755.69	52.43	餐饮旅游
000402	金融街	560.92	799.76	1092.55	51.52	房地产
600150	中国船舶	3514.40	4067.83	747.87	51.32	交运设备
600415	小商品城	292.03	478.71	695.32	50.55	商业贸易
000869	张裕A	670.92	697.45	626.00	49.94	食品饮料
600009	上海机场	151.92	233.36	663.00	49.49	交通运输
002073	青岛软控	158.90	145.82	794.90	49.43	信息服务
600271	航天信息	375.37	435.11	675.65	49.38	信息服务
002069	獐子岛	177.30	167.92	747.97	49.15	农林牧渔
600456	宝钛股份	1704.83	2220.85	1460.23	48.50	有色金属
600858	银座股份	778.92	919.15	617.06	47.95	商业贸易
600549	厦门钨业	838.19	1084.18	1363.04	47.40	有色金属
600436	片仔癀	205.42	296.03	1109.88	47.12	医药生物
600269	赣粤高速	231.69	302.06	1277.05	45.60	交通运输
000792	盐湖钾肥	692.13	715.88	730.76	45.54	化工
600596	新安股份	1047.12	1100.62	1206.50	45.49	化工
600563	法拉电子	249.97	360.52	1279.70	45.27	电子元器件
600660	福耀玻璃	403.21	524.14	738.89	45.09	交运设备
600887	伊利股份	254.77	322.87	1017.81	45.01	食品饮料
600970	中材国际	346.90	486.32	1111.19	44.82	建筑建材
600459	贵研铂业	1239.35	1472.21	2239.59	44.79	有色金属

持股集中度最高的35只股票

代码	名称	十大流通股东持股比例(%)	证监会行业
600600.SH	青岛啤酒	55.84	食品饮料
600280.SH	南京中商	51.39	批发零售
600362.SH	江西铜业	47.17	金属非金属
600038.SH	哈飞股份	43.31	机械设备
600026.SH	中海发展	41.69	交运仓储
000632.SZ	三木集团	39.52	综合类
600693.SH	东百集团	37.09	批发零售
600001.SH	邯郸钢铁	36.02	金属非金属
000513.SZ	丽珠集团	35.65	生物医药
002003.SZ	伟星股份	33.61	其他制造
600271.SH	航天信息	32.88	信息技术
600097.SH	华立科技	32.78	机械设备
601005.SH	重庆钢铁	31.39	金属非金属
000759.SZ	武汉中百	31.31	批发零售
600276.SH	恒瑞医药	31.31	生物医药
600806.SH	昆明机床	31.30	机械设备
000663.SZ	永安林业	31.17	农牧业
000917.SZ	电广传媒	30.67	传播文化
600780.SH	通宝能源	29.98	能源电力
600351.SH	亚宝药业	29.00	生物医药
600697.SH	欧亚集团	28.92	批发零售
000715.SZ	中兴商业	28.84	批发零售
000056.SZ	深国商	28.56	批发零售
002069.SZ	獐子岛	28.55	农牧业
600880.SH	博瑞传播	28.31	传播文化
600785.SH	新华百货	27.42	批发零售
600499.SH	科达机电	26.20	机械设备
600343.SH	航天动力	25.67	机械设备
600694.SH	大商股份	25.60	批发零售
002021.SZ	中捷股份	25.42	机械设备
600687.SH	华盛达	25.40	信息技术
600720.SH	祁连山	24.96	金属非金属
600580.SH	卧龙电气	24.91	机械设备
000933.SZ	神火股份	24.88	采掘业
600511.SH	国药股份	24.86	批发零售
600415.SH	小商品城	24.81	综合类

机构筹码运动的三大类型与散户持股分析

类型	证券简称	区间涨跌幅%	区间换手率%	区间机构持股比例演变（%）2005 中期	2005 三季	2005 年报	2006 一季	2006 中期	2006 三季	2006 年报	2007 一季	2007 中期	2007 三季	特点及持有分析
机构高度控盘型十股	S哈药	250.66	116.35	89.71	89.68	90.23	90.51	91.64	90.05	89.14	89.16	89.79		主力高度控盘，且相对稳定，持股非常集中，换手率和振幅不大，涨幅有限，长时间箱体振荡。不适合散户中长期持有。
	哈飞股份	316.42	290.32	90.09	90.09	90.09	85.59	90.23	87.62	86.76	86.92	86.43	86.25	
	华联综超	448.00	779.79	59.93	36.25	76.20	42.79	85.38	53.12	84.58	52.13	74.70		
	大商股份	478.93	544.39	67.97	49.30	70.18	55.18	69.98	59.39	66.67	41.22	80.13	40.75	
	双汇发展	403.84	297.81	70.53	49.01	66.43	53.95	72.82	59.12	74.20	47.15	58.82	36.67	
	云南白药	270.97	703.40	74.75	42.86	75.76	49.56	58.74	35.63	62.47	32.08	62.76	30.51	
	国电南瑞	195.24	774.15	66.30	38.61	70.16	44.57	69.88	50.92	70.84	37.03	54.42	39.86	
	金螳螂	214.42	867.05							61.66	44.98	53.82		
	小商品城	292.03	695.32	49.80	42.12	67.10	38.35	58.17	44.87	61.77	28.11	74.00	41.25	
	南京中商	158.79	654.70	14.04	3.86	5.47	3.89	15.83	53.83	60.04	67.31	72.59	67.58	
机构持续重仓型十股	中国船舶	3514.40	747.87	47.60	37.09	44.20	38.51	62.50	48.15	79.46	63.01	81.42	40.47	多为一线蓝筹，众多机构在较长时间长期驻扎，或轮流换仓，通常以较低换手率获得较高涨幅，走势稳定向上，适合散户长期持有，但须警惕主力高位减持风险。
	泸州老窖	2540.17	856.90	9.60	19.52	25.74	22.07	41.65	36.44	63.06	41.67	71.17	41.17	
	山东黄金	2174.89	1740.44	38.73	38.14	46.47	33.46	49.35	34.96	44.59	35.35	68.48	37.92	
	苏宁电器	1770.70	692.01	67.44	49.89	68.89	55.07	82.42	58.23	78.02	68.57	69.06	40.61	
	辽宁成大	3564.25	1348.28	3.77	3.56	8.22	16.02	44.41	33.52	43.73	42.67	39.34	20.14	
	中信证券	2361.89	1251.72	6.35		18.81	28.78	43.16	55.94	62.44	59.09	66.74	72.16	
	万科A	1538.64	979.55	29.20	13.56	41.33	36.78	23.45	35.79	51.31	43.53	55.19	33.39	
	金地集团	1520.42	895.88	43.40	26.93	50.20	33.14	52.06	33.89	60.03	30.64	69.50	64.42	
	天音控股	1507.34	977.30	2.93	2.20	9.14	14.94	30.40	33.74	53.73	45.45	59.45	13.03	
	中联重科	1606.40	1190.14	23.40	27.90	36.26	40.33	55.45	33.86	62.38	29.05	68.97	39.94	
机构套利型十股	法拉电子	249.97	1279.70	32.26	35.03	50.46	48.42	56.53	51.18	60.83	44.39	69.94	4.21	多为二线蓝筹或题材股，机构频繁进出，筹码快速接替，区间换手率常常数倍于涨幅，大起大落，错综复杂。散户博弈需慎之又慎。
	天士力	241.46	1270.74	50.41	31.97	53.84	29.41	32.32	30.59	67.62	47.39	59.30	35.10	
	同仁堂	133.51	1155.39	78.38	49.11	67.10	32.75	29.76	22.64	36.11	26.24	69.11	9.50	
	华海药业	116.87	1498.63	75.51	59.45	54.20	21.76	16.87	19.19	27.52	16.66	37.60	22.60	
	一汽夏利	485.62	2087.05	11.88	32.00	47.79	49.21	49.59	28.77	11.17	34.65	17.51	16.68	
	深赤湾A	61.01	1140.81	70.49	29.97	47.56	8.30	7.25	15.63	30.36	8.47	46.80	0.43	
	海立股份	89.36	1772.75	9.81	6.01	9.29		0.30		49.77	28.19	46.38	47.82	
	生益科技	506.90	2000.90	10.63	6.85	30.22	19.49	30.61	14.03	9.29	30.26	42.69	1.33	
	深南电A	53.90	1444.22	13.56	8.18	0.50		0.01	17.03	19.00	21.53	59.14		
	金鹰股份	79.80	1922.54	13.66	14.89	22.60	16.97	11.83	11.71	0.07	29.34	12.17		

说明：统计区间为2005.6.15–2007.10.23，2007年三季报数据截止时间为10月25日

资料来源：上市公司、基金、券商等机构公报、wind资讯

牛市以来涨幅前20牛股与主力持股关系

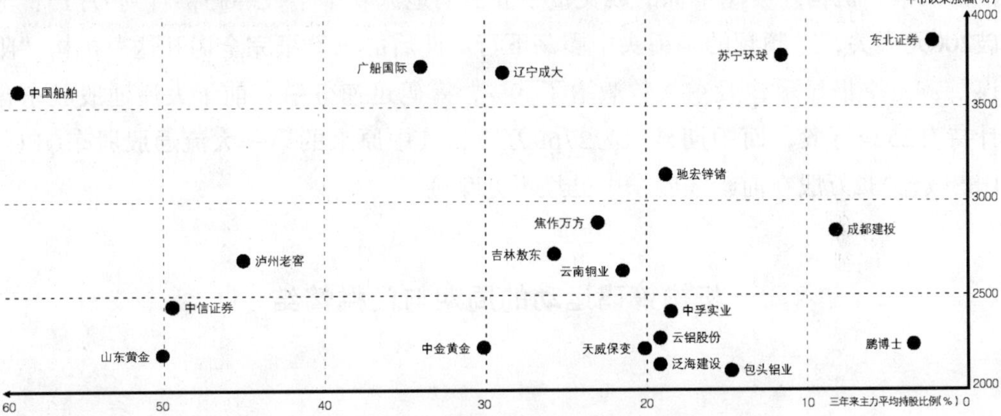

主力动作与涨跌相辅相成

我们统计了从此轮大牛市启动的2005年6月中旬以来，所有1498只股票的复权价格涨幅，其中117只股票涨幅已经超过了10倍，324只股票涨幅在5倍到10倍之间，422只股票涨幅介于3倍到5倍，剩余635只股票涨幅小于3倍，这四个区间的机构平均持股比例依次为20.11%、16.31%、9.56%和3.2%。我们倡导，中产家庭投资一个重要原则就是，与主力保持方向一致。这组数据从宏观上印证了机构造市

的观点。

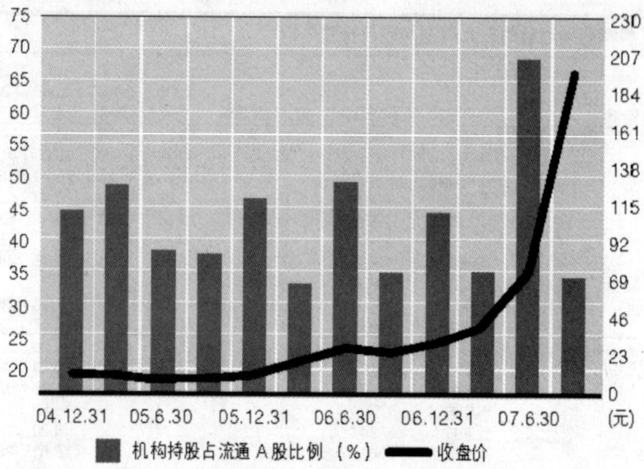

从微观来看，我们也发现许多股票的走势和机构的筹码迁徙步步相契，即便我们能见到的只是各报告期节点上的股本结构。暂且以山东黄金为例。

2007年对山东黄金来说，确实是黄金年，累计涨幅已经达到485%。从统计表中可见，年初的机构持股比例已经从2006年第三季度的34.96%增加到44.59%，股东人数由13592户收缩到11731户。于是从形态上看，此前明显有一波放量拉升，实际上这也是山东黄金整轮阳线的开端。在此后的一轮洗盘中，机构们不断吸筹，这一过程从2007年4月初一直持续到6月初，甚至令“5·30”形同虚设，看多后市意愿相当强烈。中报显示，机构们已经吸纳了68.48%的筹码，散户迅速萎缩到7686户，机构从10家激增到58家。此后的走势出现的就是一波典型的机构波，急拉猛抬，一浪盖一浪，机构在波澜不惊的成交量中静悄悄地派发了半数筹码，直到9月13日击破200元大关，在频频的阴锤头中震荡下行。此后的三季报完全揭开这一机构“阴谋”：三季报显示，股东人数激增了89%，筹码迅速分散；前十大流通股股东合计持有2534万股，而中期显示为2769万股，其中原来的第一大流通股股东QFII-UBS减仓232万股在前十大股东中已经不见踪迹。

机构筹码运动的周期与门槛情结

山东黄金极具代表性。从上面的柱状图可以看到，机构筹码的迁徙表现出明显的波浪状，基本上以一个报告期为周期，基本上和K线图保持着亦步亦趋，高抛低吸的关系。

实际上，这是机构持股的非常普遍典型的一种形态，在涨幅的前20位之中，苏宁环球、辽宁成大、中国船舶、泸州老窖、泛海建设、中金黄金等都保持非常明显的起伏周期。其中中国船舶的筹码运转过程，和山东黄金如出一辙，山东黄金破200元后反转，中国船舶则是破300元后一路下泻，苏宁环球则是破50元后扭头，其中可以窥见机构的某些门槛情结。

由于成长性和盈利性良好，这些股票均为机构长期重仓对象，只要结合盘面语言，把握合适节奏，散户可谋取很大的生存空间。

高度重视主力持股的三种形态

对股票股东机构做一个纵览考量，则会发现，主力控制个股的表现形态仍然有迹可循。我们辨别出其中三种主要类型：高度控盘、长期驻扎和操盘套利型。

高度控盘型

某只股票长期处于某些机构笼罩下，主力持股集中度一般都在50%以上，甚至高达90%。表现形态上，相对稳定，换手率和振幅不大，涨幅有限，长时间在箱体内震荡，表现不尽如人意。此类股票并不适合散户中长期持有，以哈飞股份为例：

2007年三季报显示，前十大流通股股东总计持有14610万股，占总数的86.71%，其中南方证券一直未动，仍然以持仓14047万股位居第一大流通股股东，占流通股的83.37%，东方证券持有241万股未变，QFII-CITIGROUP持有45万股；股东人数2006年年报为6089户，2007年中报为6890户，三季报为7542户，基本没有太大变化，筹码趋于分散。

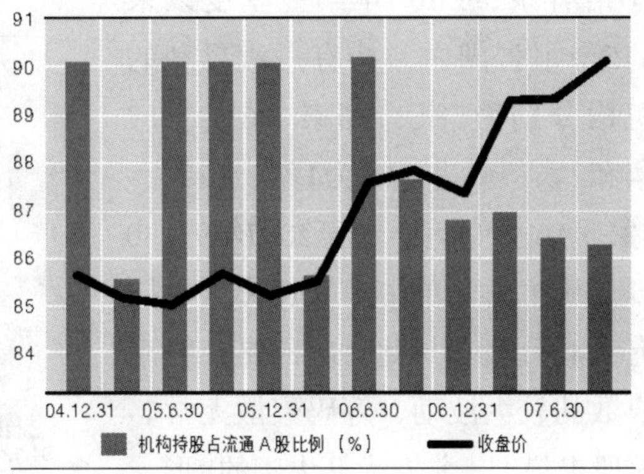

但是在走势上，则呈现完全不同的跌宕起伏。今年以来涨幅仅为29%，但振幅高达99.8%。可以看到反转图形、长影线和十字星密集排列，在换手率不高的博弈中多空反复拉锯。

长期驻扎型

这一类型多系一线蓝筹，众多机构在较长时间内扎堆持有，轮流换仓也很常见。通常以较低换手率获得较高涨幅，走势稳健向上，适合散户长期持有。但非常值得警惕的是，主力持续拉升之后，短期大量减持。

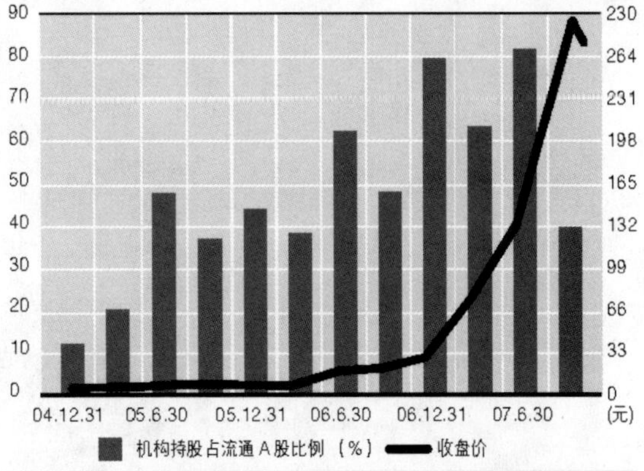

以中国船舶为例，从2002年起，机构持仓始终保持在50%左右，中期一度达到81%高位，持股机构共计83家，此股也曾勇猛成为两市第一高价股，但此后遭到有史以来最大幅度减持。截至2007年底，共19家主力机构持有中国船舶，持仓量总计3213万股，占流通A股23.84%，均为基金，与中报相比增仓5家，增持267万股，减仓10家，减持978万股；新出现在主力名单中4家；70家从主力名单中消失，原持有4527万股。

操盘套利型

主力机构套现的重要来源。多为二线蓝筹或题材股，机构频繁进出，筹码快速接替，区间换手率常常被推得极高，股价大起大落，走势错综复杂，常常无迹可循，区间内涨幅难有突破。在我们列出的十只典型股中，牛市以来的涨幅甚至不到一倍。此种类型适合短线操作，但散户博弈须慎之又慎。

以一汽夏利为例，2004年来主力持股最高达到49.59%，最低只有4.8%，相距10倍有余；2006年第三季度以来的5个报告期内，持有一汽夏利的机构分别为6家、16家、6家、17家和2家，新进机构为1家、15家、4家、16家和2家，截至2007年9月30日，从主力名单中消失18家，原持有3148万股。与此对应的是，股东户数的较大波动，筹码聚散无常。该股走势上，常有大开大阖的V形，机构肆意拉高抛压，让人心寒。

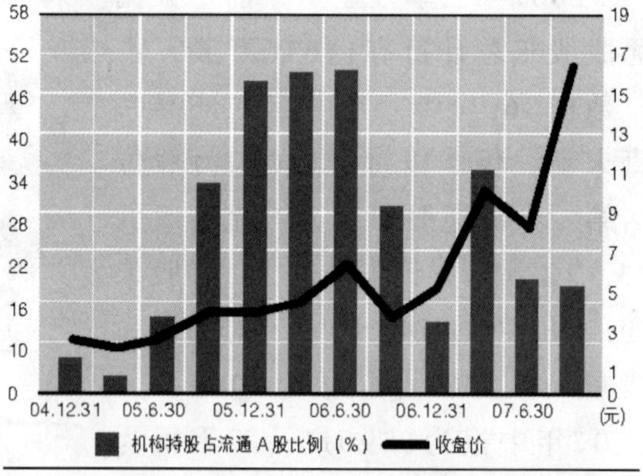

精选行业和个股长期持有，机构不刻意做波段

时晔 理财周报记者

取舍之间，总是两难。大盘近期出现了剧烈的震荡，投资者的心态也因此而面临着严峻的考验。大跌之后，自己手中的股票要不要继续持有？如何知道哪些公司是应该无视一时的涨跌而长期坚守的优良品种？这些都是投资者最为关心的话题。

作为A股市场的中坚力量，机构投资者的一举一动往往对整个市场的运行规律产生巨大的影响。不妨听听机构投资者讲述判断哪些行业股票值得长期持有背后的逻辑。

不要过分关注大盘

“我们注意到机构持股在发生分歧，有的在减仓，有的在建仓。不过我们觉得，最近个人投资者不要过分管大盘，预计未来一年内还是会继续震荡。建议投资者还可以去关注一些具有明显季节性的行业，比如白酒在四季度会是一个旺季。”国金证券宏观策略总监杨帆告诉理财周报记者。

杨帆表示，个人投资者不妨持有自己熟悉的行业，可以持有通过自己行为观察得到的行业的股票，如消费品行业。投资者不要被资产注入等概念所迷倒，这些往往不可控制，风险和收益很大。

“在未来一两年内，我们看好两个方向，一个是与人民币升值相关的产业，一个是与通货膨胀相关的产业。”杨帆解释道，前者集中在金融、保险、地产、消费行业，后者集中在上游资源品、具有中国定价权的行业，如煤炭、有色金属、原油、农产品等。

他建议投资者关注局面通胀向核心通胀的条件，“我们注意到核心通胀率没有下降，而是在温和增长，预计CPI在未来一年之内有所上涨，与之相关的资源

品、劳动力价格会上升，同时目前中国对公用事业价格的压抑会有所改变。”

坚定持有价值低估的股票

“基本面出现变化时，比如低于预期业绩，我们可能会减持股票。”基金经理宋嘉（应采访对象要求化名）向理财周报记者表示，“一般在季报出来之前，我们已经可以从研究报告、市场信息等方面了解到该公司的业绩表现，如果业绩表现差，我们就会对股票进行调整。”

他还表示，如果出现更好的投资机会，他的仓位也会做出相应的变动。

那么，有何种股票值得持有呢？他认为可以去寻找估值相对低的股票，以及业绩可持续较强的股票。“但是具体到不同行业的估值有不同的参考，比如高科技行业，估值非常高，而传统型企业如钢铁行业，估值也就到10倍。”

从目前A股市场来看，他认为银行、券商估值相对比较低。“至少从现在看，券商的买方业务增多，市场非常活跃，IPO、投行、直投业务不断增长，同时大股票的回归，实实在在地带来佣金收入。2008年市场给券商的估值约30来倍，2008年的业绩预期会增长。”

“现在市场整体估值太高，这一波调整主要都是估值偏高的股票，其实在‘5·30’的大调整之后，很多股票都没有创出新高”，对于未来是否继续调整，宋嘉表示他从来不做这样的判断。

“股票的价值是否被低估才是判断是否应该持有的一大原则，”他向理财周报记者表示，“之前一波轮一波的板块热点转换，其实就是二级市场在炒作价值低估的股票。”

业绩增速放缓才考虑减持

“我在6100点的时候几乎把股票全都抛掉了”，目前已离职的前基金经理李平（应采访对象要求化名）告诉理财周报记者。

李平表示：“夸张点讲，大盘所有的股票都不涨，好像只有中石化一家在涨，这样的局面大家如何参与？从投资的角度来看，目前A股市盈率已经到60倍甚至70倍，这实在太高了。同时目前市场参与者发生了变化，基金大部分都在减仓，对于后市的看法也发生了分歧。就好比大家同时看多的股票，突然有一部分拼不住，先抛了，然后引发其他基金开始抛售。”

不过，李平并没有全部抛售手中的股票，他将一部分资金留在长期看好的机械制造类股票上面。

“中国制造水平已经与欧洲、日本等发达国家相当，但是我国的人力资本非常便宜，这一类股票的业绩前景看好。另外高消费类股票，如高质量白酒、汽车行业也是可以持有的股票。”他这样向理财周报记者解释。

“业绩增速放缓需要投资者注意的，比如2006年同期三季度业绩增长200%，而2007年业绩增长为70%时，这将成为我减持的原因。”李平特别强调这一点。

不要刻意做波段

在股市遭遇震荡时，一些个人投资者喜欢听波段操作，K线图分析，最好来个成功抄底。如今在大盘持续震荡的时候，投资者是不是需要考虑成本而决定抛与买？

宋嘉认为，考虑技术成本是个很坏的投资习惯。他把机构投资者和个人投资者的投资风格分别比喻成撒网捕鱼与钓鱼，“因为手上握有的资金量太过巨大的关系，机构投资者不会轻易调整仓位”。

广发理财三号集合理财产品的投资经理陈志坚向理财周报记者表示，“持股的最重要原则是具体业绩是不是支持”，个股基本面的质地决定了是否持股的最大理由。

对于股市持续震荡，他表示：“我们不会刻意做波段，波段也不能太短，不是一个月、两个月，起码要看半年、一年的表现。”

长城基金经理秦玲萍在接受理财周报记者采访时也强调他们不会做波段处理。“除非发现新的投资机会，才会做结构性调整。选择股票还是看行业的长期增长、盈利增长，行业中再挑选个股龙头。”

3家机构卖股票语录：风吹草动不改变事前目标

徐崭 理财周报记者

基本面！机构买股看基本面，卖股还是看基本面。在目前泥沙俱下的大跌状况下，如何判断哪些股票应该毫不犹豫地抛出呢？

多位机构人士向理财周报记者表示，他们严格依据基本面判断个股的估值，一般到达目标价位之后都会考虑卖出，那些高估明显的个股，更是首选的抛售对象。

万联证券研发中心总经理黄晓坤：尽量让仓位保持在50%以下

“如果你还没买股票或者清仓，那现在就先等待机会吧，系统性风险还没有完全释放完。”黄晓坤认为须谨慎对待目前的市场情形，“那些动态估值已经到位的股票可以卖掉以防范大盘风险，也可以将那些不看好的股票卖掉以便调低仓位。”

黄晓坤认为，新基金停止发行已经两个月之多，市场资金供给后续无力，因为此市场很可能出现上行乏力的情况，机构以外的资金也会忧虑是否要进入。加

机构三季度持股一览

行业名称	持有证券数量	占行业内公司总数比(%)	持股市值(万元)	占流通A股比例(%)
制造业	810	83.51	90450121.26	20.26
金融、保险业	24	100.00	61438052.67	29.88
房地产业	62	83.78	18475995.09	28.45
电力、煤气及水的生产和供应业	59	89.39	13922124.58	29.89
交通运输、仓储业	60	81.08	13597007.79	23.10
批发和零售贸易	84	86.60	12440898.68	23.12
采掘业	27	87.10	12206874.71	22.00
信息技术业	82	73.21	6973808.98	18.83
综合类	69	76.67	4638132.51	13.68
社会服务业	43	79.63	3775374.37	16.99
建筑业	28	80.00	2332265.15	18.48
农、林、牧、渔业	32	72.73	2147117.96	18.71
传播与文化产业	9	69.23	1252745.54	25.74

数据来源：Wind资讯

之QDII出海带去了一大笔流动性以及政策面仍然不确定，目前很难看清后市走向。

黄晓坤持有目前大多数股票估值普遍较高的观点。“银行股相对便宜，但也有点高了。前段时间因为是板块轮动行情，可以自上而下研究股票，目前阶段的情况发生了变化，要自下而上研究股票，要注重个股。”在黄晓坤看来，那些2008年动态估值30倍以内，PEG小于1的股票仍具备吸引力，可以考虑暂时吸纳或者持股不卖。

在仓位比例上，黄晓坤建议尽量让仓位保持50%以下的比例以控制风险。“除非已经清仓，市场调整谁都可能亏损，那些估值较高、业绩成长性弱的股票宜一次性清空，根本不需要考虑分批卖出。”

黄晓坤强调选股和卖股都要打起精神关注企业的基本面，如果对企业的基本面心里很有底，那拿在手上任由大盘涨跌，心情坦荡；如果对基本面没有细致研究，拿在手上很容易心慌。“如果是根据消息来判断买股、卖股，那也要鉴别到底是小道消息还是可靠信息。一般情况下，基本面差或者业绩出现下滑的股票要毫不犹豫地一次性卖掉。”

在配置上，黄晓坤建议配置银行股这样的战略性品种以及那些仍会有高速成长性的股票。“拿住心里有底的绩优股票，做中长线操作，到达目标估值水平再卖。短期谁也没法判断准真正的走势。不要试图去战胜市场，而要去适应市场。”黄晓坤的观点是持有最好公司的股票，放长线钓大鱼。

广发理财三号投资经理陈晓舜：基本不看K线投资

在卖股票这件事情上，陈晓舜表示要从四个维度进行考虑。

首先是被高估的股票要卖掉。“当时算出是30倍市盈率的估值，如果你40元不卖，但60元一定要卖了，不卖风向就转了。”陈晓舜告诉理财周报记者。

其次，陈晓舜认为单只个股配置比例过高就意味着风险的积聚。在这种情况下，广发四号也会卖出部分超额配置股票。再者，公募面临赎回时也会考虑卖出股票。最后，如果在同一行业内发现了更好的股票也会调仓，那就需要卖出某一家企业的股票来介入相中的股票。

“我们基本不看K线图，投资决策最主要的还是依据基本面。广发四号只有30多亿的资产管理规模，规模不大，有限的资金会被配置到基本面良好的股票上去。K线不靠谱，我们讲究确定的事情。”陈晓舜认为做投资最看重公司的质地。

在价值投资理念的指引下，陈晓舜并不追求过高的风险收益。“如果一只股票涨到23元，我们觉得已经到目标价位了，就可能毫不犹豫地卖掉。也许因为某种概念，这只股票还能涨到25元，但我们不会介意。就像广东人吃菜心，不一定把所有的部分都吃光。”陈晓舜告诉记者，宝钢在18元的时候广发四号就抛售了；上海汽车在25元左右也被其抛售，虽然之后翻了一倍。

在陈晓舜看来，质地不好的企业股票如果下跌就一次性卖掉，不会等待反弹，同时也不会对止盈、止损做过多考虑，理由是好公司的股价很容易超过止盈点，而且好公司股价下跌之后并不代表行情的结束。“像万科这样的好公司也出现过20%以上的深度跌幅，但是一旦你设立止损点抛售，很有可能出局后就错过了万科的上涨。”

招商证券高级理财分析师宋涛：绩差公司出利好也要卖掉

“四季度仓位不要很重，半仓左右就差不多了。”宋涛认为，在普遍估值较高以及政策性调控意图明显的情况下，可以减持三线股票、概念股以及业绩差的股票，而那些估值30倍左右，增长50%的成长性品种可以继续持有，包括消费、服务、通信传媒板块。“高增长的企业到明年初就能凭借每股盈利的变化消解目前的高估值。”

宋涛将股票分为三类，针对不同的股票采取不同的策略。第一种是成长性股票，这类股票的行情可以看得很长，基本底仓可以在20%—30%，如茅台、伊利、中国人寿、招商银行等股票。“你会发现这些股票会有1倍、2倍甚至3倍的涨幅。”

第二种是价值型股票，一般是大盘蓝筹。宋涛认为，可以按照对大盘蓝筹每个阶段的不同估值做波段操作。“大盘蓝筹熊市期间的平均估值在15倍左右，牛市在30倍左右。目前这一轮下跌，大盘蓝筹的平均估值从52倍降至42倍，跌幅达15%。波段操作的核心就是瞄准各个时期的估值基准，这个基准和大盘正相关。”

第三种是风格型股票。如航空板块正处于景气周期，捂在那里问题不大。

宋涛认为投资的关键所在是研究公司的基本面，技术分析以及选时操作在投资战略中占比很小。

在卖股票的具体操作上，宋涛则建议，成长性股票可以分拆卖掉，三线股、绩差股要一次性卖掉，而价值型的大盘蓝筹可以选择跟着估值走，到达近期目标价位了抛，然后逢低介入。止盈、止损问题也不应是关注的焦点。“牛市不要随便止盈，但一定要止损。一些业绩差的公司，即使出现利好消息也要坚决卖掉，而好股票出现短暂的下跌时不要轻易出局。”

牢记卖股票的四大纪律十项注意

丁福根　赵哲　Z先生

在股市，“会买不会卖”是许多投资者的通病，而这一轮调整行情，已经清楚地说明卖股票这一环节几乎致命的重要性。“跟庄之王”赵哲、“第一操盘手”丁福根和另一位不愿具名的广州知名私募操盘手Z先生共同向您敞开他们久经沙场的绝杀技。

原则：牢记四大纪律

理财周报：在目前的走势下应该如何操作?

赵哲：现在是波段很好的介入时机。我曾不断重申2007年10月15日到20日左右，市场会出现较大的震荡调整，这是我基于时空原理对市场前瞻性的判断。目前我除了持有少量的交通银行外，几乎是空仓。所以对我自己而言，目前是积极观察，最迟在下周建仓完毕!

丁福根：目前以换仓为主，换出高价蓝筹股，换入低价低估类股票，进行股票一出一进的对冲。目前看好低价金融股及类金融股、创投优势类。

Z先生：目前大盘震荡，买入和卖出都有。战略配置是股指期货的筹码，如中行、神华、中石化和部分二线蓝筹。主要是逢低买入，低一点买入一点，仓位控制在50%左右。

理财周报：请问卖股票应该秉持什么样的理念和原则?

赵哲：真让我说，具体原则有两点：一是控制好资金10%的波动风险，打破这个底线，不论结果全部清仓！这是一个职业操盘手在股市长期存活下来的一条法则。当然，这是基于对介入时机的很好把握。二是持有的股票涨不动了就卖！这是句大实话，但是怎么判断涨不动？这里面不是一句话的事情。还有就是，我希望我们的投资者不要一踏入股市就去找捷径和技巧！能在市场中挥洒自如除了长期的磨砺别无他法！

丁福根：四大纪律：第一，现金与股票比例适时调整的艺术，高涨时适时提高现金比例，以防不测。第二，在盈利情况下，实现利润最大化，急流勇退。第三，如出现亏损或盈利将会减少时，则止损或止盈。出仓后在很长时间内不要关注该类股票。第四，如出现明显的投机机会成本巨大差异时，操作股票套利或对冲，换取成本更低、价值更大的股票。

机会：全身而退十项注意

理财周报：从个股及大盘走势、信息面等方面，如何把握卖出时机？

赵哲：其实股市分析方法很多，但我认为关注市场主流资金方向才是把握市场的关键。本质来说，价值投资也不过是主力的一张大旗而已。

其次，从纯粹的操作技术来说，上升趋势中持股是最佳选择，箱体震荡行情中，轻仓短线参与，在下跌趋势中，对于一般投资者来说应该观望。巨量上升、除权日、利好公布前后一般最容易形成长期或短期高点。

丁福根：卖出时机，第一，选择在认为最后利好出完前后；第二，选择在巨额成交价格上涨至近期高点时，急流勇退；第三，选择在持续上升乏力并将有连续阴线出现征兆时，不恋战，适时收兵；第四，个个兴高采烈，人人都是股神，媒体上有大量的正面报道时，可能危机四伏；第五，政策面频出利空时，得听党的话。

Z先生：要注意以下十点。基本面、财务这些因素是最基本的，变坏了一定要卖；有利好的话，一定要在利好兑现时出货；有重大利空，就要看个人对个股的信心了，值得长期持有的蓝筹股，有利空出来往往是进货的最佳时机；玩短线，有利空出来就赶快抛。从技术面上看，短线的跌破10日均线，中线的跌破15日均线，而且还有继续往下跌的趋势，就要考虑减仓。上山一般不卖，开始下山了，能卖多少是多少，没法测顶测底，箱体震荡一般都会减仓甚至清仓。而除权日和公布好消息通常都是卖出。

在大盘下跌的大牛市，一定要把好的底仓保住，比如手里有1000股，其中的500股是无论如何都不卖的。反弹时要结合成交量，若成交量跟不上视为上升无力，就要减仓。走高了，以减仓为主，抛一些前期涨幅大或者利好已经兑现的。

理财周报：请具体讲一讲如何成功逃顶。

赵哲：对于如何成功逃顶，我想给大家三个思路：

一是纯技术上的，市场经过连续上涨后必然带来大量获利盘，一旦市场风吹草动它们会不计成本地出局，造成市场大幅下跌，但是这是市场中中线思路与短线思路的共振形成的，但是在市场快速下跌后，必然又带来短线的抄底盘让市场出现急促的反弹，这是最佳的最后出局时机。

二是观察龙头股票或近期是不是有连续跌停的股票，这是市场的一种重要提示。

三是多从自然周期的角度思考一下市场，自然的力量是最大的。我刚完成的《时空推动分析方法》就是讲这个全新的思路。

而关于K线上的技术形态，譬如“朝天一炷香、乌鸦盖顶、高位十字星”等，这些都是经典的顶部形态，对于我们研判个股很有提示意义，但是在具体的实战中，这些形态往往被主力做得极大变形，让大家很难区分，甚至于被主力用于洗盘手段，所以我还是那观点，市场分析就是从有形入手分析市场最本质的意义才是最重要的！这也是我在《K量三态分析方法》一书中反复论述的一个基本观点。

丁福根：逃顶是逃政策之顶、技术走势之顶、贪婪心态之顶。何时是顶，比较难把握，政策面频繁利空，能感觉，难就难在心理。如果事后感悟顶已出现，明朗了，则应清仓，不宜拖泥带水。反转则主要看政策面，比如2005年的“7・20”，2007年的又是“7・20”，利好一出，股市就回暖。

操作：T+0、止损、惜售潜力股

理财周报：在日常操作中如何降低成本？如何科学地掌控卖出过程？

赵哲：一般中线参与一只股票多数是在个股将启动的位置，股价面临突破前期高点，还有下面的抄底获利盘，由于参与者众多，主力反复制造洗盘形态陷阱是常见的，这时我一般半仓操作，一是回避大幅震荡带来的大幅浮动盈亏，二是经常可以做高抛低吸降低持仓成本。一般我跟踪的股票多数都有50％以上的收益，适当时机便可卖出。在一般市场趋势没有改变的情况下，我是分批卖出，但是有突发情况也会一次清仓。

丁福根：我是设止损与止盈点。盈利的分批出，止损的则一次性清仓。

Z先生：T+0吧。不常设止跌、止盈点。试过把止损点定在10%或更小的，一般来说在不要超出20%。大多数情况下都是分批卖。一次性清仓的比较少，一般都是突发性利空（才清仓）。比如影响到经营面、现金流，还有一些国家政策性的变化，都会考虑清仓。

理财周报：在股票池中，如何惜售潜力股？哪种股票又是卖得快的？

赵哲：判断潜力股起码应具备三种能力：一是对市场方向和市场波段的判断能力。我一般不逆市做股票，很多好股票都是在市场的波段中产生的。二是对市场形态演变可能的超前分析能力。三是对市场技术的理解和领悟，在我们初步判断潜力股后，必须有一个跟踪验证的过程，这是最后成功的关键。目前很多股票被炒到了天上，这些股票我建议大家卖出，但是这些股票有明显的技术走势，在充分调整后可以以短线的思路参与！

在投资中我一般都是重仓跟踪一只股票，在50%以上获利的情况下就时刻观察着出局的机会，在一只股票上能有80%的收益就是非常成功的投资！所以我持股的时间多数都在1个半月左右，这有着深刻的市场原理。

丁福根：地产类、金融类、资源类股票持有时间长。自己认为是瞎玩的就短，但也放跑过牛股；也踩上地雷，一旦踩上，就很快抛出。

Z先生：公司现金流稳定，基本面简单、可见性强，行业有成长性，而且最好是垄断行业的龙头，值得长期持有。如中信国安（000839.SZ），其拥有的盐湖资源，成长性高。从2007年6月到现在一直持有。此外，潍柴动力（000338.SZ）是发动机的龙头。卖得快的是一些题材股和垃圾股，玩短线。

心态：戒贪、果断、识风险

理财周报：买股票最重要的智慧是什么？需要克服什么样的心态？

丁福根：是贪婪、后悔、患得患失、浮躁、急于暴富、不能缺亏、不认错、侥幸心理。不恋旧。寻找新金矿型的潜力股，学会选择，耐心等待机会。勇于做踏实的乌龟。

Z先生：我觉得最大的智慧是选择临界点。至于心态，第一，克服盲目跟风，不要受“羊群心理”的影响。第二，改掉举棋不定的习惯。第三，切忌欲望无止。话说“空头多头都能赚钱，唯有贪心不能赚”，不要太贪心，追涨要详细分析、经济形势以及大势判断。第四，不要把股场当赌场，一夜暴富是少数，要想赚大钱，还是得有自己的计划和分析。

赵哲：其实卖股票很多时候不是心理问题，实质是能力问题。换句话说，是你能不能较准确地判断市场的问题！有人说做股票有好心态是第一的，我认为只说对了一半，不断地赔钱没有几个人会有好心态，好心态来源于获利或者对市场的波动心里有底。多数投资者投入股市都是受身边人快速获利的影响，都是充满憧憬地投入到这市场里的，一没有专业的投资方法，二缺少对风险的认识，每一次市场熊市中，他们都是最受伤害的。

（理财周报记者　高森　钟原整理）

读懂隐藏在K线图里的10种顶部卖股票暗号

钟原　理财周报记者

股谚有云："会买的是徒弟，会卖的是师父。"你是否试过在行情见顶之时，仅仅是为了一点点蝇头小利而死守不撤，结果深深被套其中?

千变万化的盘面语言中总会隐藏着一些转瞬即逝的微妙"信号"。这些信号有的时候会很准确地告诉你上升趋势已经逆转，你应该将你手中的股票果断抛出。

理财周报整理出10种比较常用且比较实用的技术语言和操作技巧，在理想情况下，它们可以帮助你在趋势走坏前尽早出货，获取最大的利益或者将损失尽可能降低。

MACD死叉为见顶信号

股价在经过大幅拉升后出现横盘，形成的一个相对高点，投资者尤其是资金量较大的投资者，必须在第一卖点出货或减仓。此时判断第一卖点成立的技巧是"股价横盘且MACD死叉"，死叉之日便是第一卖点形成之时。

第一卖点形成之后，有些股票并没有出现大跌，可能是多头主力在回调之后为掩护出货假装向上突破，做出货前的最后一次拉升。判断绝对顶成立技巧是当股价进行虚浪拉升创出新高时，MACD却不能同步，第二红波的面积明显无前波大，说明量能在不断下降，二者的走势产生背离，这是股价见顶的明显信号。

此时形成的高点往往成为一波牛市行情的最高点，如果此时不能顺利出逃的话，后果不堪设想。必须说明的是，在绝对顶卖股票时，决不能等MACD死叉后再卖，因为当MACD死叉时股价已经下跌了许多，在虚浪顶卖股票必须参考K线组合。这个也是MACD作为中线指标的缺陷之处。

一般来说，在虚浪急拉过程中如果出现"高开低走阴线"或"长下影线涨停阳线”时，是卖出的极佳时机。需要提醒的是，由于MACD指标具有滞后性，用MACD寻找最佳卖点逃顶特别适合那些大幅拉升后做平台头的股票，不适合那些急拉急跌的股票。另外，以上两点大都出现在股票大幅上涨之后，也就是说，它出现在股票主升浪之后，如果一只股票尚未大幅上涨，没有进行过主升浪，则不要用以上方法。

KDJ呈现两极形态即见顶

通常，大盘在长时间或者快速单边走势后，出现放量的或者极端反向走势，同时配合经典的技术佐证，如跳空星形大K线周KDJ线的K值到达85以上，是见顶的典型信号。

当KDJ指标的J值升势改变掉头向下，先卖50%；K值升势改变走平时可准备卖出，K值改变掉头向下，清仓；当KDJ指标形成死叉时，这是最后的卖点。

但是，有时大盘或个股在高位正式见顶反转向下，形成下跌的走势，并且它们的MACD指标也在高位形成死亡交叉，大家就不能因为大盘或个股的KDJ指标发出超卖信号而盲目抄底，因为技术上经常会出现“底在底下”的情况，所以这种KDJ指标经常会失灵。

长上影线须多加小心

长上影线是一种明显的见顶信号。上升行情中股价上涨到一定阶段，连续放量冲高或者连续三五个交易日连续放量，而且每日的换手率都在4%以上。当最大成交量出现时，其换手率往往超过

MACD 死叉:贵航股份(600523.SH)

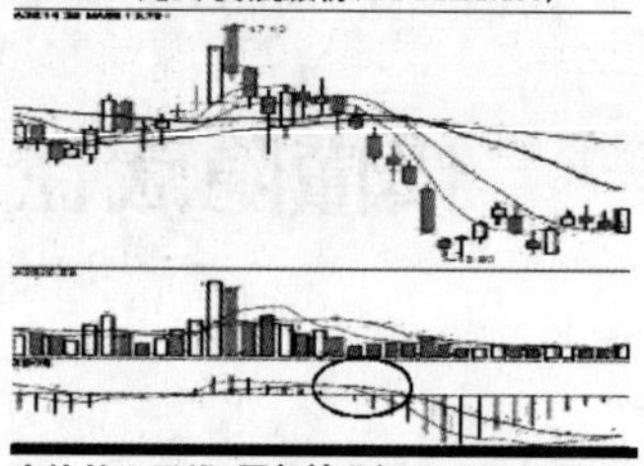

高位长上影线:厦门钨业(600549.SH)

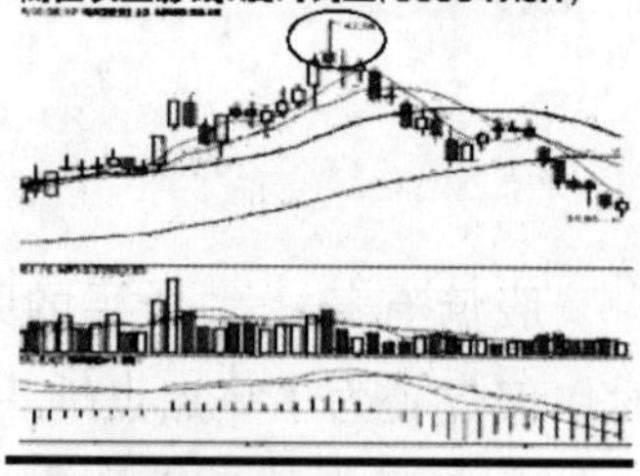

高位十字星:东北电气(000585.SZ)

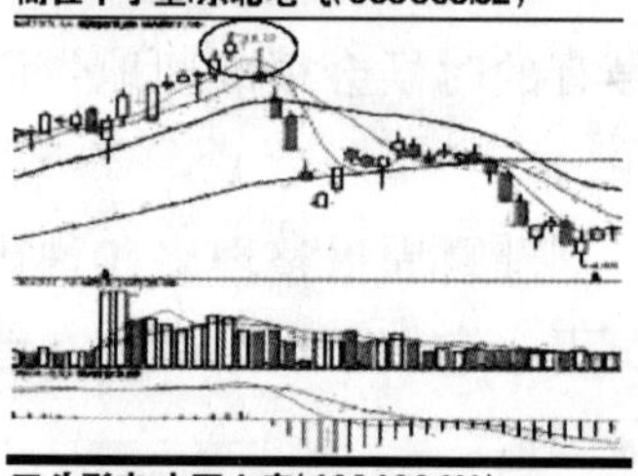

双头形态:中国人寿(601628.SH)

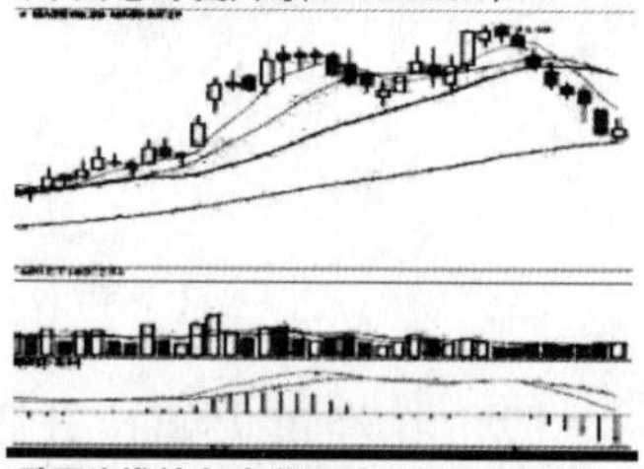

重要均线被击破:深桑达 A(000032.SZ)

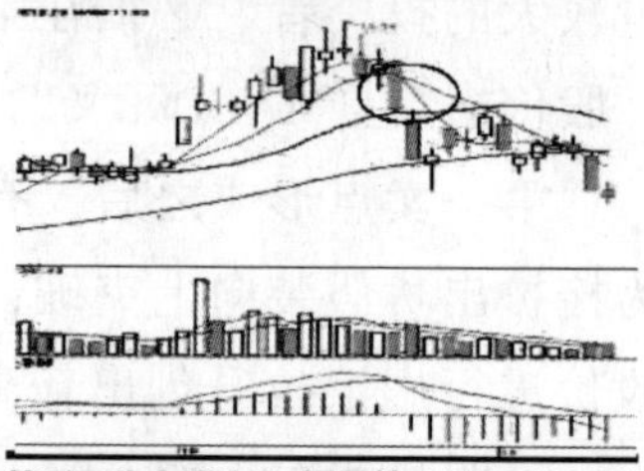

箱形下缘支撑失守:深天地 A(000023.SZ)

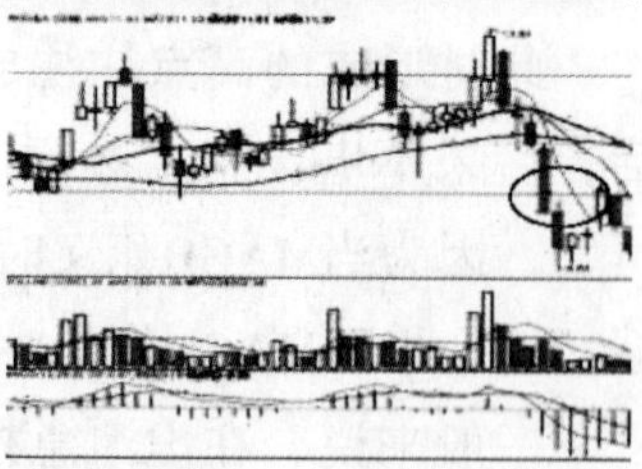

10%，这意味着主力在拉高出货。如果收盘时出现长上影线，表明冲高回落，抛压沉重。如果次日股价又不能收复前日的上影线，成交开始萎缩，表明后市将调整，遇到此情况要坚决减仓甚至清仓。

高位十字星为风险征兆

上升较大空间后，大盘系统性风险有可能正在孕育爆发，这时必须格外留意日K线。当日K线出现十字星或长上影线的倒锤形阳线或阴线时，是卖出股票的关键。

日K线出现高位十字星显示多空分歧强烈，局面或将由买方市场转为卖方市场，高位出现十字星犹如开车遇到十字路口的红灯，反映市场将发生转折，为规避风险可出货。股价大幅上升后，出现带长影线的倒锤形阴线，反映当日抛售者多，空方占优势，若当日成交量很大，更是见顶信号。许多个股形成高位十字星或倒锤形长上影阴线时，80%—90%的机会形成大头部，减仓为上策。

双头、多头形态避之则吉

当股价不再形成新的突破，形成第二个头时，应坚决卖出，因为从第一个头到第二个头都是主力派发阶段。M字形是右峰较左峰为低乃为拉高出货形，有时右峰亦可能形成较左峰为高的诱多形再反转下跌，这种形态更可怕，至于其他头形如头肩顶、三重顶、圆形顶也都一样，只要跌破颈线支撑都得赶紧了结持股，免得亏损扩大。

击破重要均线警惕变盘

放量后股价跌破10日均线且不能恢复，随后5周线也被击穿，应坚决卖出。对于刚被套的人此时退出特别有利。如何确认支撑位在此显得尤为关键。一般来说，10日均线第一天破了之后第二天回拉但是站不上支撑位（如30日均线），就是破位的确认，回拉的时候就是减仓的时机。如果股价继续击破30日或60日均线等重要均线指标就要坚决清仓了。

此外，随着股价的下调，逐渐形成了下降通道，日、周均线出现空头排列。如果此后出现反弹，股价上冲30或60日均线没有站稳，则应坚决卖出。

单日“T+0”买卖降低成本

主要是依靠股价每日的上下波动，利用小幅价差解套。比如，如果有100股被套，今天该股票低开或者股价下挫，当价格企稳有反弹趋势时，立即买100股，一旦股票上涨，卖掉以前的100股则能获得盈利；如果股票高开或冲高见顶后可以先卖100股，然后等股价下跌后，再买回100股，则减少了下跌部分的亏损。这样上涨可以获得双倍甚至多倍收益，下跌可能减少损失甚至获得收益，如此就可以降低成本，直到解套。

二波弱势反弹出货

开低走低跌破前一波低点时，卖出（跌停价杀出）弱势股。有实质利空时，开低走低，反弹无法越过开盘价，再反转往下跌破第一波低点时，技术指转弱，就应赶紧市价杀出，若没来得及，也得在第二波反弹再无法越过高点，又反转向下时，当机立断下卖单。

补仓出货须谨慎

当股市下跌到达某一阶段性底部时，可以采用补仓卖出法，因为这时股价离投资者买价相去甚远，如果强制卖出，往往损失较大。投资者可适当补仓后降低成本，等待行情回暖时再逢高卖出。补仓的最佳时机是在指数位于相对低位或刚刚向上反转时。这时上涨的潜力巨大，下跌的可能最小，补仓较为安全。此外，需要注意的是，弱势股不补，前期暴涨过的超级黑马不补。

箱形下缘失守为弱势

无论人为开高走平、开平走平甚至开低走平，呈现箱形高低震荡时，在箱顶抛出，在箱低买进。但是一旦箱形下缘支撑价失守，应毫不犹豫地抛光持股，若此刻下不了手，在盘上之箱形跌破后，也许会产生拉回效果，而此刻反弹仍过不了原箱形下缘，代表弱势。

倾囊相授经典顶部卖股票14法

赵哲 海富投资公司总经理

战略篇：头部判断五大要素

在这里我以多年经历，把自己形成的对个股顶部判断方法予以公开，愿能给大家一个新的认识。对阶段头部较为全面的分析，主要注意以下几个方面：

（1）股价或指数的形态位置意义。

（2）上涨的起始点到目前拉升高度。

（3）短期K线的形态与意义。

（4）见顶的震荡、量能及主力的刻意拉高形态。

（5）头部形成的三个过程：A.见顶信号；B.阴线定性；C.锁定线。

战术篇：经典逃顶5条路

下面是经典常见的5种头部形态。虽然短期高点的形态多变，但蕴含着共性：一是上行抛盘较多，二是市场追涨意愿不足，三是多空分歧加大，四是主力果断派发或诱多。

高位抱线

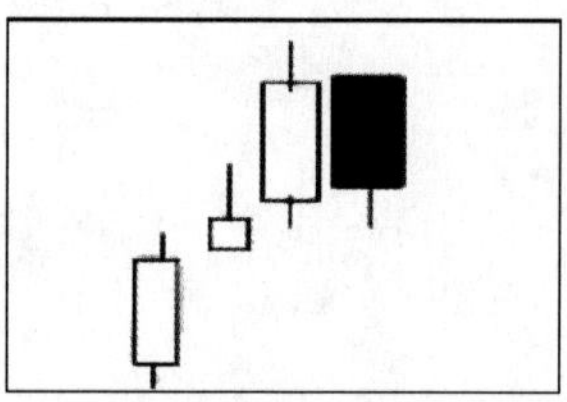

股价在一段上涨之后，一方面积累了越来越多的获利筹码，上行压力越来越重，另一方面均线呈现完美的多头排列，吸引了场外资金的关注与追涨，这由阴线的当天跳空高开可以看出。但是股价跳空高开冲高上涨后，突然转而向下，在当天收出了一根穿头破脚的大阴线，头部特征相当明显，其多数是由于主力相对高位果断减持而导致的。

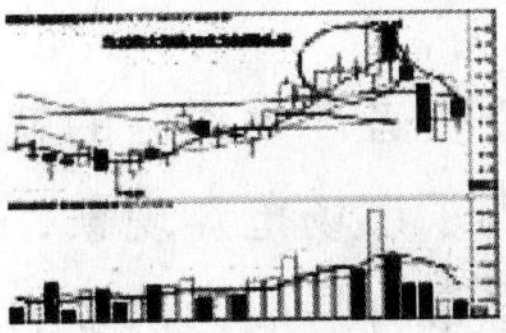

左图是2006年初招商地产的走势图，其股价沿20日均线不断震荡上行，在一个平台整理蓄势后，股价开始快速上涨，当时由于形态的作用市场持股待涨的心理较多，在上涨中量能始终没有有效放大，筹码稳定性极高。同时由于上涨积累了大量的获利盘，而且短期上涨幅度较大，缺少足够的追高盘，以至在上涨的第二天，极轻的抛盘就造成了当天高位抱线，高位头部形态出现，投资者第二天纷纷抛出，虽有主力在均线处护盘，但是股价在略微震荡后还是一路下跌。

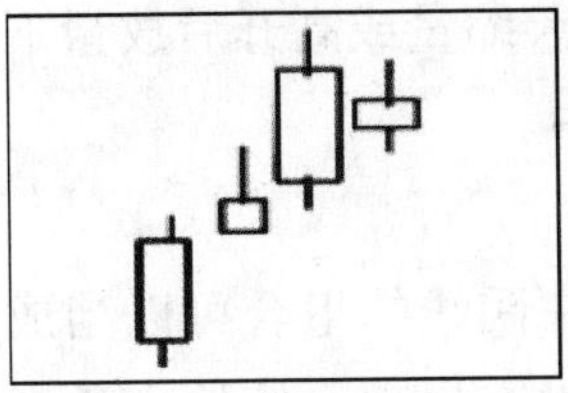

高位孕线

在相对高位市场追涨较浓，股价却放量滞涨，显示了上方沉重的抛盘，因此第二天，股价跳空低开收出了缩量的小阳线或小阴线，其当天振幅都在昨天的阳线中。此形态有两种意义：一是昨天放量中，部分短线获利浮动筹码已经出局；二是市场对此位置的预期一致，缺少了追涨意愿。一般情况下股价会顺势调整。

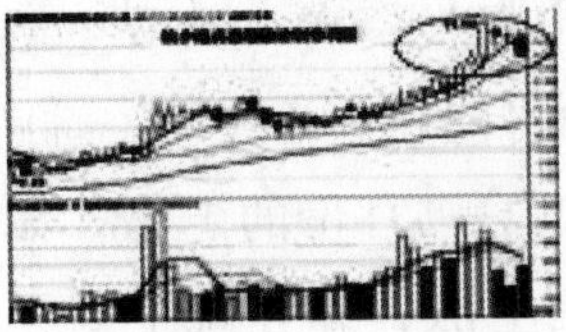

左图是000028一致药业2007年4月一段走势，股价沿5日均线连续推升，突破前期高点后在跟风盘推动下快速上涨，但由于短期上涨幅度过大，量能不能有效放出，在几乎涨停的大阳线后走出缩量的高位孕线，股价顺势调整。

高位震荡的星线

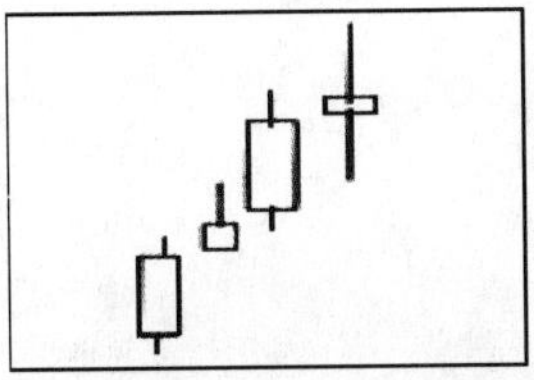

股价经过几天上涨，高位出现大幅放量震荡的星线，其最明确的市场意义就是浮动筹码的增加，市场分歧加大，上行压力加重。而由于多数头部或市场高点都是由此类形态构成，这种星线出现后，其市场心理影响不可低估，至少会出现第二天开盘后的一波抛盘杀出，如果市场缺少承接力量或买盘缩量，往往股价在极短的时间被跌出一根巨阴线，则自然形成了短期市场的高点。

左图是2006年12月浙大网新的走势图，其股价突破前期高点后快速涨停，从放出的巨量看，虽有大量场外资金介入，但由于上方抛压沉重，第二天股价放量宽幅震荡，收出震荡星线。在此状态下股价一般会顺势调整从而形成短期头部。但是有一种市场现象我们在实战中要特别注意，在一些强势股的上涨趋势中，这种宽幅震荡的星线往往成为主力洗盘的工具，股价短暂的调整结束后，会出现更为凌厉的拉升。

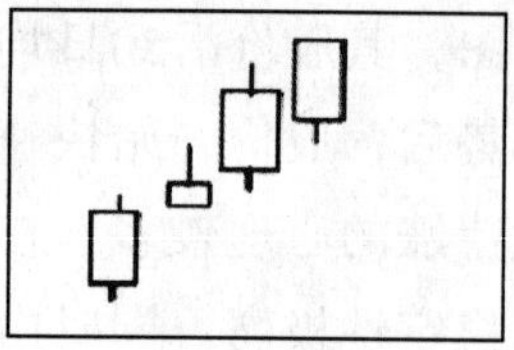

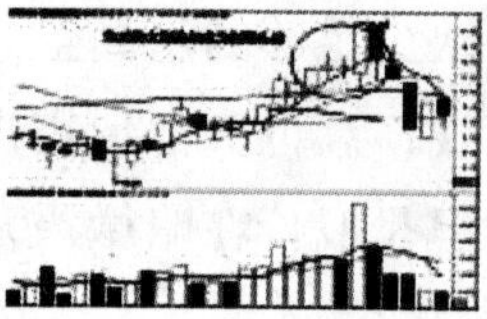

高位光头阳线

在很多技术分析中，最容易让投资者产生误区的就是这种形态，很多投资者认为尾市出现了市场抢盘现象，是市场向好的一种表现。其实这种形态最容易成为诱多的陷阱，股价低开并拉出下影线，说明很多持股的投资者出局，但是股价却在尾市扫单，从市场心理上来讲，如此高位，包括前期就没有出现涨停的激烈走势，是不会如此主动追涨买入的。只能说明是主力利用部分获利筹码出局的时机，快速扫单，吸引人气，造成股价强势特征，若第二天缩量或高开后放量下跌，短期高点的可靠性很大。特别是在一些明显庄股特征中。

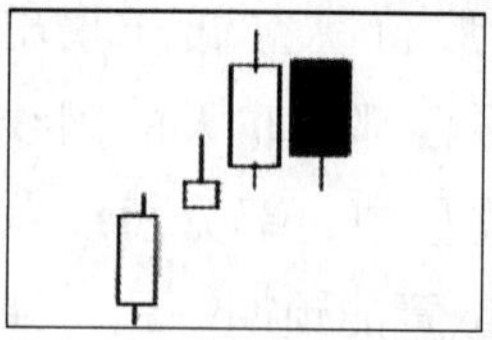

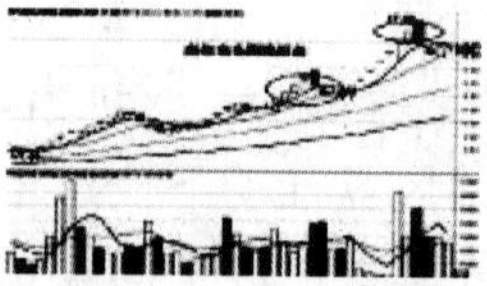

高位光头阴线

也是反叛线的一种，一阳线和一阴线的组合可以当成一个震荡星线来看，但是其开盘后没有出现一笔追高的意愿，在市场分析中非常重要。这是市场投资者一致看空后市的一种表现，所以形成短期高点的可能性非常大。

左图是000026飞亚达A在2007年2—5月份的走势，如图示在位置A和B处，股价连续大幅上涨，却在跳空高开后，当天收出大阴线形成短期头部，这种走势多数是由于连续上涨后股价短期上涨过高，缺少跟风盘，跳空高开后，无力继续上涨，大量获利盘套现出局。这种走势在ST类或小盘股中多见。

决策篇：夜幕降临三个信号

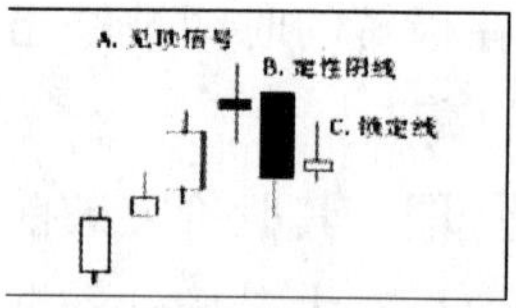

头部形成要历经三个过程：见顶K线信号，下跌大阴线，无量反抽。

股价或大盘指数在连续上涨后，开盘或收盘价格都运行在5日均线的上方，在出现明显的见顶形态特征和见顶的市场意义后，在第二天顺势出现较大的阴线，这根阴线就可以称短期高点头部的定性阴线。我们由前期的拉升形态及定性阴线后的无量组合反抽线，可以基本确立头部形成。

这是一种最经典的头部形态，我们在理解的同时千万要明白，这里给予大家的是一种市场原理，而基于这种市场原理下在实战的市场中如何运用，在我们分

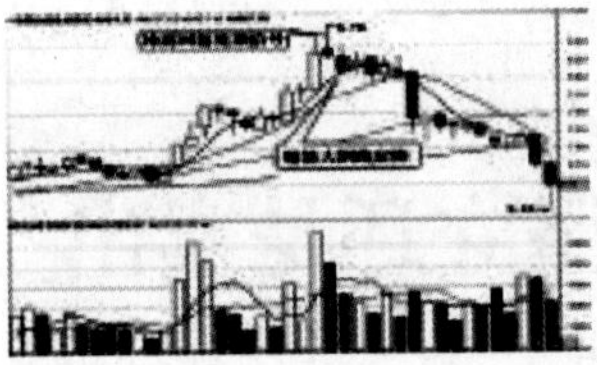

析个股调整或短期头部的时候尤其要注意股价的运行形态意义和市场背景，同一形态在下跌的趋势中可能形成长期的高点，而在上升趋势中也许只是一个很短的调整，一旦调整结束股价又重新回到上升趋势中。“虽万象之纷纭，须一理而融贯”，我们不可陷入机械照搬啊！上图以一致药业在2006年10月的一段走势为例。

定夺篇：头部量能变化

一般情况下市场的头部多数是在市场投资者大幅追涨和量能的急剧放大中形成的，一旦个股放量过大后，第二天量能萎缩过快形成头部的可能性很大，这是头部形成非常准确的能量变化过程，结合K线形态我们现在就很清楚市场的头部了。

十大风向标决定你手中的筹码坚守还是卖出

汪江涛　黄婷　理财周报记者

理财周报总结出的十大卖股票时机，是在综合多方研究基础上作出的，具有普遍性意义。

宏观经济重大变化

宏观经济形势出现重大变化，指的是经济增速放缓。本轮牛市得益于GDP的快速增长，宏观经济持续快速增长，是股市上行的主要动力。

渣打银行认为2008年GDP放缓

经济增长一旦放缓，企业盈利能力减弱，股市自然也牛不起来。2007年第三季度GDP增速11.5%，较第二季度的11.9%有所回落。同时，出口增速也保持回落态势，而进口增速大幅回落至16.1%，也从侧面验证了国内经济增长出现回落的迹

六大行业三季度环比增速下降

	2007年2季度(%)	2007年3季度(%)
黑色金属	27.41	-27.14
化工	-9.45	-13.97
建筑建材	189.15	7.22
有色金属	52.10	-4.95
电力	26.48	12.98

A股上市公司(剔除金融)单季净利润及环比增速

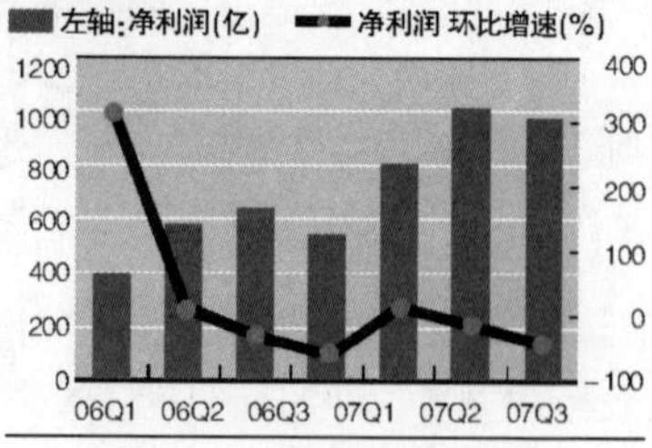

象。渣打银行2007年11月6日预计2007年中国GDP增幅为11.1%左右，而2008年这一数字将为10.5%左右。

个股价值严重高估

上证所数据显示，截至2007年11月6日，上证A、B股平均市盈率达61.6倍。深交所方面，在深市交易的股票平均市盈率到11月7日也高达65.94倍。

348只A股市盈率超百倍

理财周报记者从Wind系统查到（下面的数据出处相同），若简单以“三季报业绩×4/3”为基础计算全年业绩，沪深两市超过100倍市盈率的A股高达348只。若简单地横向比较各个板块的市盈率，同样以上面的方式计算全年业绩，不难发现最高市盈率板块为“机械设备”，算术平均达到375倍。

成本、业绩和盈利变化

当上市公司盈利增长减缓的时候，其股价的下降趋势一般也会形成。上市公司2007年第三季度净利润增长46.39%，低于第二季度的72.1%，更低于第一季度的97.6%，利润环比增速逐渐回落。

267家公司第三季度净利为负

据统计，共有267家公司的第三季度净利润为负值。单就公司盈利能力来看，销售毛利率和主营业务成本变化值得关注。2007年第三季度一批ST公司的销售毛利率为负数，其中*ST丹化（000498.SH）销售毛利率为-365%，拔得头筹。

主营业务出现变化

公司经营困难，重组成为下一步选择，这样原来的主业可能就要变更。投资者这时要注意的就是公司主营业务变化方向——是转向更有“钱途”的产业，还是临时找一个产业“凑数”。

注意主营业务分散的公司

这方面，成都建投（600109.SH）和ST浪莎(600137.SH)是成功者，前者置入证券资产，后者由知名品牌入主。但也有一些以资抵债的公司，如S*ST光明（000587.SZ）重组方置入了宾馆、土地、制药、家具等资产，造成主营业务极其分散。还有更多的是房地产企业面临宏观调控的资金压力，借壳上市的。如*ST宜地（000150.SZ）置入的宜华集团房地产业务开发一般，今后的主营业务发展如何没有“底气”。还有如*ST贤成（600381.SH）为了保壳，频频公告介入多个与之前的主营业务毫无关系的行业，令人担心其持续经营。

重大投资或项目不确定

截至2007年11月中旬，上市公司资产置换行为共194起，涉及A股公司100多家。这些行为中，有的还在意向或者董事会预案阶段，具有很大的不确定性。

53家公司增发仍处预案阶段

这方面的代表是东方集团（600811.SH），投资者所期待的该公司金融类资产并未注入，实际注入的仅是一个银矿。此外，股改后的增发（含定向增发）曾喧嚣尘上，但目前仍处在董事会预案阶段的还有53家。

公司法人治理结构漏洞

如果上市公司的高管不诚信——表现在不公开买卖自家股票，那么我们有理由认定这类公司股票不值得持有。这方面，我们可以从沪深交易所网站的“诚信记录”栏目中查询。

留意高管自买自卖股票

中国股市的黑幕很多，比如违规担保、关联交易不披露、会计造假等。如宝新能源（000690.SZ)，虽然公司业绩不错，但该公司高管在公司认购券商增发股份前私自买入公司股票。类似这样的“劣迹”一旦出现，投资者应当高度关注。

公司股东大举减持

出于套利等考虑，上市公司股东在全流通后往往做出减持的行为。由于股东比一般投资者更为熟悉公司情况和/或有重大事项，这些“内幕人”的减持行为当引起高度重视。

2007年股东减持超过千起

截至2007年11月中旬，上市公司一共发生1105起减持行为。最大减持股数发生在紫江企业（600210.SH）身上，其股东珅氏达投资减持7183万股，占到流通股数量的7.94%。此外，该公司股东紫江集团也减持了4905万股。ST族中，减持最多的是*STTCL（000100.SZ）。

机构大举抛售或筹码分散

一般个人投资者很难对上市公司基本面作出准确判断。这样，可以通过对“先知先觉”的机构进行跟踪，从而判断公司投资价值是否发生变化。以国脉科技（002093.SZ）为例，该公司2007年第一季度机构持股比例为49.90%，第三季度的时候，机构持股比例大幅下降到16.55%，相应的是该公司股价也随之下滑。

散户户数增加或令股价下跌

股东户数增加意味着散户人数增加，筹码分散，此时股价往往表现低迷。以安琪酵母（600298.SH）为例，该公司2007年第一季度股东户数仅为0.628万户，在第三季度的时候股东户数数量一下达6.3834万户。相应的是，公司股价也一路下跌。

阶段性交易异常

交易异动不仅带来机会，也会带来风险。据统计，2007年8—10月期间，A股共有异动行为2059次，包括ST族股票连续3个交易日涨跌停，单日换手率达到20%，涨跌幅偏离值达7%等。

短线资金偏爱炒作绩差个股

这期间，*ST安彩（600207.SH）的异动次数高达10次，*ST宝龙（600988.SH）和*ST宝硕（600155.SH）各有4次异动。对于这类缺乏基本面的绩差个股波动，资金往往借题发挥，投资者对此要保持高度重视。

控制人和重大人事变化

股改后，大股东的意志将直接作用于上市公司。一旦公司实际控制人或者灵魂人物发生变动，将间接影响二级市场股价。

控股权争夺或带来股价地震

对比2007年中报和三季报，发生第一大股东变动的公司就包括南玻A(000012.SZ)、*ST宜地（000150）、中科英华（600110）等。其中，尤其需要注意的是股权分散的公司，围绕控股权的争夺也会带来股价地震。此外，像灵魂人物钟信才之于佛山照明（000541.SZ）那样，这类公司尤其要注意。